高校教师教学职业发展创新研究

呼海涛 陈 戈 段 涛 ◎ 著

吉林出版集团股份有限公司

图书在版编目（CIP）数据

高校教师教学职业发展创新研究 / 呼海涛，陈戈，段涛著. — 长春：吉林出版集团股份有限公司，2023.10

ISBN 978-7-5731-4411-9

Ⅰ.①高… Ⅱ.①呼… ②陈… ③段… Ⅲ.①高等学校—师资培养—研究 Ⅳ.①G645.12

中国国家版本馆CIP数据核字（2023）第197546号

高校教师教学职业发展创新研究
GAOXIAO JIAOSHI JIAOXUE ZHIYE FAZHAN CHUANGXIN YANJIU

著　　者	呼海涛　陈　戈　段　涛
责任编辑	王　平
封面设计	林　吉
开　　本	787mm×1092mm　1/16
字　　数	220千
印　　张	14.5
版　　次	2023年10月第1版
印　　次	2024年1月第1次印刷
出版发行	吉林出版集团股份有限公司
电　　话	总编办：010-63109269
	发行部：010-63109269
印　　刷	廊坊市广阳区九洲印刷厂

ISBN 978-7-5731-4411-9　　　　　　　　定价：78.00元

版权所有　侵权必究

前　言

教师，是传播知识和传承文化的重要职业。自古以来，"学为人师、行为世范"是国家和社会对教师这一职业的共同期待。高校教师作为高校教学和科研工作的主要承担者、基层教学改革的探索者、先进知识文化的传播者，对学生的世界观、人生观、价值观的形成有着直接且重要的影响。可以说，教师的职业水准、教学技能、道德素养直接关系到学校人才培养、科学研究、社会服务等目标的完成情况。

正因为如此，高校教育必须借助现代教育理论的正确指导与教师能力的提升，在实践经验的基础上进行方法论探究，从而建立科学的理论体系，找到行之有效的教学方法，探索科学合理的教师能力培养路径。

本书在写作过程中，参考了众多专家学者的研究成果，在此表示诚挚的感谢！由于精力和时间的限制，本书难免会出现疏漏，恳请广大读者批评指正，以使本书不断完善。

呼海涛、陈　戈、马　涛

2023 年 9 月

目 录

第一章 高校教师专业化的基本内涵 ………………………………… 1
  第一节 职业与专业 ……………………………………………… 1
  第二节 专业与专业化 …………………………………………… 7
  第三节 教师职业与教师专业 …………………………………… 8
  第四节 教师发展、教师专业发展与教师专业化 ……………… 9
  第五节 高校教师专业化与高校教师专业发展 ………………… 17

第二章 高校教师专业化理论重构 ……………………………………… 22
  第一节 高校教师专业化理论重构的必要性 …………………… 22
  第二节 高校教师专业化的内容 ………………………………… 23
  第三节 高校教师专业化理论重构的思路 ……………………… 25
  第四节 高校教师专业素质的内涵重构 ………………………… 27
  第五节 高校教师专业素质外延新探 …………………………… 44
  第六节 高校教师专业素质外延分析模型的重构 ……………… 47
  第七节 高校教师专业素质外延的重新界定 …………………… 48

第三章 我国高校教师专业化发展的现状与归因 ……………………… 73
  第一节 我国高校教师专业化发展的物理层现状考察 ………… 73
  第二节 我国高校教师专业化发展的表现层现状考察 ………… 88
  第三节 我国高校教师专业化发展的规则层现状考察 ………… 97

第四章 高校教师教学能力 ……………………………………………… 107
  第一节 课堂教学 ………………………………………………… 108
  第二节 实践教学 ………………………………………………… 113
  第三节 多媒体课件制作 ………………………………………… 117
  第四节 在线教学 ………………………………………………… 125

  第五节 教学研究 ································· 129
第五章 高校教师科研能力 ································· 136
  第一节 资源利用 ································· 136
  第二节 学术论文撰写 ································· 144
第六章 高校教师能力提升 ································· 148
  第一节 创造能力 ································· 148
  第二节 沟通能力 ································· 153
第七章 高校教师职业成功的衡量 ································· 162
  第一节 高校教师职业发展阶段 ································· 162
  第二节 高校教师职业成功的标准 ································· 166
  第三节 高校教师的职业高原 ································· 169
第八章 高校教师职业规划 ································· 178
  第一节 职业规划的内涵 ································· 178
  第二节 职业规划的背景 ································· 179
  第二节 高校教师职业规划的必要性 ································· 181
  第四节 高校教师职业规划的特征 ································· 182
  第五节 高校教师职业规划的步骤 ································· 183
  第六节 高校教师职业规划的注意事项 ································· 191
第九章 高校教师专业化的实践探索模式 ································· 194
  第一节 高校教师专业化主题的遴选确定阶段 ································· 194
  第二节 高校教师专业化主题的组织实施阶段 ································· 199
  第三节 高校教师专业化的绩效评价阶段 ································· 201
参考文献 ································· 202
附录一 项目申报 ································· 204
附录二 奖项申报 ································· 224

第一章 高校教师专业化的基本内涵

第一节 职业与专业

一、职业的含义

"职业"在汉英双解中有两个基本意思,即"个人在社会中所从事的作为主要生活来源的工作,occupation, profession, vocation, a person's regular work or profession; job or principal activity as a means of livelihood。专业的,非业余的,professional？ ~团,professional theatrical troupe| ~运动员,professional athlete"。[①] 这反映了职业概念从一般性职业范畴向专业性职业范畴转变的趋势,即职业从一般性向专业性发展的趋势。

(一)一般性职业范畴

在西方国家的语言里,用以表达"职业"的词的含义不尽相同。一些国家的语言里把需要专业知识的"职业"与一般性"职业"区分开。在英语里,职业可以被翻译为"occupation""profession"及"vocation"。occupation 侧重于指为了获得生活来源而从事的基本活动,它构成一个人生命中的主要职业。profession 翻译成汉语为"职业、专业",强调是一种需要博学精深学问的职业,这种职业要求人们接受更好的教育从而拥有更强的专业性。医生和律师一直被认为是该职业的典范,但是作为三大职业之一的教师一直备受歧视,被认为不具备更强的专业性,对从业者的要求也不是很高。vocation 译

---

① 曾东京.汉英双解惯用语词典[M].上海:上海大学出版社,2011.

成汉语为"职业、天职、天命、神召",由此可以看出 vocation 强调的是职业是神圣的,是每个人生来要完成的一种使命。

从一般性"职业"到专业性"职业"(profession)的过渡不仅体现了语义的变化,而且体现了一种历史的变化。进入工业社会以后,社会分工更加细化,对应的职业要求人们拥有更加专业的技能。越来越多的一般性"职业"(occupation)开始向专业性"职业"(profession)发展。社会学家们认为,职业促进了职业共同体的产生及社会分层的形成,并且具有社会整合功能。美国社会学家弗莱德森认为,职业需要从业者拥有特定的知识,而这些知识所具有的特殊权力使得他人不易进入已形成的职业共同体。美国社会学者丹尼尔·贝尔根据职业划分社会阶层,认为:"在未来的科学城里,已经展现出三个阶级:有创造性的杰出科学家和高层专业管理人员,工程师和具有教授地位的中产阶级,以及由技术员、低级教职员和教育助理人员组成的无产阶级。"[1] 法国社会学家涂尔干认为,职业群体是在社会分工基础上形成的职业共同体,而职业群体又是社会整合的基础。在继承涂尔干职业共同体的基础上,格鲁斯基与索伦森继续论证职业群体是一个真实的社会群体,职业群体具有社会整合功能。

随着历史的演进,形成了通过社会学视角研究职业的职业社会学。职业的概念和职业化是职业社会学研究的核心问题。在 20 世纪六七十年代,对职业化的研究取代了对职业概念的研究,围绕职业化的问题形成了功能学派、结构学派、垄断学派与文化学派四个理论学派。作为先驱的功能学派的代表人物有卡尔-桑德斯、威尔逊、帕森斯和古德。该学派认为职业以知识的形态服务于权力,职业系统是社会系统的重要组成部分,职业共同体会受到社会的控制和制约。作为现代结构功能主义的创始人——帕森斯认为社会行动系统是由行为有机体系统、人格系统、社会系统和文化系统组成的一个庞大系统,行为有机体系统具有适应功能,人格系统具有目标达成功能,社会系统具有整合功能,文化系统具有潜在模式维系功能。作为社会系统的组成部分,职业系统以职业共同体的形态促进社会的整合,即职业具有促进社会整合的功能。

---

[1] 佟立. 丹尼尔·贝尔资本主义文化矛盾研究 [M]. 天津:天津人民出版社,2022.

职业在促进社会整合的过程中，既有积极的方面，又有消极的方面。积极的方面体现在职业具有促进和影响社会公平的作用。通过功能学派帕森斯的视角，可以看出职业在促进和影响社会公平方面的潜在意义。帕森斯论证说，进入各种职业共同体的标准是专门的文化知识而不是身份地位。专门的文化知识是不同职业共同体之间的主要屏蔽手段，从而影响着职业分化和社会分层，职业分化使体力劳动者与脑力劳动者之间的区别缩小进而使得上下层阶级之间的区别没那么明显。随着科技的发展，社会分工越来越细，职业更加多元化。职业的多元化使得社会各阶层之间的界限日趋模糊。社会分工的细化是社会发展的必然产物，是客观的；文化知识是个人可以通过接受教育而获得，是主观的。由此可以看出，人们地位的上升有社会结构的因素，还有个人努力的因素。从这个角度看，和谐社会应该为人们提供更多的上升机会，任何社会如果能够让更多的穷人不断地变为富人，就有无限的活力。

职业在促进社会整合过程中消极的方面表现为职业所需要的专门文化知识会将一部分人排斥在职业共同体之外，这种排斥会使那些处于文化弱势的群体感觉到来自文化优势群体的压迫，从而导致社会矛盾的产生。社会在赋予职业共同体社会控制权力的同时也实现了对该共同体间接的社会控制，这种社会控制就是该职业共同体受到共同的价值、语言和认同感的约束。帕森斯认为，职业与教育密切相关，通过教育使得个人具有一定的职业能力从而可以进入职业共同体，但是教育在此过程中又产生了新的不平等问题，它通过一定的准入制度排斥他人的进入，即教育在努力追求公平的同时又无可奈何地滋生着不公平。

综上所述，笔者提出了思考职业的意向和范式，并创造了一种职业语境，即一般性职业和专业性职业的语境。因此，在研究有关职业问题时，首先，需要确定职业的范畴问题，是一般性职业还是专业性职业。一般来说，职业都要经历从一般性职业向专业性职业的发展，专业性的职业通常需要专门技能，尤指那些需要较高教育水平的特定职业。其次，以社会学的视角分析职业的功能，即职业在社会中到底起着什么样的作用。职业在促进社会整合的过程中既有积极作用，又有消极作用。积极作用主要表现为促进社会的公平，这主要针对易于通过教育获得的一般性职业，消极作用主要表现为职业以高级知识的形态服务于权力进行社会控制，并且滋生着不公平，这主要针对不易获得且有重要地位的专业性职业。

（二）专业性职业范畴

专业性职业是对应一般性职业而言的。在英美国家中，专业性职业与一般性职业有很大的区别，而在德法国家中，二者没有明显的区别，在德语中职业是一种宗教感召下的活动而不分高低贵贱，在法语中二者意蕴基本相同。涂尔干认为职业团体并非仅限于英美国家中的专业性职业，也包括一般性职业。专业性职业与一般性职业都以工作的具体形式呈现，工作是成年人在家庭生活之外最重要的活动，它决定我们如何安排时间，也预示了我们现在和将来的经济前景。但是专业性职业与一般性职业对工作的具体要求不同，专业性职业较一般性职业对工作的要求更加细化和专业，需要从业者具备更高的专业素养。

职业可谓是社会分工的产物，基于社会分工，涂尔干提出了他的"功能主义分层理论"和"职业共同体分层思想"：传统上认为社会学中的社会分层理论分为三个流派：马克思主义分层理论及新马克思主义分层理论、韦伯分层理论及新韦伯主义分层理论、功能主义的分层理论。作为功能主义分层理论的先驱，涂尔干解释了分工的必要性及由分层产生的社会问题，并在此基础上提出解决这些社会问题的职业共同体分层思想。

首先，涂尔干从功能主义角度解释了分工的必要性。他认为随着人类社会的发展，社会分工会越来越细，分工体系会越来越复杂，并且这种分工具有历史必然性。由于个人才能的差异，每个人承担的工作不同，有才能者从事专业性职业，而才能一般者只能从事一般性职业，即在社会的分工体系中，工作是有高低层次之分的，并且各种职业的比例是一定的。由此可以得出，对应于一般性职业的专业性职业是社会发展的必然产物。

其次，基于功能主义分层产生的社会问题，涂尔干提出职业共同体分层思想。在功能主义分层理论中，优胜劣汰是社会分层的基本原则，由此产生了社会分化、底层社会、贫富差距等社会问题。基于这些问题，涂尔干提出职业共同体分层思想，他认为分工基础上的职业共同体是真实意义上的社会群体，成为社会整合的基础。涂尔干还阐述了职业群体成为社会整合的基础在于同一职业的人之间产生合作和共享的价值观、共同利益以及职业伦理。他认为任何职业活动都必须有自己的伦理，这种职业伦理，即在职业群体中存在的共同的集体意识，而这些集体意识提供了支持契约关系的契约性道德的基础。职业群体的结构越牢固，其适用的道德规范就越多，职业伦理越发达。与公共价值体系相比，职业群体和职业伦理在分工发达的社会更贴近社会生活。职业伦理是减少现代社会失范的精神力量，是确保整个社会正常运转的重要基础。专业性职业的职业共同体较一般性职业的职业共同体牢固，适用的道德规范也更多，职业伦理更发达，可以更加有效地减少社会失范和维持社会的正常运转。

成为一种职业的必要条件和特征至少应该包括：第一，作为谋生的手段，获得经济回报。第二，共同的职业文化，以及知识集合、技能集合、规范集合。第三，一定的群体数量，确立该职业在职业丛林中的地位。第四，一定数量的职业传承者，否则这个职业将会消失。第五，具备必要的职业传承机制，传承职业文化、职业知识和技能、规范等。第六，该种职业规定的活动所需要的知识等在时间上具有一定的持久性。第七，该种职业对其文化具有一致性和遗传性，而对知识集合、技能集合、规范集合具有非常高的重复性。第八，该种职业所使用的工具和人体的部位、劳动对象和劳动场所具有较高的特定性和重复性。然而从一般性职业向专业性职业的变迁，既反映了社会发展的必然要求，又反映了人们对职业素质追求的境界在不断提高。

二、专业的含义

有关"专业"的内涵，从不同角度分析有不同的意蕴。一方面，从语义学的角度对"专业"的内涵进行分析。在《汉英双解现代汉语词典》中，"专业"解释为："①高等学校的一个系里或中等专业学校里，根据科学分工或生产部门的分工把学业分成的门类, special field of study, specialized subject, specialty, discipline; ～课, specialized courses | 中文系汉语 ～, specialty of Chinese language in the Chinese Departmen。②产业部门中根据产品生产的不同过程而分成的各业务部分, specialized trade or profession; special line; ～化, specialize|～生产, production along specialized line。③专门从事某种工作或职

业的，specialized, professional personnel：~户，specialized household | ~文艺工作者, professional literary and art workers; writers and artists。"① 由此可见，"专业"在英语中至少有两种表达方式，一个是"specialty"，一个是"profession"，前者主要是指在大学期间为教学方便设立的"课程专业"或者"学科专业"，后者则是指"需要大量训练专门学习的行业或者职业"，是"术有专攻"的职业，或者说"专业化的职业""有精专技能的职业""专门化的职业"。在此所探讨的"教师专业化"的问题，则指的是后者，即教师作为半专业性的职业，需要从业者具有专业化的知识和技能来促使该职业实现专业化。专业是名词，可代指专业性的职业，如律师是一种专业性的职业。而专业化则是动词或动词性名词，表示一种过程，如教师作为一种半专业性的职业需要专业化，有助于提高教师素质从而促进国家教育事业的发展。

另一方面，对于"专业"的内涵，学者有不同的看法。最早系统研究"专业"的社会学家卡尔-桑德斯和威尔逊在其经典著作《专业》中，首次将"专业"定义为："所谓专业是指一群人在从事一种需要专门技术的职业，专业是一种需要特殊之力来培养和完成的职业，其目的在于提供专门性的服务。"美国教育协会曾提出"职业"被称作"专业"必须满足的八项指标：①含有高度的心智活动。②拥有一套专门化的知识技能体系。③需要较长时间的专门职业训练。④需要持续的在职进修。⑤提供一种可终身从事的职业活动和永久的成员关系。⑥建立自身的专业标准。⑦置服务于个人利益之上；⑧拥有强大的、严密的专业团体。我国学者叶澜认为职业要被称为专业需要满足三个规定：首先，作为专业的职业实践，必须有专业的理论知识做依据，有专门的技能做保证；其次，作为专业的职业，承担着重要的社会责任；最后，作为专业的职业，在本行业内具有专业性的自主权。事实上，目前教师这个职业只能被称为半专业性职业，因为教师所需的基础知识并不仅限于某一学科，而且在实践中主要靠经验而非专业的知识，专业自主权不够明晰易受到非专业的入侵，社会责任感不够强烈，专业道德较为落后。

综上对职业和专业内涵的分析，笼统来讲"专业"与职业的内涵既有联系又有区别，二者的相同点在于，同指一种谋生的手段或者说工作；不同点

---

① 中国社会科学院语言研究所.汉英双解现代汉语词典[M].增补本.北京：外语教学与研究出版社,2002.

在于，"专业"与职业相比，在质的方面有不同之处，那就是，前者具有更多的技术技能成分，具有职业排他性，也就是说，职业替代性较低，专业性很强。但是其中我们又将职业细分为一般性职业和专业性职业，这里可以将专业性职业与"专业"等同，二者都是一种需要专门知识和技能的职业。书中探讨的教师现状则是一种半专业性职业，因此探讨教师职业专业化非常有必要。

第二节　专业与专业化

　　如上文所述，并不是所有的职业都可以称为专业，只有专业性职业才可以称为专业，因此就有了职业专业化的问题。职业专业化是一个社会学概念，是指某类职业逐渐发展、逼近并超越专业标准（一般由职业资格标准来规定）的状态、过程和结果，其最终结果是，这类职业的专业化阶段的从业人员既具有本类型职业的其他新手或者一般熟练人员短时间内不能替代的专业素质，更具有其他社会职业的各类型从业人员短时间内不能替代的专业素质。可见，一种职业的专业化，既是历时性的概念，也是共时性的概念。从历时性上来看，专业化既是时间维度上的不断发展和质的变化，还是时间维度上的职业社会地位的不断变化，如职务的垂直升迁等；在共时性上来看，专业化既是组织内部专业化从业人员与其他非专业从业人员之间的内部区分度（或者说排他性），同时也是专业化从业人员与其他社会职业从业人员之间的社会区分度（或者说排他性）。

　　专业化的核心问题是专业标准的制定，专业标准既是区分一般性职业与专业性职业的标准，也是专业从业者努力奋斗的目标。无论是时间维度上职务的垂直升迁状况，还是职业内部区分度和社会职业区分度，它们之间在一定条件下，具有相互转化的可能性，比如在组织内部，从业人员在时间维度上的专业化可能导致职务的垂直升迁，组织外部的人员经过适当的职业训练，也可能成为组织内部的专业人员。这个临界点就是专业标准，它的确定是以行业从业标准作为基础，由同行业内专业人员的平均水平决定。目前，我国教师职业的专业标准是教师资格证，获得教师资格证意味着达到了该职业的专业标准。事实上，教师资格证作为职业之间的屏蔽手段并不是很严格，对于大多数非教师从业者而言，想要获得教师资格证书并非难事。因此，专业标准的制定对于职业专业化具有很重要的作用。

第三节 教师职业与教师专业

依照上文所述，教师是一种半专业性的职业，还不能被称为教师专业，但世界各国公认教师应该也必须是专业性的职业。联合国教科文组织和国际劳工组织对此问题做了很好的解释，1996年这两个组织联合发表《关于教师地位的建议》，其中明确写道："教育工作应被视为专门职业。这种职业是一种要求教员具备经过严格而持续不断的研究才能获得并维持专业知识及专门技能的公共业务；它要求对所辖学生的教育和福利具有个人的及共同的责任感。"事实上，目前教师还只是一种半专业性"职业"，需要我们努力进行教师专业化建设，以使教师成为真正的专业性职业，成为当之无愧的专业。

教师专业可谓教师职业的专业化阶段。但是作为历史上三大传统职业之一的教师，与医生、律师相比被认为不够专业。事实上，教师职业具有自身的特殊性，具体表现有：教师职业面临着更加复杂的、不可预测的教育情境，教师知识具有情境性、模糊性和不确定性；教师专业知识技能的获得必须通过"教育"而不是"训练"，或者说仅有"训练"是不够的，因为"教育"更强调教师对实际教育情境的反思、探究、教师之间（以及师生之间）的对话与交流；教师的专业道德具有更强的利他性；教师专业发展模式中，除了教师的专业知识技能外，还应包括教师的欲望、情绪、价值信仰等人格特征；与医生、律师和工程师专业相比，教师专业组织的功能主要不在于市场的垄断和自身保护，而在于作为一个学习共同体，教师专业的自主性应主要表现在教师有权决定自己的发展方向。由此可以看出，教师面临的环境更加复杂多变，教师职业的专业标准更难制定，教师职业要成为教师专业，实现教师专业化还是一项任重而道远的任务。

第四节 教师发展、教师专业发展与教师专业化

一、教师发展

众所周知,教育具有促进人和社会发展的功能。但传统上认为促进人发展就是促进学生的发展,而忽视了促进教师发展的功能。教师发展既是一个描述性概念,又是一个规定性概念。作为描述性概念,教师发展就是指教师从准备当教师到就任教师直至退出教师职业之间所发生的,以提高专业水平为指向的一切变化过程。作为规定性概念,教师是潜力无穷、持续发展的个体,教师应被视为专业人员,教师应成为学习者、研究者和合作者。

有关教师发展的维度,有两分法和三分法之别,两分法将教师发展分为个人发展和专业发展,三分法将教师发展分为个人发展、专业发展和社会性发展。教师发展研究向来以教师专业发展为主要研究对象,而忽视教师的个人发展和社会性发展。学者们公认教师发展应集中在教师知识、教师能力和教师伦理三方面。教师发展是学校发展的关键和核心,是搞好教育的前提,是民族振兴的根本。由此可见教师发展的重要性。

二、教师专业发展

教师专业发展是教师发展的核心内容,也是有关教师研究的重要课题。从语义上分析,教师专业发展可理解为"教师专业"的发展和教师的"专业发展"。有学者认为"教师专业"的发展意指教师作为一个职业的培养与发展,教师的"专业发展"则侧重强调教师个人由非专业人员向专业人员的发展过程。也有学者认为"教师专业"的发展关注的是教师职前发展,而教师的"专业发展"关注教师职后发展。有关教师专业发展的概念,学者有不同的见解。美国学者伯克认为"教师专业发展"这个概念的基本假设是教师需要持续地发展。布兰克曼曾简要地给"教师专业发展"下了一个定义:不论时代如何演变,也不论是自发的还是被激发的,教师始终都是持续的学习者,这种学

习就是"专业发展"。[①] 作为一个新的研究视角，教师专业发展已成为世界各国教育关注的焦点，也成为教师教育改革的一个重要方面。到目前为止，虽然"教师专业发展"仍是一个众说纷纭的概念，但是我们可以从社会学和心理学两个维度上更加全面地理解"教师专业发展"。

（一）社会学维度的教师专业发展

社会学是从社会整体出发，通过社会关系和社会行为来研究社会的结构、功能、发生、发展规律的综合性学科。社会学维度的教师专业发展主要从横向上来讲，教师职业与社会中其他职业的区分度，即教师作为一个职业具有的排他性。可以说社会学中将教师专业发展理解为"教师专业"的发展，它是以教师群体和静态发展的视角来探讨教师专业发展的。其实社会学维度的教师专业发展指的就是群体维度的教师职业在社会职业领域中的地位。

（二）心理学维度的教师专业发展

心理学是研究心理现象的一门科学，以研究个体心理，包括认知、情绪和动机、能力和人格等为主，同时也研究团体和社会心理。心理学维度的教师专业发展主要从纵向上来讲，教师个人由幼稚向成熟，由非专业向专业转变的过程。它是从教师个体和动态发展的角度来探讨教师专业发展的，其语义为教师的"专业发展"。在教育心理学中，教师专业发展是指教师在整个专业生涯中，通过终身专业训练，习得教育专业知识技能，实施专业自主，表现专业道德，并逐步提高自身从教素质，成为一个良好的教育专业工作者的专业成长过程。教师的"专业发展"是"教师专业"的发展的源泉和基础，也可以说是教师专业化的根本。

有关教师专业发展的理论主要有三种。根据教师关注的内容将教师的职业生涯分为四个阶段：教学前关注阶段、早期生存关注阶段、教学情景关注阶段、关注学生阶段。美国学者费斯勒将教师生涯发展分为八个阶段：职前教育阶段、实习导入阶段、能力建立阶段、热心成长阶段、生涯挫折阶段、稳定停滞阶段、生涯低落阶段、生涯隐退阶段。美国学者沃尔夫认为教师在职期间会经历六个时期：新手、学徒、职业、专业、卓越的、名誉退休。简言之，他们的核心内容都是教师专业发展是教师由新手—熟手—专家的发展

[①] 布兰克曼. 教师专业发展 [M]. 西安：西安交通大学出版社，2016.

过程。

教师专业发展还受自身和环境内外因的双重调控。教师专业发展既是政府和学校激励的结果，更是个人努力的追求。持有这种观点的如"教师的专业发展，它包含两个方面：一是教师职业的专业提升，指政府、学校通过学习、培训、考核、奖励、惩罚等日常手段促使教师专业达标的过程。二是教师个体的专业成长，指政府或学校设计相应的制度引导教师个体在专业观念、态度、知识、能力、情意等方面的长期发展，形成自觉追求或自我实现的愿望，实现个体专业化的过程，它体现为质量指标。其中在我国很重要的一个制度设计就是职称制度"。总之，在促进教师专业发展的过程中，内外因都很重要，政府和学校要发挥好其应有的激励作用，个人更应该充分发挥自身的主观能动性以促进自身发展。

（三）社会学和心理学融合维度的教师专业发展

教师专业发展是目标、过程和结果的统一体和连续体，它既是群体概念，也是个体概念，既是静态的比较效应和结果，也是动态的发展状态和过程，具有历时性和共时性。教育研究者们习惯于从静态的角度研究教师专业发展，侧重教师发展的结果。然而对于一线的教师而言，教师专业发展是一个动态的过程，更侧重于教师在实践教学中的表现，在实践中获得成长和发展。社会学维度的教师专业发展是指群体维度的教师职业在社会职业领域中的地位，心理学维度的教师专业发展则侧重的是个体的教师职业生涯发展。因此我们既要让教育研究者和一线教师合作，从静态和动态两个角度研究教师专业发展，又要从社会学和心理学两个维度进行研究。社会学维度和心理学维度缺一不可，教师个人专业素质的提高有利于整个教师群体社会？

从文献资料来看，与"教师专业发展"相关的关键词有"Teacher Professional Development""Teacher Professional School"（PDS）等，均指的是在教师的职业生涯中，教师专业技能不断提高的过程，其专业技能最主要的就是教书育人的能力。据此，从历时角度来看，教师专业发展指的是教师职业的专门化、精专化和熟练化的过程，它涵盖了教师从"学生型教师—新入职教师—专家型教师"的整个连续时间。在这个发展过程中，促进教师成长为专家型教师是其终极目标，提高教育教学质量是其直接目的。而从共时角度来看，教师专业发展是教师职业的社会、经济、政治地位和区分度的提升过程。

值得一提的是，由于教师职业在历史维度上的精专化，有利于提高教师职业在社会其他职业中的地位。如果从这两个维度上分析，教师专业发展可以被理解为教师专业化的综合测量指标，即教师群体职业社会、经济、政治地位和教师个体职业发展成熟度的综合测量指标。时至今日，教师专业发展内涵仍在不断地演变和丰富，也制定了明确的基准。1989年全美教师专业基准委员会制定的《教师专业化基准大纲》共分5个一级指标、19个二级指标界定教师专业化基准，而这不过是决策和操作意义上的教师专业发展目标，其内涵更丰富。

三、教师专业化

20世纪80年代，教师专业化运动从美国开始，很快影响到世界其他国家，由此掀起了世界范围的教师专业化浪潮。1996年，联合国教科文组织又提出：要通过实施高水平的初期示范教育和终身职业的专业发展，创设多样化的、以适当的评价体系为支撑的职业结构，以及提高教师的物质和社会地位，来提高教师的专业化。我国《中华人民共和国教师法》（2009年修订，以下简称《教师法》）和《中华人民共和国教育法》（2021年修订，以下简称《教育法》）中也明确提出：教师是履行教育教学职责的专业人员。由此可以看出，世界各国已经承认教师应该是一种专业性职业，事实上，大多数人认为教师最多还只是一种半专业性职业或者说是准专业。现实与理想的差距使得教师专业化势在必行。与教师专业发展的研究相似，教师专业化也可以从社会学和心理学两个维度来分析。综合社会学和心理学两个维度，我们归纳出教师专业化的概念，以及在此基础上提出教师专业化的依据，并最终提出促进教师专业化的措施。

（一）社会学维度的教师专业化

社会学维度的教师专业化主要是指从静态的角度分析教师群体的专业化问题，即教师职业在社会职业中的经济、政治地位及社会排他性等。相比历史同样悠久的医生和律师职业，教师职业虽然一直很受尊重，但是因为专业性不强被认为比较容易进入。从横向上来讲，教师职业的专业化问题任重道远。在教师专业化的问题上社会学关注的焦点是教师群体的专业化，通过职业群体的专业化使得该职业成为专业性职业，提高该职业在社会中的地位。

（二）心理学维度的教师专业化

心理学维度的教师专业化主要是从动态的角度分析教师个人的专业化问题。这里的教师专业化是指教师为了成为专业人员，在他们的整个职业生涯中，从职前到职后接受教育和继续教育，努力提高自身素质的过程。可以说心理学维度的教师专业化关注的问题是教师在促进自身专业化的过程中应该具备哪些专业品质。

从心理学上来讲，要实现教师专业化，教师应具备的品质分为四方面：教师的专业知识、教师的基本信念系统、教师的教学与沟通能力、教师的情感与个性品质。教师的专业知识是教师职业的核心部分。舒尔曼将教师知识分为学科内容知识、一般教学法知识、课程知识、学科教学法知识、有关学生的知识、有关教育情境的知识、其他课程的知识。[①] 教师的基本信念系统包含教师的基本教育信念和教师对教学与学习的基本理解。教师应该具备的基本教育信念是正确的教学效能感、正确的归因方式、恰当的管理学生方式、处理工作压力的正确信念。教师应处理好所倡导理论与所采用理论两者的关系，从而加深对教学与学习的理解。教师的教学能力应包括教学认知能力、教学操作能力和教学监控能力。教师具有良好的交互沟通能力也非常必要。教师的情感投入也很关键，只有热爱自己的职业才可能将本职工作做到最好。同时，教师还应培养良好的个性品质，如避免烦躁和胆怯，尽量发展整合型的个性。

（三）社会学和心理学融合维度的教师专业化

教师专业化也可从社会学和心理学两个维度分析。因此教师专业化就包含双层意义：既指教师个体通过职前培养，从一名新手逐渐成长为具备专业知识、专业技能和专业态度的成熟教师及其可持续的专业发展过程，也指教师职业整体从专业职业、准专业职业向专业性职业进步的发展过程。霍利曾把教师专业化界定为：一是关注一门职业成为专门职业并获得应有的专业地

---

① （美）安德鲁·舒尔曼. 最好的疗愈：当灵魂遇见音乐[M]. 金嘉欣，译. 北京：机械工业出版社，2020.

位的过程,二是关注教学的品质、职业内部的合作方式,即教学人员如何将其知识技能和工作职责结合起来,整合到同事关系以及与服务对象的契约和伦理关系所形成的情境中。[①]也有学者认为教师专业化包括教师个体专业化和教师职业专业化两方面,教师个体专业化是指教师个体专业水平提高的过程和结果,教师职业专业化是指教师群体为争取教师职业地位而进行努力和斗争的结果。

以上是从个体和群体两方面分析教师专业化,接下来我们从动态和静态的角度分析教师专业化。从动态的角度来说,教师专业化是指教师个人成长为一名专业人员的动态发展过程,具体来讲就是教师通过外部提供的良好环境和个人自身的学习和努力,接受严格的专业训练提高自身的专业素质,从而成为一名专业教师的动态过程。从静态的角度来分析,教师专业化是一个变化缓慢的过程,是指教师职业成为专业性职业受到社会认可的发展过程,这个缓慢的发展过程也可以理解为是一种目标。

总的来说,教师个人专业化的过程是为了实现教师职业专业化的目标,实现教师个人的专业化是教师专业化的核心内容,只有努力实现教师个人专业化,教师作为一个职业才有可能被认可。

(四)教师专业化的基本含义

有关教师专业化的内涵,不同的学者有不同的见解。我国学者肖炬元认为:"教师专业化是指教师职业能力、教师职业培养和教师职业过程的独特化、熟练化、专门化、程式化和标准化。"[②]我国学者叶澜综合各个学者有关教师专业化的定义,将其分为三类:教师专业成长过程,促进教师专业成长的过程,综合教师专业成长过程和促进教师专业成长的过程。[③]

综合从社会学和心理学维度的分析和各个学者的论述,教师专业化的基本含义包括以下六方面:

第一,教师专业化需要国家提供专门的师范教育及教师就职后的继续再教育,并有相应的制度和经费支持。

第二,教师专业化最终还要教师充分发挥自身的主观能动性,需要拥有

---

① 朱正茂. 教师专业化成长的思考与实践 [M]. 芜湖:安徽师范大学出版社, 2021.
② 肖炬元. 树立以人为本的校本课程开发观 [J]. 教育探索, 2006(06):19-20.
③ 周彩丽. 叶澜:寻找教育学的"生命" [J]. 教育家, 2019(13):42.

强烈的上进心。

第三，教师专业化还需要由教育界制定一套促使教师专业化的专业标准，如由教育部牵头制定的各级各类教师的专业标准。

第四，教师专业化包含两个含义，它既是一种过程，也是一种目标。作为过程，教师专业化是指教师个体努力成为专业人员的发展过程。作为目标，教师专业化是指教师职业成为专业是一个奋斗目标。

第五，教师专业化既指教师职业专业化，强调教师职业与其他职业相比的专业性，又指教师个人专业化，强调教师由非专业或半专业人员向专业人员转变的过程。

第六，教师专业化实际上就是教师职业素质的专业化，具体包括专业文化、知识层面，专业技能、能力层面，专业道德、规范层面，专业心理、生理层面四方面。

（五）教师专业化的依据

专业化的核心问题是专业标准的制定，专业标准既是区分一般性职业与专业性职业的标准，也是专业从业者努力奋斗的目标。教师专业化的依据即满足教师专业化的专业标准。任何职业想要被称为专业，受到社会认可，都必须拥有无可替代的专业标准。教师想要实现专业化，必然需要制定符合自身特点的独特专业标准。

既然专业标准的制定如此重要，世界各国也都积极制定了相应的教师专业标准。英国教育家霍勒认为教师专业标准有六点：履行重要的社会服务、系统知识训练、需要持之以恒的理论与实践训练、高度的自主性、经常性的在职进修、团体的伦理规范。[①] 美国卡内基基金会的改革委员会组织的全美教师专业标准委员会提出的《教师专业标准大纲》（2000年）是目前最明确表达教师专业化标准的文件，大纲中包含五方面内容：教师接受社会的委托负责教育学生，照料他们的学习；教师了解学科内容与学科的教学方法；教师负有管理学生的学习并做出建议的责任；教师系统地反思自身的实践并从自身的经验中学到知识；教师是学习共同体的成员。目前，为实施中共中央、国务院2010年发布的《国家中长期教育改革与发展规划纲要（2010—2020

[①] 雷文，朱琳．卡斯腾·霍勒的奇异创造[J]．公共艺术，2015(05)：98-105．

年)》,教育部征求幼儿园、小学和中学教师专业标准意见,这是我国教师专业化发展史上的里程碑。

(六)教师专业化的措施

在了解教师专业化的内涵和依据的基础上,我们认为影响教师专业化的因素主要分为内因和外因。内因是事物变化发展的根据,是事物发展的根本原因,外因通过内因起作用。这里的内因主要指的是教师个人,而外因指的是教育部门。教师的自主发展可以说是教师专业化的核心,教师成为研究者是教师自主发展的重要手段。教师成为研究者强调的是教师进行一种反思性教学,以自身教育教学实践活动为对象进行研究,以期可以解决教育教学过程中实际产生的问题。教师成为研究者还有一个重要作用,即将教育理论与教育实践紧密结合,从而促进教育事业的发展。在教师成为研究者,进行研究的过程中就促进他们专业水平的提高,从而促进他们专业化成长。作为外因教育部门需要提供相应的制度保障,如制定严格的教师资格标准,实行教师资格证书制度;又如对教师的聘用、晋级、解聘等实行专业的评审制度。总之,外在的制度保障对于教师专业化也是不可或缺的。

除了从内外因角度分析教师专业化,我们还可以从教师成长的路径来分析。任何教师的成长都必经职前师范教育和职后继续教育。职前的师范教育是教师专业化的原点,因此以培养教师为目的的各级各类师范学校都开始加强专业化建设,在培养目标、培养内容、培养模式等方面都在进行改革。职后的继续教育即教师在职期间可以通过自身进行研究性教学和接受学校提供的各种培训来提高自身素质。总之,建立完善的职前教师教育和职后教师培训都很重要,做好职前教育和职后培训的衔接工作有助于提升教师专业化的水平。

四、教师专业发展与教师专业化的关系

事实上,"发展"就是"变化",从这个意义上来说,"教师专业化"与"教师专业发展"可以视为同义词。一般意义上认为,教师专业发展与教师专业化的含义是相通的,都是指加强教师专业性的过程。但仔细对比就会发现,教师专业发展与教师专业化并不是同一概念,二者侧重点不同。教师专业发

展侧重于从心理学角度分析，是指教师个体实现专业成长的过程，由一个新手发展到专家的过程，而教师专业化则侧重于从社会学角度分析，是指教师职业的专业化和教师专业地位的获得。可以说，教师专业发展强调的是个体的、内在的专业化程度的提高，教师专业化强调的是教师群体的、外在的专业性提升。可见，教师专业化主要是从横向维度上和群体维度上来探讨教师职业发展，教师专业发展主要是从纵向维度上和个体维度上来探讨教师职业发展。从教师职业发展的整体上来看，教师专业发展是目的，教师专业化是手段。

总之，教师专业化是教师职业发展逼近并超越教师职业要求（一般由教师资格标准来规定）的状态、过程和结果。教师专业发展主要是指教师专业发展的专业知识结构的够用度、专业能力（技能）发展的娴熟度、职业规范的遵循度和职业心理（情感态度）的成熟度等。教师专业化主要是从横向上来测量教师群体职业技能和职业地位排他性等指标，教师专业发展则主要是从纵向上测量教师个体职业心理属性和职业技能发展性等指标。事实上，我们既要追求教师专业发展的过程，又要追求教师专业化的结果，即教师个体职业发展成熟度和教师群体职业社会、经济、政治地位。只是在实际研究和学术交流过程中，似乎没有必要过分区分二者之间的差别。

第五节　高校教师专业化与高校教师专业发展

一、高校教师专业发展

高校教师专业发展是教师专业发展的一个下位概念，属于教师专业发展的范畴。"与中小学教师相比，高校教师专业发展应有更高目标的追求，即使教师成为高深知识的研究者、高尚师德的追求者、高超教艺的创造者与高度自主的实践者。"[①] 有学者认为，"高校教师发展也可以称之为师资发展、高校

[①] 邓东梅,庄敏.高校教师专业发展困境及对策分析[J].经济研究导刊,2021(18)：62-64.

教师教育，是指高校教师为提高学术水平、教学能力而不断进行的培训与教育。教师发展着眼于长远的个人素质，重视个人发展理念，每个教师根据自身发展的需要选择进修学习的内容和方式。教师最重要的发展能力主要包括：教师生涯规划，自我成长；能获得知识，充实自我；能实施研究，改进教学；能反省批判，自我更新"。[①]

对于高校教师专业发展，我们将侧重从心理学维度进行分析、探讨。从心理学维度上来讲，高校教师专业发展主要是从高校教师个体角度来探讨其职业精专化的过程。具体来说，高校教师专业发展是指高校教师在整个专业生涯中，通过终身专业训练，习得教育专业知识技能，实施专业自主，表现专业道德，并逐步提高自身从教素质，成为一个良好的教育专业工作者的专业成长过程。高校教师专业发展强调教师个人的专业成长过程，既包括从教前的师范学校的教师教育，又包括从教后的教师在职继续教育，通过持续不断地接受教育，使得教师可以熟练掌握教师所需的专业知识和技能。任何教师都要经历从新手—熟手—专家的过程，高校教师也不例外。

从心理学上讲，影响教师专业发展的因素分内因和外因，内因很重要，但对于高校教师来讲很多外在因素也不可或缺。高校教师承担着教学、科研和服务社会的任务，需要教师充分发挥其主观能动性，积极寻求各种方式，促进自身专业素质的提高。同样，学校也应该给高校教师提供充分发挥自身能力的空间，并以最大的努力为高校教师专业发展提供进修机会等。总之，高校教师的专业程度影响了一个国家的人才质量，鉴于高校教师专业发展的重要性，我们必须重视教师自身的努力和学校提供的良好环境。

从心理学角度分析教师专业发展的内涵和影响因素后，接下来分析高校教师专业发展的本质属性和表现。总的来说，实践性是高校教师专业发展的本质属性，而这个实践性又主要表现在三方面：互动性的实践、反思性的实践、创造性的实践。

由于高校教师本身的特殊性，如高校教师需要服务社会，这就使得高校教师不能在一个自我封闭的环境中生存，需要与同事及社会中相关人员进行交往和互动。这种互动关系是在实践过程中产生的，教师需要在实践中处理

---

① 王清霞.高校教师专业发展的内涵及对策分析[J].文教资料,2019(33)：106-107.

好人际关系，这也是教师专业发展的一个重要需求。与中小学学生不同，高校里的学生在一定意义上已经成人，教师和学生的交往属于一种平等意义上的交往，在高校里学生敢于表达自己的想法，而且此时的学生也是创造力最强的时候，教师在教学过程中，一方面促进了学生的发展，另一方面，也能促进教师的成长。

所谓反思性的实践，是指教师在教学实践中，以教育理论为指导，对自己的教学过程和教学结果进行反思。反思性的思维不仅是大学生必须形成的思维方式，更是教师专业发展的重要内容。只有教师具有反思性的意识和实践，才有可能使所教学生获得一定的反思性思维能力。大学生是社会中最有活力的群体，他们对这个社会充满了好奇，他们对于未来社会的发展起着很重要的作用，他们必须对于所学的理论与所遇到的现实提出疑问，形成自己的判断，这才是合格的大学生。目前，我国的高校还是集中在给学生灌输一种既定的知识和技能，不允许学生对教师提出疑问，缺乏民主的空间。事实上，对于高校学生而言，学到一定的知识固然重要，但是掌握批判性的思维能力更加重要，因为社会发展如此迅速，只是死记硬背所学知识，那很容易被社会淘汰。对于高校教师而言，教师应该有教会学生如何批判性地学习的意识，并且自身也需要不断地进步，进行批判性的教学和科研，在教学过程中使得学生感受到这种批判性思维。高校教师在进行批判性的教学和科研中，已经有意无意地提高了自身的专业能力，促进了他们的专业发展。

所谓创造性的实践是指高校教师不仅需要传播知识，还要创造知识。高校教师需要承担教学、科研和服务社会的重任，其中科研是高校教师的一项重要任务。科研水平的高低可以衡量一所高校质量的高低，同时也是衡量一个高校教师水平高低的重要指标。可以说科研是高校教师的核心内容，只有坚持科研，创造新知识，才能保证学科的发展。因此，创造性的实践就必然成为高校教师专业发展的重要方面。事实上教学过程中也可以体现教师创造性的实践，大学课堂所使用的教材都是灵活的，教学方法也可以根据需要调整，为了达到预期的教学目的，高校教师应该有进行创造性教学的机会。总之，创新是一个国家的灵魂，是一个民族发展的不竭动力，高校唯有创新才能更好地服务于这个社会。

二、高校教师专业化

如果说高校教师专业发展侧重教师个人的专业发展，那么高校教师专业化则既包括教师个人的专业发展，又包括教师群体的专业发展。对于高校教师专业化来讲，我们两方面都要重视。教师专业化最初来自中小学，但随着整个教育领域对质量的普遍追求，于是在高等院校也提出了教师专业化的要求，两者之间既有共性又有差异。其共性来自教师群体与其他职业群体的"种间差异"，也就是教师职业在社会职业分工中的排他性和区分度，这是教师职业的类属特性；其差异来自教师群体内部小群体之间的"种内差异"，也就是高校教师与中小学教师之间内部分工的排他性和区分度。在本质上来说，各级各类教师的专业化是相同的，其不同之处是由其劳动对象来决定的。如果把人类社会看作一个生产系统的话，那么教育系统就是一类特殊的生产系统，其"加工的对象"和"生产的产品"不是人本身，而是人类的知识（包括技能和规范）和人的智力，被"加工"后的知识和智力有着质和量的差异和飞跃，这个差异和增量就是衡量各级各类教育教学质量的重要指标，可以叫作教育绩效。因此，"高校教师专业化"与"中小学教师专业化"之间的差异性，主要不在于教师本身的差异性，而在于这两类教师的"智力生产"过程中"加工的对象"和"生产的产品"的差异性，其表面原因（表现）是教师群体内部的专业分工，其深层原因（实质）是为了提高"智力的社会化大生产"的效率。正因为这两类教师所要"加工的对象"和"生产的产品"具有差异性，二者专业化的要求（重点和方向）也就具有了内在的、本质的差异性，主要有以下三方面：

（一）直接"加工"和"生产"的对象不同

就广义上来说，无论哪一类教师，其直接"加工"和"生产"的对象是人类的知识（包括技能和规范），所不同之处仅仅在于各级各类教师所面临的知识的体系或者知识的层级不同而已。高校教师和中小学教师职业差别首先在于其日常直接"加工"和"生产"的知识的体系和层级是不同的，而这些知识体系和层级也在不断发展和变化之中，这就是他们都需要专业化的内在原因之一。

（二）间接"加工"和"生产"的对象的起始素质不同

无论哪一类教师，其间接"加工"和"生产"的对象是人的智力，所不同之处仅仅在于各级各类教师所面对的这些"智力"及其从属体（或者说学生）的生理、心理素质不同而已。对于中小学生来说，不管是认知能力还是社会能力等均处于发展前期，自主性、自律性尚差，逻辑判断能力较弱；而对于大学生来说，正处于青春发育后期，无论认知能力还是社会能力等均处于高速发展阶段，个性张扬，激情万丈，"少年维特之烦恼"也不是困扰，他们的主观能动性和自律性大大增强，逻辑判断能力也逐渐逼近发展高峰，这就是他们都需要专业化的内在原因之二。

（三）"加工"对象的预期生产规格不同

无论哪一类教师，其最终"生产"的"产品"是人的知识（包括技能和规范）和智力，所不同之处仅仅在于各级各类教师对这些"产品"的预期生产规格不同而已。对中小学生来说，他们大多是实现从"校园"到"校园"的过渡，尽管也有职业启蒙，但是他们普遍是衣食无忧，几乎不会面临太大的职业压力，能过"少年不知愁滋味"的安逸生活，而大学生则要在3~5年后直接面对社会职业岗位，择业、择偶、寻求社会认同和社会定位等压力同时逼来，几乎都是过着紧张的生活。因此，对于中小学生最直接的教育目标，主要是向上一级的教育子系统输送进一步加工的"半成品"，或者说生源；而对于大学生的教育培养目标，则是向社会系统输送基本上合乎用工要求的"成品"或者"配套产品。学生智力等素质的起点和终点的不同，决定了两类教师专业化目标内涵的重要差异，这就是他们都需要专业化的内在原因之三。

此外，其"加工"和"生产"的内部和外部环境、规范或者"工艺流程"、最终的"消费者"或者雇主等也不同，给他们的专业化提供了动力源。

第二章　高校教师专业化理论重构

第一节　高校教师专业化理论重构的必要性

根据上述研究,可以看出,尽管现有相关理论对建设高校教师专业化的理论和指导高校教师专业化的实践不无裨益,但是由于这些理论的借鉴和移植还没有经过效度和信度的检验,未能兼容高校教师群体专业化和个体专业化,未能兼顾高校教师专业化的社会学维度和心理学维度,还处在零散借用中小学教师专业化理论以及其他相关理论的阶段,因此很有必要建立体系化的高校教师专业化理论,这就需要注意下面四点:

(1)就高校教师群体专业化来说,需要从空间、时间和社会分工等维度,以及高校教师专业发展的质量和数量的尺度建立高校教师群体专业化的理论。

(2)就高校教师个体专业化来说,由于高校教师专业化的内容实质上就是高校教师职业素质的专业化,因此需要建立专业素质理论,而身体素质是专业素质的基础,但基本上不属于专业素质的研究范畴;专业素质应该包括与专业相关的知识、能力(包括技能)、规范和情感等。

(3)就高校教师专业化的保障机制来说,需要将和谐管理理论和系统论结合起来作为手段,创立全新的保障机制。

(4)结合上述三个层面,界定高校教师专业化的内容,建立高校教师专业化的理论模型。

第二节　高校教师专业化的内容

既然教师专业化存在教师群体和教师个体两个维度，那么教师专业化的内容也存在群体维度和个体维度两个主要方面。教师群体维度的专业化似乎比较倾向于宏观层面，并从社会学的视野来探讨教师的专业化，而教师个体维度的专业化似乎更加倾向于微观层面，并从心理学的视野来探讨教师的专业化。总的来看，个体维度的专业化在某种程度上决定着群体维度的专业化，但是后者或许还需要国家政府进行社会制度、政治制度等顶层设计来作为支撑。

一、群体维度的高校教师专业化的内容

如前所述，群体维度的教师专业化关注的内容，主要是从社会学角度来探讨教师职业发展的规模与质量，具体包括教师职业在社会职业分工中的社会、经济、政治地位，区分度，排他性，发展规模，教师群体发展质量。教师的群体发展质量主要是教师群体的年龄结构、职称结构、学历结构和学缘结构等方面。从总体来说，这个层面的研究主要集中在教师群体发展质量方面，其他方面涉及较少。

二、个体维度的高校教师专业化的内容

相比之下，从个体维度探讨教师专业化的文献非常广泛。比如"教师专业发展的核心就是教师实践知识的丰富、情意的涵养、独特人格与品质的塑造等，它们来源于实践并为实践服务，这才是教师的知识结构中最有价值和最有效用的知识，是教师专业发展的生长点"[①]。再比如，"大学教师作为一门特殊职业，教师的发展是一个整体概念，大学教师发展的内隐性表现在专业知识、专业素养的增长和师德境界的提升。外显性的表现就是大学教师的身

---

① 王清霞.高校教师专业发展的内涵及对策分析[J].文教资料,2019(33)：106-107.

心发展、政治和经济地位及自由度的提高"[1]。或者所谓教师素质，是指教师在教学活动中所表现出来的，对学生身心发展有直接且显著影响的心理品质的总和。教师素质直接决定教学效果，又是教育工作的基础。现代教师应具备以下五种重要的素质：良好的职业道德素质、科学文化、现代教育观念、教学能力和身体心理素质。根据这些文献的观点，实际上，在个体维度来探讨教师专业化的内容，主要涉及教师的知识结构、能力或者技能结构、职业规范或者职业道德以及职业情感态度等，不过也有观点涉及教师身心的其他方面。这样看来，从个体维度探讨教师专业化，实质上是探讨教师的专业素质的发展状况，即主要是指教师职业素质的专业化，这就是个体维度的教师专业化的内容。

三、群体维度高校教师专业化和个体维度高校教师专业化之间的关系

正如教师专业化和教师专业发展的社会学维度和心理学维度一样，高校教师专业化的内容同样既是群体概念，也是个体概念。高校教师的职业地位和职业声望是由个体维度的术业专精的程度来决定的，即高校教师在社会维度和群体维度的专业化程度是由个体维度和心理学维度的专业化程度来决定的，因此，在重构高校教师专业化理论时，首先要构建个体维度和心理学维度的专业化理论，其次才是构建社会维度和群体维度的专业化理论，这与当前其他学者从社会、政府层面寻求法律制度等方面的保障来突出高校教师职业专业性的思路是大相径庭的理论。

---

[1] 朱媛媛. 知识生产模式转型与高校教师专业发展策略[J]. 集美大学学报（教育科学版）,2021(03)：5-10.

第三节　高校教师专业化理论重构的思路

一、建立群体维度高校教师专业化的分析模型

高校教师专业化实际上涉及高校组织的多个层面，是一个系统化的工程，因此需要借助系统论作为方法论，主要用于分析高校教师专业化在各个展次存在的问题和原因，以期寻求必要的对策，即运用具有原创性的系统的四层次分析法。简要来说，就是将高校教师专业化的系统划分为物理层、表现层、规则层以及外部环境四个层面。其中物理层就是高校系统的物理结构，包括子系统和要素，规则层就是高校系统的运行规律或者约束规范，表现层就是高校系统在运行过程中表现出来的目的、功能以及行为。这是高校教师专业化在群体维度所涉及的四个重要层面。

不过在提出对策的时候，并没有完全机械地按照系统的四层次分析法进行构建，而是通过改造和移植和谐管理理论来进行耦合建构，在此称为高校教师专业化的耦合规划模型，同样具有一定的原创性。

二、建立个体维度高校教师专业化的分析模型

（一）个体维度高校教师专业素质分析模型

根据上述分析，个体维度高校教师专业化的问题实际上主要是高校教师职业素质专业化的问题，这就可以利用素质模型进行分析。目前，素质模型主要有冰山模型和洋葱模型两种。由于这两个模型之间既有联系又有区别，为了消除其中的张力，需要对这两种模型进行改造，融汇两者的精华，改进为素质的嵌套圆锥冰山模型。

（二）个体维度高校教师专业能力分析模型

专业能力是指在特定的职业组织中个体所具有的与所从事的职业相关的能力。职业组织中的个体在完成职业任务时，必然涉及与职业任务相关的三

大要素，即人、事、物。因此，专业能力结构必然存在着三种相互独立而又有某种联系的能力用来分别对应这三种要素，它们之间的联系是靠迁移能力和元能力来实现的。

可见，从宏观上来讲，高校教师的专业能力结构也应该由五个维度与职业教育相关的能力组成，即认知能力、职责能力、社会能力、迁移能力和元能力。根据以上分析，吸收美国行为分析范式、英国功能分析范式以及德国、法国、奥地利的多维度整体（格式塔）分析范式，可以建立四面体五维度高校教师专业能力分析模型。

总之，高校教师的专业能力结构就是由这五种能力组成的能力结构在高等教育领域中的特定化和职业化。

三、建立高校教师耦合式专业化发展模式的系统模型

根据对影响高校教师专业化因素的分析，探索促进高校教师专业化的保障机制，如政策保障机制、制度保障机制和文化保障机制等。高校教师专业化的质量是多种机制共同耦合的结果，因此，必须保证高校教师专业化过程中物的要素和人的要素的有机配合，才能保证高校教师专业化实践的顺利进行和长效发展。政策保障机制主要包括国家、省市和高校关于教师队伍建设、岗前培训、在职进修、终身学习等方面的政策文件和要求；制度保障机制主要分析高校关于教师聘任、晋升、职业指导、激励和评价等方面的制度规范；文化保障机制主要探讨如何构建促进高校教师专业发展的文化环境，例如转变教师的传统观念，使他们认识到专业化的必然趋势和必要性，增强教师的职业认同感，使教师职业的价值和意义得以发挥和弘扬，提高教师参加专业发展的积极性，促使学校为教师专业发展构建和谐的文化氛围等。目前，尽管关于高校教师专业化的政策机制和文化机制的研究有一定的进展，但是从和谐管理理论角度出发，融汇高校教师专业化物的要素和人的要素耦合的保障机制尚属首次。这种机制兼顾了高校教师专业化的群体和个体，历史、现实和理想，自发与自觉，以及物的要素和人的要素等多个层面，是探索高校教师专业化的长效保障机制的新尝试。

高校教师专业化发展实际上可以在环境诱导下不经任何人工干预而自主演化形成，也可以通过纯粹的人工理性的优化设计而自觉生成，还可以通过

这两种形成机制的耦合而设计实现。高校教师专业化的耦合设计模式是对席西民教授创立的和谐管理理论的移植和改造，"它注重融汇'能动致变的演化机制'和'设计优化的控制机制'"①（以下分别简称为"诱导演化"和"理性设计"），能够最大限度地增强高校教师专业化的绩效。

时至今日，形成了高校教师耦合式专业化发展模式的系统模型，因此耦合设计模式的宗旨就是，明确当前教师专业化的重点，深刻挖掘教师专业化的自身优势，实现教师专业化的精细化和个性化，兼顾高校教师专业化的共性和个性，兼顾高校教师专业化的群体和个体维度，兼顾高校教师专业化的社会学和心理学维度，兼顾职业生涯发展和人力资源管理的主旨，努力"提高教育质量，注重发展内涵"。

高校教师耦合式专业化发展模式的系统模型的总体技术路线是：首先，领导层在传承办学历史经验和分析环境与组织的基础上形成教师专业化意图。其次，经过价值判断后明确地形成面向未来发展愿景的教师专业化主题；再次，组织人的要素和物的要素，构建并耦合和则体系与谐则体系，形成实施高校教师专业化主题的运行和保障机制。最后，在适当时机对高校教师专业化的绩效进行必要的评估。

第四节　高校教师专业素质的内涵重构

既然高校教师专业化的个体维度决定着其群体维度的专业化，那么就需要首先澄清高校教师专业素质的内涵，这是一般的人力资源理论中专业素质模型所不能取代的，特别是根据现代发展的需要，高校教师的职责发生了重大变化，由先前注重教师传递知识演变为重视激励教师不断思考，从事具有创造性的活动。因而，需要对教师专业素质进行重新界定和思考。

---

① 李海梅．基于自我能效的高校教师专业化发展策略 [J]．科教导刊—电子版（中旬）2022(32)：270-271．

一、高校教师专业素质重新界定的意义

日趋激烈的国际经济竞争和综合国力的较量归根结底是高素质人才的竞争，而高素质人才的培养主要靠高等教育。作为培养高素质人才的中坚力量，高校教师的专业素质直接关系到我国高等教育的质量和成果，在某种程度上决定了高等教育高素质人才的培养规格和质量。在新的发展时期，多重发展背景对高校教师应具备的专业素质构成提出了新的要求。

（一）世界高等教育发展促使对教师专业素质重新界定

比尔·盖茨在与人合著的《资本主义社会的未来》一书中曾科学地预言："在21世纪重要竞争方式的改变中，高等教育扮演的角色是具有决定意义的。"[①]这就意味着掌握了21世纪的教育才能在国际竞争中处于战略主动地位。因此，大力发展科技和教育成为世界很多国家的重大国策。高等教育在整个教育体系中处于龙头地位，担负着培养顶尖人才、发展科技文化和促进社会全面进步的重任，而高校教师作为高等教育的中坚力量，更是完成这一重任的关键所在。近年来，教师素质问题再度受到广泛关注，学者们关于教与学的研究成果越来越充分地表明，制约学校教育质量、影响学生学业成绩的最主要因素是教师。面对新的机遇和挑战，高校教师应审时度势，紧跟时代，重塑自我，使我国在教师专业素质界定方面与国际高等教育改革和发展的趋势相一致。

此外，全人教育又称完人教育，理念也对教师专业化提出了新要求，这种理念是20世纪70年代在欧美兴起的一种教育思潮，其主要目标是促进人的整体发展。它倡导教育应当培养完整的人，使人在身体、知识、技能、道德、智力、精神、灵魂、创造性等方面都得到发展，并通过深化认识人自身和不断反思社会危机，试图用一种新型的人本化教育来解决教育和社会发展中的问题，创造一种新的全人教育文化。近几年来，随着全人教育理念影响的逐渐深入，在批判教育培养目标工具化倾向的过程中，我国学者和教育决策者开始逐渐关注全人教育思潮，我国大学教育也必定会从工具化目标转变为育人性目标，更加注重人的整体发展，影响我国教育改革方向的产生。这些转

[①] 引自唐大麟. 比尔·盖茨的洞见 [J]. 中国石油企业, 2021(06): 108.

变将对高校教师的教学能力提出更高的要求。

（二）高校推行素质教育要求对教师专业素质重新界定

从 20 世纪 50 年代起，在世界各国不断掀起高等教育改革的浪潮。一个共同的主张就是把教育与人的和谐发展相结合。可见，提高人才的素质已成为世界性教育改革的主题。素质教育作为 21 世纪人才培养目标的新模式，已成为世界高等教育改革的主旋律。在我国，实施素质教育，就是全面贯彻党的教育方针，以提高国民素质为根本宗旨，以培养学生的创新精神和实践能力为重点，造就"四有"新人，使大学生在思想道德素质方面学会做人做事，在科学文化素质方面学会求知创新，在心理健康素质方面学会合作与共处。把学生作为主体进行素质教育，这就对教师提出了新的挑战，"要给学生一杯水，教师应先有一桶水"。传统的专业型或技艺型教师已经不能适应素质教育的要求，需要更多具有自己独特风格的、能帮助学生实现自我价值的复合型教师。

（三）社会转型对高校教师专业素质提出了新挑战

我国目前正处于社会的转型期。在信息社会中，事物迅速发展、变化着，因而教育必须面向未来，培养社会成员预测并应对未来的能力。这对于教师，尤其是高校教师来说无疑是一个巨大的挑战。高校教师必须立于社会发展的排头，必须尽快转变角色、适应角色并首先接受社会变革的检验。

（四）教育现代化对高校教师专业素质提出了新要求

急速变革是现代社会发展的基本特征。为了适应和满足现代社会日新月异发展的迫切需要，处于大规模社会变革背景中的教育也时常处在持续的嬗变之中。新世纪，面对知识经济时代更加激烈的竞争，人们对变革教育再一次产生了巨大的热情和希望，大学作为国家知识系统和科学技术创新系统高层次中履行社会独特作用的机构，其改革与发展被寄予了很高的期望。同时也对作为高等教育办学主体力量的教师提出了全新的要求。正像联合国教科文组织的一份报告中指出的那样，"没有一个高教机构能免除巨大的压力与挑战，不断扩大的高等院校全球化使每一个学校担负着相似的重任与风险……高素质、高动力的师资与支持性的职业文化，对造就未来的高等教育发挥着关键作用"①。那么如何在高等院校建设一种高素质、高动力的师资与支持性的职业文化呢？高校教师究竟"应该具备什么素质"及"特别需要具备什么素质"才能适应时代需求呢？这些基本问题是我们探讨高校教师素质优化问题首先需要解答的。

高等教育改革和发展的基本思路是不断面向现代化。想要培育出适应社会现代化的高质量人才，只有通过实施现代化的社会发展工程。想要造就与维持一大批高素质、高动力的高校教师人力资源，也只有发展现代化建设的事业。为了更深入全面地认识教育现代化与高校教师素质提升之间的关系，对现代化的含义有一个初步的了解是很有必要的。

1. 现代化与教育现代化的内涵

目前学术界对现代化的含义没有清晰的界定。"现代化""发展""经济增长""社会进步"和"社会变迁"等术语被人们当作内容相近的概念来使用。有的学者认为，现代化的实质就是工业化，是经济落后国家实现工业化的进程。也有的学者提出，现代化是自然科学革命以来人类急剧变动的社会过程。美国学者英克尔斯则认为："现代化主要是一种心理态度、价值观和生活方式的改变过程。现代化的实质是人的现代化。"世界各国现代化的进程基本上经历了四次大的推进浪潮：第一次是18世纪后期到19世纪中叶的机械化浪潮，其物质技术基础是煤和铁。第二次是19世纪中叶到20世纪初的自动化浪潮，其物质技术基础是电和钢铁。第三次是20世纪上半叶以后的高技术化浪潮，其物质技术基础是石油能源、人工合成材料和微电子技术。第四次浪潮也称后现代化过程，是指20世纪70年代以后以个人电脑和卫星、光子通信技术为标志的信息化浪潮以及90年代以来的数字化、网络化浪潮，这一新的现代化的物质技术是"知识经济"。尽管现代化发展进程给不少发展中国家带来了很多不良的新的社会负面效果，但从总体上来看，"现代化的后果是好多于坏，利大于弊"。

我国属于一个"后发外生型"的现代化发展中国家，从本质上看，中国的现代化是一种混合型现代化，同时经历着不同浪潮的冲击。这种国情决定了中国的教育现代化面临着定位困难、发展不平衡等问题。

---

① 何光全. 联合国教科文组织与现代终身教育的发展[J]. 职教论坛, 2023,39(01)：77–85.

世界各国的一大共识是在现代化的社会发展进程中，一个国家、一个地区率先要进行教育现代化。中国实现社会主义现代化，经济是中心，科技是关键，教育是基础。构成教育现代化的基本要素可以从三个层面来认识：一是教育物质层面的内容，主要是指教育的物资设备、条件、教学手段等方面的现代化程度。二是教育制度层面的内容，包括教育管理结构和制度、教育体制、教育组织运行机制等领域的现代化发展水平。三是教育文化价值层面的要素，如教育思想、教育目标、教育内容和教育方法，特别是教育工作者素质的现代化程度。这三个层面从本质上构成一个相互联系的有机整体，意味着教育现代化是一个整体的发展过程。教育现代化既包括教育条件和教育手段的现代化，也包括教育思想、教育目标、教育内容和教育管理制度的现代化，同时也涉及教师队伍的现代化，即人的素质的现代化。教育现代化的实质是人的素质的现代化。

2. 现代教育的转型

人类社会从工业社会转型为信息社会以后，随着生产力和生产方式的改变，终将导致社会的重大变革。教育作为社会变革的先导，必然随社会的转型而变化，随之也造成高校教师角色的重新定位。其表现在：①教育由封闭式转型为开放式，教师既是知识的输出者又是学生自主学习的引导者。②教育由继承式转型为创新型，教师要由知识的复制者转变为学生创造能力的培养者。③教育由职前教育转型为终身教育，教师既是知识的传授者更是学习方法的给予者。④教育由整齐划一转型为突出个性，教师由强调统一性的教育者转化为真正意义上的因材施教者。

3. 高等教育发展的主要趋势

20世纪70年代以来，高等教育发展的主要趋势表现为数量增长、结构和形式多样化、国际化程度逐步提高。

（1）数量增长。由于受到人口增长、中小学教育大发展、经济增长及由于经济增长增加了对高等教育的投入等因素的影响，许多国家和地区逐步意识到发展高等教育不仅是促进经济的重要工具，而且也是开发当地人力资源，吸收、运用知识技术进行政治改革的重要手段。因此，发展大规模、高质量的高等教育成为其主要的趋势。高等教育在数量上的增长从全世界高等教育在校学生人数上得以较鲜明的体现。据联合国教科文组织的统计资料显示，高等学校在校生人数从1960年的1300万，增长到1991年的650万。联合国教科文组织的另一项关于高校在校人数的预测表明，高校在校人数2015年将增加到9700万，到2025年将增加至1亿。[①]

（2）形式和结构多样化。随着社会的发展，高等学校首先要根据经济的全球化趋势和地区性特点，提供满足不同需要的各类人才。其次，要采取形式多样的教学手段，以不断提高成本效益。同时科学技术的日新月异使得在教学、培训和研究工作中，跨学科和多学科的教育教学方法得以广泛应用等。上述因素共同作用导致高等教育呈现明显的多样化，尤其是在学校形式、课程设置、教学方法、学科建设以及经费来源等方面。进入20世纪90年代以后，世界各国政府和高等学校都已经或者正在对高等学校的形式、课程设置、教学训练和学习方法等进行深刻的改革，以适应社会发展对高等教育的要求。

（3）国际化程度逐步提高。由于知识具有普遍性，知识的深化、发展和传播主要通过国际学术界的广泛交流得以实现。在知识经济时代，经济的一体化、环境生态问题的全球化、多元义化的交融化以及信息技术的快速发展等极大地促进了国际学术界的交流，教育尤其是高等教育的国际化趋势日益明显。高等教育国际程度的提高既有助于缩小国家之间、地区之间在教育科技方面的差距，促进民族之间的相互了解，也成为保证高等教育质量所不可缺少的条件。

（4）高等教育现代化的特征。在不同的时代对一个国家的现代化发展水平有着不同的要求和不同的评价指标。教育现代化作为一个国家现代化发展的重要组成部分，是一个动态的发展性概念。高等教育机构的社会职能经常伴随着国家现代化的发展进程而不断扩展。从社会历史发展的角度来看，大学在社会发展中的地位和作用不断演变，经历了从"农业经济时代的游离状态，工业经济社会的边缘状态，到后现代社会走进中心地带"这一轨迹。

西方的高等教育在第一次工业革命后发生了重大转变，大学的培养目标由专门为统治阶级培养人才发展到转变为实业界培养技术型人才。

英国第二次工业革命时期出现了明确为工业革命培养技术人才的新型大

---

① 何光全. 联合国教科文组织与现代终身教育的发展[J]. 职教论坛, 2023,39(01): 77-85.

学，大学教育内容完全按照工业需要来设置专业。洪堡改革出现之后，高等教育的职责增添成了"教学、科研、服务"。

进入20世纪90年代，高等教育又面临着新的转型，世界各国的高等教育正处在如何适应知识经济时代和市场化定向的关键时刻。大学不仅承担着培养现代化建设人才、科学研究和社会服务的职能，而且还以社会基础产业、全局性产业的形象来直接发挥其强大的社会经济功能。然而高等教育的市场化服务取向的增强从根本意义上改变了已往大学的定义，也改变了教师的传统作用。新时期的高等教育主要有以下五方面的特征：

（1）学术化。大学是以传播和研究学问为中心的自主的知识性组织，直接担负着国家需要的教育和学术研究任务。特别是在当今人类社会日新月异，并面临人类未来的种种难题的形势下，准确地把握现在、预测未来、提供重要信息的使命落在了大学的肩上，高等教育理所当然地按照国家教育政策和科技政策要求，努力为社会做出贡献。在21世纪，仍是用学术研究对人类幸福所做出的贡献作为评判大学的终极标准，正如美国斯坦福大学前校长斯帕尔所说，21世纪高校的好坏仍要用传统的标准来衡量。[1]因此，积极振兴学术研究成了高等教育改革与发展的一大核心工作。

（2）信息化。高等教育现代化的一个标志是学术研究方法和教学手段的现代化。网络时代新知识和技术空前的更新速度，致使现代化的教育科研信息网络、图书资料中心成为充分发挥高校信息库、人才库、思想库基本职能的物质载体。网上教学、远程教学、虚拟大学等新的教学形式的出现和技术手段的使用，迫使高等教育机构不得不制定出相应的政策应对这一挑战。高校教师如果还在以一种低效率的方式向学生提供那些过时的知识信息内容，将无法满足社会和受教育对象的需求。

（3）国际化。高等教育现代化建设的一项重要内容是以立足于国际化、全球化的观点进行高等教育改革。早在1974年，日本便提出了"国际化时代"的教育问题，美国斯坦福大学前校长莱曼指出，国际化已经成为高等教育发展所面临的关键性问题。国内学者认为，高等教育的国际化是指各国高等教育在面向国内的基础上面向世界的一种发展趋势。[2]而美国学者则把国际化

---

[1] 杨佳奇.高等教育学术漂移现象研究[J].大观周刊,2020(18)：57.

[2] 引自刘建平主编.高校教师专业化的理论与实践[M].天津：天津人民出版社,2013.

与国际合作、国际教育当作同一含义的概念,认为高等教育的国际化是指与国际研究、国际教育交流与技术合作有关的各种活动、计划和服务。高校师生的国际交流和科研项目的合作等,已成为评价高校办学水平、影响高校发展空间的重要因素。目前,国内很多人对教学研究型大学即全国重点大学实现国际化目标已经达成了共识,但是对教学型大学和地方院校的国际化发展方向则仍然有争议。有的人认为,对于我国大部分还处在为"生存"而奔忙的普通院校来说,目前不可能也没有必要承担这一职能。实际上,在全国性对外开放的形势下,"普通高等学校也必须承担开展国际合作的社会职能,为所在地区培养面向世界的高质量人才,在本地区的国际合作过程中发挥重要的不可替代的作用。同时也要根据国际化的要求,不断改革与之不相适应的教育目标、教育内容和方法"。[1]

高等教育的国际化对我国作为发展中国家的现代化具有特殊的重要意义。这一趋势要求高等学校必须拥有一支具备参与国际学术活动能力素质的师资队伍,造就一大批具有国际意识、通晓国际事务、善于掌握异域文化、长于国际合作的高素质人才。缺乏或者不重视这种类型的人才,高等学校将难以适应国际化发展潮流,也难以充分发挥对本地区科技和经济发展的促进作用。

(4)市场化。由于高等教育一向是免受外部市场压力的文化堡垒,因此加强市场化成为现代高等教育改革和发展的一个重要趋势,高等教育机构求得生存与发展的一个重要选择就是要面向市场、面向消费者。不仅是二、三类大学需要考虑如何固定自己的任务和市场位置,同时也成为许多一类重点大学不得不重视的生存和发展问题。为此,20世纪90年代中期以来,随着竞争机制被进一步引入高等教育之中,教育市场化已成为学校的基本定位。许多发达国家改变传统的"学生按学区就学,学校办学经费主要由政府拨款"的做法,而是按照自主择校、由学生入学人数来决定学校经费拨款的新政策,这在很大程度上改变了传统大学的定义。因此,高等教育为社区技术培训服务已成为近10年来国外二三类大学改革的主要方向。

(5)大众化。对高等教育需求的增长是一个全球性的现象,大众化是高

---

[1] 霍涌泉.教育现代化与高校教师的素质规范[J].陕西师范大学学报,2009(3):160-168.

等教育现代化的另一个重要趋势，这一趋势从根本上改变了长期以来大学生作为"稀有短缺人才"而具有的市场优势。在许多国家，大学生入学人数甚至超过了经济增长率。目前国际上已将大学生入学率作为现代化的一个重要指标内容，国外认为大众化在同龄人口中大学生入学率为17%~30%，世界主要发达国家高等教育适龄青年入学人数超过了20%，美国达到了45%。按照这一评价指标，我国仅有10%，比低收入国家还少3%，在世界上列99位。[1]有学者认为，大学生入学率过低也是影响中国现代化程度的一项关键指标，其不足以推进中国的社会经济发展。进入20世纪90年代以来，中国高等教育大众化发展趋势在日益迅速地向前推进，高校在校生人数每年以7.25%的速度增长。到2010年我国同龄人口的高等教育入学率从现在的10%提高到15%。加上我国人口基数大的客观原因，在校大学生数量不断增长已成为必然趋势。高等教育大众化导致大学生在就业市场上的高学历优势已不复存在，由此而引起的数量与质量问题、生源市场竞争问题，使得现存的高等教育教学内容及体制不得不重新组织建构。对于高校来讲，学生的增多意味着对办学任务和条件要求的必然提高。同时，伴随着大众化发展的另一个趋势高等教育的终身化，建立终身化的高等教育体系，又成了高等教育现代化的一个重要特色。

（五）加入世贸组织对高校教师专业素质提出了新要求

中国加入世贸组织后，在全球化的国际竞争中，知识创新的产出率和科技的发展在很大程度上取决于高等教育所培养的人才的质量，而人才的质量在很大程度上取决于高校教师素质。"国运兴衰，系于教育；教育成败，系于教师。"[2]因此，千方百计提高高校教师的素质具有重大的战略意义。高校教师只有与时俱进，不断适应时代的发展要求，提高自己的素质，才能培养出适应世贸组织需要的、具有竞争力和创新能力的专业人才和劳动者。

（六）全球化时代对高校教师专业素质提出了新要求

生产要素跨国流动的自由化，全球经贸的市场化，以信息高速公路为载

---

[1] 向美来,易伟松.高校扩招20年发展历程与展望[J].长江大学学报(社会科学版),2021,44(3):113-120.
[2] 谭新会,陈居玲.国运兴衰 系于教育——以中国古今教育的发展演变为例[J].招生考试之友,2022(08):27-29.

体的国际网络化，正在空前迅速地弥合着各国之间的疆界，带动着科技、文化和教育诸领域的变革。有史以来人类再没有像今天这样必须以全球视野来把握未来走向、塑造自身形象，必须以全球的襟怀来构建自身素质、实现生命价值——这也正是全球化时代对作为教育实践主体的高校教师的历史性要求。具有上述特定内涵的全球化时代，引发了教育基本理念的一系列深刻转换，从而促进了高校教师的角色更新，同时也对教师素质提出了新的要求。

全球化时代要求教师由知识的传授者变为学生智慧和精神资源的开发者。在全球化时代，由于学生个人的知识来源多元化，教师不再被视作知识的唯一拥有者和化身，其主要功能不是传授知识，而是引导和激励学生探寻、发现和创造性运用知识，并与之和谐共享。以教师为中心的灌输式教学将被以学习者为中心的自主式学习所取代，个体的志向、兴趣和精神发展的种种需求将上升为学习的主导性力量。因此，教师的职责更为全面，使命更加重要。他应当激发学生强烈的好奇心，充分培养学生个人在一生发展中所高度需要的独立学习和研究的能力；他应当强化学生筛选信息的能力，优化其思辨的缜密性和深刻性，使之能以自主的态度和批判精神来理智审视全球流通的大量信息；他尤其应当为学生长远的可持续发展铺就科学性与人文性相融通的精神底蕴，帮助其确立以崇高、博大、深远的人生境界为目标的价值取向，并以自身的率先示范为学生做出可亲可感的榜样。与此同时，教师对学生个体的评价标准也趋向多元化和个性化。全球网络化时代比以往任何时候都更加注重对人的个性的合理肯定，学生可根据自己的爱好来筛选信息、发表己见、与人自由交流，这种人类技术史上最能体现个性特征的表达和交流方式，为个体思想情感的自在发挥提供了广阔的平台，从而使教师不宜再用既往那种模式化和标准化的价值尺度去衡量学生，以避免对人性全面发展的抑制。这自然要求教师具备开阔的襟怀、开放的思维和高尚的人格。

全球化时代对高校教师的基本素质和基本能力提出了新的发展需求。

展望全球化新时代，高等学校作为多元化文明的集散地，将在创造新人的过程中发挥更为重要的作用。为了适应未来社会和未来教育发展的需求，新世纪高校教师应努力把握自身素质结构发展的基本价值取向。在传统计划经济体制下及市场经济体制建立的初期，存在的某些价值取向不同程度地制约着个人诸多能力、个性和主体精神的充分发挥。而随着中国加入世贸组织、步入全球化市场经济，必然要求变革传统文化价值观，树立与其本质要求相适应的新的文化价值观，即构建以能力本位为核心的人的素质结构。能力本位是数千年中国文化衍化的最新理念，也是中华民族在全球化战略竞争中立于不败之地的根本要求。任何一个国家在师资力量上的优势实质上是教师素质优势和能力优势的双重转化。以全球化时代背景为参照，作为一种普遍的共性要求，高校教师着重要发展有序启动教育进程的诸项能力。

（七）知识经济时代对高校教师专业素质提出了新要求

21世纪是知识经济的时代，日趋激烈的国际竞争归根结底是教育的竞争，是人才的竞争。只有具有创造精神和创造能力的高校教师才能适应时代的发展，并成为促进时代进步、培养创造性人才的推动者。因此知识经济时代对高校教师专业素质提出了新要求。

知识经济时代首先是知识爆炸的时代，主要体现在知识的总量、质量和结构等方面的急剧变化，这种变化导致人们生产知识、传播知识和运用知识的手段、工具发生了质的变化。随着科技的进步，现代人类知识状况的发展趋势加快，人类知识结构呈现出了多样化的特点，例如科学知识与人文知识的融合、知识的大众化、知识体系的综合化、知识的递增和更新速度的加快等。高校教育是培养人的事业，现代教育所培养的人一定是能够适应这种新知识状况的人。因此，在知识经济时代，高校教师必须成为知识创新、技术创新的主力军；为培养具有知识创新能力的人才，高校教师必须在精通本学科前沿知识的基础上在现代教育理论的指导下，进行教育教学创新。这一切都对高校教师素质提出了高标准和严要求。因此，无论从应对高等教育面临的挑战，还是从高校教师队伍自身素质的状况看，提高高校教师素质，都是一项刻不容缓的任务。

在知识经济时代，现代高校教师与现代高校的使命相一致，除了具有教书育人的能力外，还要具备科学研究和社会服务等能力，而这种社会责任的扩大，逐渐改变了高校教师社会地位和待遇不高的局面。因而高校教师必须转变自己的知识观和学习观，实现由分科教学到跨科教学、从知识的权威者到知识的组织者、从知识的传递者到学习的促进者、从重视知识的掌握到重视知识理论的探求、从重视间接经验到重视直接经验等知识传递方面转变自己角色的态度和行为方式。

（八）网络和信息时代对高校教师专业素质提出了新要求

随着网络时代的到来，学习对于生活来讲不仅仅是一个先行准备的阶段，而是成了生活的一部分。网络时代对教育思想观念、学生学习方式、教育内容以及教师传统权威都产生了影响。在这个信息流和思维流瞬息万变的无疆界天地，曾被奉为教育之中心和人类力量之表征的知识，其更新周期之短、更新数量之大已超过了人类历史上的任何时期，以至知识本身如果仅仅凭借传统的传播媒体——本来纳入教育流程已经显得滞后和陈旧。因此，从承继既有知识转向对其活化与创新、转向网络所联通的未来，当是教师职能的一大转型。

（九）素质教育对高校教师专业素质提升的内在要求

素质教育是在 20 世纪末提出的，然而作为 21 世纪教育发展的主题，有其深刻的历史背景。随着现代科学技术的快速发展，人们逐渐认识到：人文教育若与自然科学教育分离，将会极大地影响人才培养的完整性。纵观世界的教育改革方向，不也正是由以智能为中心向促进学生个性的全面发展转变，由过分强调专业教育向提升学生综合素质的培养转变。

1. 素质教育的内涵

什么是素质教育？如何理解"素质教育"的内涵？我国学术界至今仍有不同的理解。有的学者提出："素质教育，顾名思义，乃是一种以提高人才素质作为重要内容和目的的教育。"[①] 北京师范大学周之良教授着重从时代需要和未来发展的角度阐释素质教育的内涵，他认为，"不同的时代对人才素质有不同的要求，研讨素质教育必须倾听时代的呼声，体现时代精神"。[②] 徐运汉认为，"素质教育的内涵是动态的、发展的，时间不同、领域不同，素质教育内涵的实质也会有所区别"。[③] 还有的学者从教育本身的角度来揭示素质教育的含义，认为"素质教育是一种全面发展的教育，是贯彻教育方针最有利的教育模式；是一种通识教育，要贯穿教育的始终；是面向全体学生的教育，

---

① 王梓坤. 素质教育的关键 [J]. 新智慧, 2023(06)：2.
② 李荐. 周之良：新课改与"友善用脑" [J]. 北京教育（普教版）, 2005(09)：1.
③ 徐运汉. 素质教育浅谈 [J]. 吉首大学学报（哲学社会科学版）, 1998(01)：86–90.

是使每个学生都能健康成长的教育；是一种重视个性发展的教育，个性发展的核心是创造能力的发展"。①

2. 大学的素质教育

虽然大学对"素质教育"这一概念至今尚无达成共识，但结合以上学者对"素质教育"的不同理解，可以得出这样的结论，以"素质教育"为核心的现代教育，至少与以"应试教育"为重心的传统教育在教育思想、教学目的、教学内容、教学方法、教学效果评价等方面都存在着本质区别。传统教育仅仅注重学生的基础理论和基本能力的培养，然而由于过分强调培养学生知识和能力的培养模式，往往造成学生的智力得不到很好的开发。而现代素质教育模式则要求学生不仅要掌握基础知识，具有分析问题和解决问题的能力，而且还要掌握从事科学研究或实际操作的各种基本技能和方法，以及如何做人的能力。作为全民素质教育的一个重要组成部分——高校素质教育，既包含了一般素质教育的基本要求，也具有自身的特殊要求。如果说基础教育领域的素质教育是基于对应试教育的否定，从而全面提高中小学生的思想道德、文化科学、劳动技能和身体心理素质，为民族素质的提高奠基的话，那么高等教育要加强素质教育，注重创新能力的培养，注重个性发展，并主张以加强文化素质教育为突破口，引导高等教育思想观念的转变，通过改革，按知识、能力、素质发展的要求，构建新的人才培养模式。所有这些都对培育人才的高校教师提出了更高的新要求。

3. 高校教师专业素质对大学素质教育的作用

高等学校承担着为社会主义现代化事业培养建设者和接班人的重任，切实加强大学生素质教育，培养千百万高层次创造型人才，是振兴中华、迎接世纪挑战的需要，而要培养具有创新精神和创造能力的高素质人才，提高教师素质是关键。因此，现代教育就不能仅仅停留在培养专业型人才上，而应当把高校定位在培养综合素质较高、创新能力较强的复合型人才上，要培养千千万万高素质的人才，高校教师本身的综合素质是至关重要的。

（十）社会责任和社会角色对高校教师专业素质提升的内在要求

（1）高校教师的社会责任。自从兴办教育以来，教师作为智慧的象征，

---

① 夏文斌.发展素质教育[J].石河子大学学报(哲学社会科学版),2022(05)：封三.

被视为最神圣、最崇高的人。在人类的发展过程中,教师承担着传递文明的历史使命,他们将人们从劳动实践中获得的经验、发现一代代传承下来,演变成今天如此绚烂的文化。今天的教师,尤其是高校教师不但要继承前人的传统职责,还要肩负起培养人才的社会责任。学生从小学、中学、大学到最后进入社会,能否顺利适应社会,经得住社会的考验,并在社会各领域发挥自身的作用,很大程度上取决于他们在大学期间的学习与实践。因此在这个过程中社会对教师的职责寄予很高的期望。

（2）高校教师的角色变化。角色既是一定社会物质结构的产物,也是一定文化模式塑造的结果。从社会学的角度来看,角色的本质是社会身份的持有者,是具有非个性化特征的一群人,其内容表现为行为特征,来源于人们对特定社会身份持有者行为方式的期望。高校教师是具有较高的文化素质、专门从事高等教育教学活动的专业人员,所以从社会学的角度看,具有特殊的角色定位。长期以来,人们对于高校教师的认识都是集教师、学者、专家于一身的人,这取决于高校教师工作和学习过程中的多重性,也反映了高校教师不断挖掘自身潜能,积极参与社会实践,努力承担更多的社会责任。然而在新时期高校教师的角色已发生了变化,从原来的知识传授者转向成为学生学习的指导者、学生创造的激发者、课程的设计者,由"教书匠"转向成为教学、科研的工作者,由言传身教转向成为帮助、服务的奉献者等。高校教师的角色应随社会的发展需要而不断变化。

可见,无论是时代的发展,还是教育以及教师自身的发展,都对高校教师的专业素质提出了很高的要求,这也是确保并进一步提高高等教育质量,以培养大批适应社会进步和国家建设需要的各类人才至关重要的环节。

二、高校教师专业素质内涵重新界定的注意事项

教师专业素质体现了一定社会不同发展阶段对教师的总体要求,因此,界定教师的专业素质必定反映所处时代的要求,具有鲜明的时代特征,并与所处国家的社会背景相一致。在借鉴其他国家对教师专业素质界定的同时,结合我国的具体情况,我国高校教师专业素质的界定应着重考虑以下三方面:

（一）教师角色向学者型转变

在日益激烈的国际竞争中，各国均已认识到高等教育在竞争中的重要作用，教师的任务已不再是单纯地传递专业知识，而要有自我发展和自我超越的意识，不断塑造新自我，以全新的眼光指导自己的教育实践，实现从专业型教师向学者型教师的转变。所谓学者型教师，是以自己的学科性质、特点为基础，对其他相关学科的知识或了解或掌握，形成自己的知识体系，同时研究自己的教学个性，形成独特的实践操作体系、教学思想或教育理论，以及完整的教学体系、教学风格和流派。要完成这一转变就要把教学和研究紧密结合起来，在教学中搞科研，在科研中进行教学，二者彼此促进。科研成果能够充实和丰富教学内容、优化知识结构、改进教学方法，而教学中发现的问题又会成为科研的新课题。学者型教师应根据自己的实际情况，形成独特的教学技能，使自己的教育教学达到最佳效果。

此外，学者型教师还要具备较强的创新素质。根据1999年第三次全国教育工作会议关于全面推进素质教育的精神，可以把教师的创新素质用"创新精神和实践能力"来加以表述。"创新精神"是指能够综合运用已有的知识信息、技能和方法，提出当前存在的问题，并具有革新的意识、信心、勇气和智慧。"实践能力"则是指在科学研究、生产劳动、经营管理、文化生活等各个相应方面的实际工作中，具备将理论知识、书本知识与工作实际相结合的动手、动脑、分析问题、解决问题的能力。

（二）高校教师素质规范研究需解决的五个矛盾关系

近10年来，有关教育面向现代化与教师素质规范的问题一直是国内外学术界集中探讨的热点内容之一。要继续推进并深化教师素质问题的研究，特别需要注意解决以下五个矛盾关系问题：

一是要正确处理"理想标准"与"现实标准"之间的矛盾关系问题。对教师素质的规范及要求属于一种从理想性和前验性出发进行的理论设计、规划性研究。从高等教育现代化的发展趋势来看，目前我国绝大多数高校教师的素质水平还不能满足学校改革与发展的客观要求，只有坚持以高标准而不是降低标准，严格规范高校教师队伍素质，才能满足现代化建设事业的现实需要。规范我们广大高校教师的基本标准应该是"高学历、高层次、高水平"。

高校教师首先必须具有高尚的人格与学术水平，应该既是"学问家"，又是"活动家"；既是教书育人的教育家，又是能参与技术创新的"企业家"。但是如果一味从"理想标准"定位教师的素质内容，将现代型的教师设计为"高大全式"的"超人""全人""完人"，在教育实际生活中也未必能够做到。对高校教师素质指标内容的定位，只有摆正"应该做什么"与实际上"能做什么"之间的关系，才能使教师素质的理想设计研究具有现实的生命力和可操作性。

二是要正确处理"直接素质指标"与"间接素质指标"之间的矛盾关系问题。在高校教师专化素质指标体系中存在着许多制度化的直接指标与间接指标。制度化的直接指标主要有学历标准（博士、硕士）、外语水平（精通一两门外语）、计算机水平、职称、教学效果、教学成果、国内外学术进修经历、研究项目、科研经费等硬件要求，这些直接的素质指标比较容易进行可操作性的规范。此外，在高校教师素质中还有许多必须具有的实质性间接指标，像教师道德表现、责任感、创新精神、情感投入程度、适应能力、现代化及国际化意识态度水平等深层而无形的间接指标。这一系列的间接指标很难进行具体的规范测量，但却是维系教师工作效能的持久性和动力性的内在品质。因此，建立高校教师专业化素质指标的综合评价体系，既需要坚持以通用的、制度化的直接标准来规范、约束高校教师的工作行为，也需要进一步对高校教师素质的间接指标进行探索和评估。10多年来，海外和我国港台地区许多高校已经开始使用如"教师专业成熟程度量表""教师职业效能量表""大学教师专业发展评说会"等工具，评价、测量高校教师素质的间接指标。我们内地高校也可以适当转借类似的方法，完善高校教师素质的评价指标体系。

三是要正确处理"教师职业的专门化"与"职业角色泛化"之间的矛盾关系问题。"二战"以来，教师职业的专门化、专业化是现代教师管理政策的优先选择原则。但是进入20世纪90年代以后，教育现代化的发展进程又使得高校教师队伍的职业活动日趋复杂化、多样化、广泛化。目前大学教师职业的专门性、职业性、稳定性的特点也出现了淡化趋势，大学教师的职业角色已经变得多种多样：既有专职教师，也有兼职教师；既有"落户扎根型"的正式的教师岗位，还有"候鸟项目型"的流动教师岗位。同时高校办学的新方向——"产学研"的紧密结合，又在很大程度上拓宽了"传统大学教师"

的外延。学术知识型教师与技能技术型教师必将进一步扩大。最近国家又在鼓励高校教师参与高新技术创业,学问家—企业家型的教师,无疑将会成为社会和大学生最为欢迎的新型教师,而学术知识型教师群体将面临着很大的生存危机。面对当前高校教师职业角色泛化与专业化要求之间的矛盾,对高校教师素质的要求,就不可能只有一种模式、一个标准。

四是正确处理"静态与动态"之间的矛盾关系问题。研究教师的素质问题需要处理好"教育素质"与"教育效能"之间的关系。因为"素质"是人经常具有的、相对稳定的质,具有内在性、稳定性特点,是一个相对的、静态的概念,而"效能"则是一个动态的、发展性、行动性概念,要对处于变革时代的教师专业素质所需要的动态品质进行学术上的规范,本身便是难以把握的事情。教师的素质与其教育实际效能存在着既相一致而又不一致的现实问题。美国教育心理学家莱恩斯研究发现,高学历、高能力的教师素质并不意味着有高水平的教育效果、教学效能。以行动证明其素质的高低,以效能检验其素质的好坏,已经成为变革时代教育管理的一个核心理念。因此,我们在高校教师的素质规范研究中,既要坚持素质论,又不唯素质论。只有以动态的、发展的观点看待并要求高校教师,才能充分体现"教育效能优先"这一市场经济时代高等教育改革与发展的核心教育理念的精神。

五是要正确处理好"继承与创新"之间的矛盾关系问题。众所周知,一所学校的发展,一门学科的发展,既离不开传统学术优势的不断积累,也需要学术水平的持续创新。高等教育机构承担着传统与现代的双重角色和任务,在知识经济时代更需要提升大学的创新动机与水平,然而学术创新又离不开继承和积累活动。因而高校教师职业也面临着传统教师角色与现代新型教师角色的双重压力与挑战。新世纪高校教师队伍的素质与构建,需要在学习、继承传统优秀教师素质的基础上,在竞争、创新的过程中形成新的内在品质。

(三)高校教师专业素质的内涵重新界定

素质实际上是三种含义的集合体,即事物本来的性质、素养以及生理素质和心理素质。素质培养是一个专业化的过程,实际上也是职业个体的学习过程。在这个过程中,职业个体通过多种形式的学习(包括自我学习和接受各种形式的教育、培训等),获得从事社会职业的专业素质,这包括智力因素和非智力因素的双重塑造过程，最终目标是形成"知、情、意、行"的完满人格和专业地位。

教师素质是一个具有丰富内涵的概念，是指达到教师职业专业化所需要具备的要素和品质的简称，包括生理、心理、知识、技能、规范、情感、态度等方面的要素和品质。其形成是通过教育和社会环境的影响逐步发展的，是知识的内化和升华的结果。

第五节　高校教师专业素质外延新探

一、从职责范畴层面探讨高校教师专业素质的外延

关于教师专业素质外延的探讨，已经有许多远见卓识。古人云："师者，传道、授业、解惑也。"就是说，教师是传授道理、传授学业、解释疑难的人。而今，随着时代的变化，教师的职责也在发生改变，其专业素质的外延也在逐渐延伸。有学者从成人高等教育领域就教师的专业素质方面进行了探讨，如"由于成人高等教育与社会经济保持着密切的联系，因此社会的发展变化要求成人高校教师必须熟悉成人教育的方针、政策，并紧密联系工作实际，勤奋学习成人教育理论，不断充实所需的专业理论、专业知识、专业技能，以提高自己的业务能力，做一名合格的成人高校教师"[①]。另有学者进行了更加精致的分析，认为高等教育具备三种基本职能：教学、科研和社会服务，这既是历史演进的自然结果，也是从宏观、抽象的层面对高等教育作用的一种归纳。进而提出从个体的角度考察高等教育，这些职能就是高校教师的职业素质即专业素质。

---

① 梁军丽. 成人高等教育危机及对策研究[J]. 天津职业院校联合学报, 2021,23(07)): 101-104.

二、从职责行为层面探讨高校教师专业素质的外延

1. 发现的素质

发现的素质也就是我们通常所说的科学研究。既体现了由于人类最初的好奇心而对知识的追求,同时也是国家对科学研究在现代社会所应履行使命的要求。在高等教育领域,发现的素质有助于形成学术自由的氛围。

2. 整合的素质

整合的素质指的是对各种原创性研究的解释、聚类和深刻洞察。在学科专门化越来越细的情况下,传统的学科分类在一定程度上限制了新知识的布局,因而科研工作需要超越学科界限,在各学科交汇的边缘建立联系。整合的素质有助于连接孤立的科研工作,对各种新出现的智力问题给出解释。

3. 应用的素质

应用的素质不是通常意义上的和严肃的专业工作相脱离的公民活动,而是利用专业知识服务于社会所需求的工作。应用的素质源自高等教育为社会服务的理念,学术界为大量问题的处理提供专业知识和技能,确保了研究活动的严谨和责任。

4. 教学的素质

教学的素质是高等教育最基本的职能之一。教学活动是教师教授和学生学习之间的桥梁。教学活动不仅仅是传递知识,同时也是转换和扩展知识。然而好的教学工作需要大量严肃的科研工作加以支撑。

由此可见,上述四种对于学者的基本素质的区分并不意味着割裂。事实上这些素质相互作用,形成彼此依赖的整体,从而构成学者学术工作的全部内涵。区分的视角有助于分析学者的多样性,确认学者的独特品质,进而帮助学者反思职业生涯的意义和方向。博耶的真知灼见给重新界定高校教师专业素质的外延提供了很多启迪,但也许是文化上的差异,也许是翻译方面的缺憾,博耶对教师专业素质的探讨也许更加适合母本区域国家,具体到我国,需要有鉴别地吸纳其中的精髓。

三、从素质结构层面探讨高校教师专业素质的外延

关于教师素质的结构层次划分，历来众说纷纭，并且受时空的制约，很难用一个固定的模式来框定。有学者认为：教师的素质主要体现在生理、心理、社会文化三个层面，并指出社会文化素质中最为重要的科技素质，即教师应具有掌握、运用、交流、组织管理知识等能力与精神。也有学者提出：教师的素质由思想、知识、能力和身体素质四个层面组成。具体而言，思想素质又由政治倾向、职业道德、个性心理和职业形象四方面构成；知识素质体现在掌握学科基础知识、相邻和交叉学科知识及教育科学理论等方面，以及熟悉地方教育现状的一般知识；能力素质意味着要具备教学、组织、科研和驾驭新的教学手段和设备的能力；身体素质则体现在要求教师要拥有明亮的眼睛、灵敏的听觉和洪亮的声音，要精力充沛、思维敏捷、情绪稳定。

鉴于现代教育对教师的要求，从整体上分析，教师素质的综合系统应该由知识水平、教育观念、职业道德、教学监控能力和教学行为这五个子系统组成。这五个素质子系统共同构成复杂，而且不断变化发展的动态结构。由于教师作为素质教育的组织和实施者，其素质构成是否合理，如何评判和完善，都是通过学生素质能否加以提升来反映的。由此可见，教师素质综合系统中的监控能力系统和教学行为系统与学生自我发展形成了互动关系。

四、从高校及高校教师的特殊地位和作用方面探讨高校教师专业素质的外延

高等学校肩负着为国家培养高层次人才、提高民族素质和促进科技进步的历史使命，对于实现"科技兴国"的战略举措有着义不容辞的责任。高等学校对国家经济建设和社会发展起着重要的科学、技术、思想、信息和智慧的源泉的作用。

教师在高等学校人才培养过程中起主导作用，是推动教育改革和发展的中坚力量，是培养人才的直接参与者和实施者，是社会主义现代化的建设者。只有拥有高素质的一流教师，才能建设出一流的学科，才能培养出一流的人才，才能创造出具有国际水准的一流科研成果，进而建设国际一流的高等学

校。因而高等学校的特殊地位和高校教师的重要作用要求高校教师应该具有全面的高素质。

五、从高校教师主体性要求探讨高校教师专业素质的外延

美国社会学家马斯洛的需求理论指出，人作为一个个体，其需求由低级向高级依次是生理的需求、安定或安全的需求、社交和爱情的需求、自尊与受人尊重的需求以及自我实现的需求。其中最高层次的自我实现需求就是人作为一个主体希望取得成功，实现自我价值。表现在高校的教育主张实施主体性教育，即倡导人本教育，反对物本教育，倡导把人格养成作为主体，反对把人培养成工具。也就是说，以往的教育教学过程中，高校教师照本宣科，单纯地把知识传授给学生，这对学生的发展是极为不利的。高校教师要把自己作为主体直接灌输转为引导、监督、鼓励、支持学生；根据学生的不同情况，因材施教，因人而异，形成不同的教育模式；让学生自主解决问题，从而不断提高他们的生存能力、合作能力、创新能力、认知能力等；通过实施主体性教育，帮助学生实现自我价值。教师的这种主体性教育将在很大程度上影响中国新一代知识分子的思维方式，提高他们应付各种困难的能力，使之具备良好的心理素质和较强的创新意识。

第六节 高校教师专业素质外延分析模型的重构

既然专业化的过程是职业个体在职业规范的导向下不断学习的过程，那么其学习内容就是专业化的主要内容。按照我国著名教育心理学家冯忠良先生关于学习内容的分类，学习的内容包括"知识、技能、社会规范和情感"，可见，高校教师专业化的外延也理应如此，即高校教师的专业化主要是指高校教师职业素质的专业化，其外延主要由四部分组成，即文化、知识层面，能力、技能层面，道德、规范层面以及生理、心理层面。其中生理、心理层面是教师专业发展的生物学基础；道德、规范层面是教师专业素质存在和不

断发展的外部动力；文化、知识层面以及能力、技能层面是教师从事教育工作的前提。教学行为作为教师专业素质的外化形式，是这四个层面在具体教学过程中的表现，同时也是能力和技能等的综合运用。这些素质之间存在一定的逻辑关系，即素质模型。这四个层面是高校教师专业化在个体维度的主要内容。

第七节 高校教师专业素质外延的重新界定

根据上述高校教师专业素质外延分析模型，下面分别从文化、知识层面，能力、技能层面，道德、规范层面和生理、心理层面来进行归纳和分析。

一、文化、知识层面

（一）文化、知识层面教师专业素质的已有论述

教师在文化、知识层面的专业素质的论述，也有多种看法，具体称谓有"综合素质""教师的知识水平""知识结构""学识水平""知识素质""科学文化素质""文化素质""人文素质"等，具体有如下一些观点：

（1）"综合素质"论。对于业务知识素质高的教师一般能够掌握以下四方面既独立又密切相关的知识：所教学科知识、所教学科的相关知识、自我认识和相关的教育科学知识。由上述知识内化而体现出来的即为一种综合素质。这种综合素质的表现正如一位美国教育学家所指出的："一名合格的现代教师，应该成为教学教育的'临床专家'"。[1]

（2）"教师的知识水平"论。教师的知识水平，指的是在专业教学中应具备的科学文化知识结构。该结构不单是自然科学知识，同样包括人生观、价值观等形态文化。教师所具有的知识水平的深度和广度，直接影响着教学效果的大小。一般而言，体现在三方面：①厚实的专业理论知识。从教师劳动的特点来看，教育内容具有较高的专业性和技巧性，因此，厚实的专业理论知识是准确和精确教学的重要保障。②深广的学科基本知识及相邻、交叉学

---

[1] 王彬彬，刘芳. 现代教师职业道德的建构[J]. 教学与管理，2017(27)：49-51.

科知识。随着科技的发展，知识的整体性、渗透性和综合性变得越来越显著，这就要求教师的知识面相应地进行扩张。③广博的教育科学理论知识。高校教学活动有其本身固有的内在规律性，而教学科学理论是打开学生心灵窗口的钥匙。掌握科学的教育理论、运用科学的教学方法，这是提高教学效果的关键所在。①

（3）"科学文化素质"论。现代科学技术迅猛发展，科学发展的趋势表现为既分化又综合。自然科学与社会科学的相互渗透、相互结合，促成一系列交叉学科、边缘科学等新兴学科的兴起。这就向各行各业的人，尤其是向从事教育职业的教师提出更高、更新的要求。教师的科学文化素质应符合社会实践的需要，适应当代科学技术迅速发展的形势。所以作为高校教师必须有精深的专业知识、必备的教育科学知识、广博的相关学科知识。既要学有专长，又广泛涉猎；既要专精，又要博览。不仅要加强文学、历史、哲学、艺术等人文社会科学以及自然科学方面的教育，还要学习先进的科学技术，懂得信息化、网络化对社会、人的心理、世界观冲击所产生的影响。此外，还需跟上社会前进的步伐，扩大视野，理解当代教育改革的深刻含义，构建丰富合理的知识结构。

（4）"学识水平"，即"知识素质"论。教师的学识水平是以其知识结构为核心的知识水平及学术水平的综合反映。学识水平的高低直接体现着教师的影响力，制约着教育的效果。高校教师合理的知识结构，是形成教育能力、科研能力、实践能力和创新能力的基础。教师较高的知识水平是实现教育目标的保障。科技进步使得专业知识和技能的变化日新月异，这要求高校教师在实践中必须不断扩展知识结构，更新知识内容，具备扎实的知识基础和专业适应能力。高素质的教师必须掌握所教学科的专业知识、相关知识、前沿知识，这样才能在本专业的学习与研究中达到一定的深度与广度，并能随时把握学科发展的新动向，使自己的教学与学术研究与时俱进。同时掌握教育科学知识是教师这一职业所必要的。教育是培养人的活动，如何把握教育规律，提高教育效果，使自己的教学少走弯路的有效途径就是学习与掌握教育科学知识，它能使素质教育取得事半功倍的效果。此外，文理基础知识是提

---

① 张志泉，陈振华. 论教师的知识转化力 [J]. 中国教育学刊，2023(03)79-84.

高教师基本文化素养所必需的,文理相通、文理相融的教师才会在教学中开阔学生的视野、启发学生的思维,才能培养出兼具人文与科学精神的高素质人才。

(5)"文化素质"论。"文化素质"一方面包括文、史、哲、艺术等人文科学文化素质和数、理、化、天、地、生物等自然科学文化素质。由于长期以来我国高等学校在人才培养方面所存在的偏颇与不足,使得高校理工科教师普遍存在着人文科学文化素质薄弱的现象,而人文社会科学教师则普遍存在着自然科学文化素质薄弱的现象。高校教师自身文化素质的欠缺,制约了高等学校全面推行素质教育,因此理工科教师应特别注重提高自身的人文科学文化素质,人文社会科学教师应特别注重提高自身的自然科学文化素质。另一方面包括科学技术与文化艺术素质。高校教师不仅要成为一位科学家或技术专家,更应是一位教育艺术家。科学与文化艺术的有机融合,不仅使高校教师更为有效地向学生传授知识,而且有助于教师以身垂范,吸引学生追求真善美,成为全面发展的新人。高校教师文化素质的全面提高有利于扩大高校教师的知识面,进而提高高等学校进行学科交融的能力,有利于素质教育在高等学校的全面推行,有利于充分发挥文化素质对高校教师思想道德素质、业务素质和身体心理素质的基础性作用。

(6)"人文素质"论。"人文科学是近代以来逐渐兴起的新兴科学,在物质文明日益丰富的今天,人文素质的培养越来越受到社会的重视,每一位教师在人文素养上都可能会影响或作用于学生。这对学生树立良好心态、正确的意识、完善的理性,甚至是人生观、世界观都会产生或多或少的影响,人文的重要也越来越体现在每个人的生活过程中。所以一名教师具备怎样的人文素质,又怎样去影响学生是极其重要的。"[1]

优秀的高校教师除了具备扎实的专业基础知识和灵活传授专业知识、学习方法的能力外,还应具备丰富的文化知识、博学多才和良好的人文素养,以拓宽学生的认知视野,激发学生的学习兴趣,提高学生应用专业知识的敏感性和准确性,从而构建立体式、交互式的专业文化体系。

---

[1] 何杨勇,左小娟.教师人文素质论[J].杭州师范学院学报(自然科学版),2003(06):83-85.

（二）文化、知识层面教师素质的重新归纳

通过归纳以上研究，也已将文化、知识层面教师的素质归纳为通用文化知识和专业文化知识两部分，其中专业文化知识还包括专业理论知识和专业实践知识等。或者也可以分为基础性文化知识、专业性文化知识和工具性文化知识。

1.通用文化知识

通用文化知识相当于基础性知识或者相关学科的基础性知识，其特点是迁移领域广泛。教育目的是培养全方位发展的人才，所以高校教师的教学活动并不应仅仅局限于本学科专业的领域之内，而是要面向创造性的内容、丰富的社会实践活动。此外，高校教师面对的是知识来源广泛、求知欲旺盛的青年，他们总是带着各种问题在知识领域不断地尝试和探索。有些问题常常超出某些专业范围，甚至超出目前人们能够理解的范围，因此，一个具备本专业扎实基础的高校教师，应该同时以本学科的专业知识为中心不断向外扩大自己的知识层面，拥有尽可能广博的相关知识，才能更好地解决课堂教学中出现的种种问题，达到更好的教学效果。

2.专业文化知识

教师的主要职责是教学，对于任何学科的高校教师来说，了解和掌握本专业知识是为人之师的最起码要求，否则，就难以胜任本职工作。可以将高校教师的专业文化知识归纳为专业理论知识和专业实践知识两类，前者包括教育学、心理学等方面的工具性的专业知识，这些知识主要是显性的专业知识，后者主要是隐性的专业知识。不过在实践中，也许对显性的专业知识和隐性的专业知识区分得不甚明显，原因是这两种知识有时候会相互转换。另外，对于专业文化知识来说，无论是专业理论知识还是专业实践知识，从发展的眼光来看，都可能存在基础级、发展级和专家级等层次的差别。

（1）专业理论知识。专业理论知识也叫学科专业知识，是教学过程中必须具备的专业知识，其特点是"宽""深""新"。这一层次的知识不仅应包括教师直接讲授的专业课，还应包括讲授过程中本学科所应用到的相关学科知识。这样就构成了以专业学科为主干，以相关学科或邻近学科为分支的"学科群"。这一层次的知识主要分为以下三方面：学科理论知识、专业技术知识、

应用科研学科理论。

学科理论知识要求面要"宽"。为了造就年青一代完善的人格，教师必须掌握结构完善的学科理论知识，运用科学的方法组织教学和指导学生进行学习。

专业技术知识侧重内容要"深"。教师不仅要熟悉教材、大纲，还要在此基础上对某些部分做到精细研究，做到"术业有专攻"，形成自己对某些问题的系统观点和独特见解，这样讲起课来才能得心应手，对科研也能起到良好的促进作用。

应用科研学科理论关注知识要"新"教师要抓住本学科领域研究的"热点"，瞄准现代科学研究发展方向，结合实际不断探索，在教学基础上进行科学研究，以科研促进教学，使科研与教学水平同步发展。

（2）专业实践知识。专业实践知识是指与专业活动相关的程序性知识、经验性知识、默会知识或者约定俗成的业内知识，这一层次的知识有时候不便通过文字的方式记录，可能会采用录像视频资料的方式或者师生之间和同行之间的相互模仿获得。但是并非这种知识不重要，在某些学科或者行业领域，比如工科类或者艺术类的学科，专业实践知识往往是非常重要的，甚至是关键性的知识。

二、能力、技能层面

能力素质是高校教师完成教学、科研任务的前提，也是实施素质教育的必要条件。对于教师的能力、技能层面，有学者认为，教师"需要掌握多方面的基础能力，诸如教学能力、实验指导能力、科研能力、创新能力、与学生沟通的能力、学生升学就业指导能力、组织学生社会活动能力、教科书理解能力、书面与口头表达能力、示范能力、自我评价和控制能力，以及推理、判断、决策能力等"，更有学者提出了"能力素质"的概念，并认为："能力素质是使教师渊博的知识得以传播、执教的热忱得以发挥，实现开发学生智能，完成科学研究和创新的实际工作本领。具有较高的能力素质，会提高传授知识的效率，有助于开拓教育科学新领域，还有助于教师适应学科更新、发展的趋势，掌握、运用新的科学手段促进教学和科研工作。具体来说高校教师应具备教学、科研以及管理三方面的能力。"①

不过根据新近研究,"能力是足以胜任或者能够非常合格地完成某事的状态或者品质,能力结构则是个人所拥有的能力集合中各种能力之间的相互联系、相互作用的方式或秩序,即各种能力在任务实施过程中的排列和组合的具体形式"②,对于高校教师来说,从职业任务的相关性来看,可能存在一般能力、专业能力和专业发展能力等能力类型。

(一)一般能力

一般能力是指与教师专业相关性较低的能力类型,与基础知识类似,该类型能力主要是作为基础性的能力,对教师的专业能力和专业发展能力起支撑性作用。

1. 现代教育技术应用能力

加入世贸组织后,高等教育呈现出建立在现代信息化技术基础上的全球化趋势,这就使得知识传播的广度和深度、教师与学生的角色及教学方式、学习方式都发生了变化,因而新的教学改革把信息技术作为课堂教学活动课的一个重要组成部分。作为高校教师,应该具备信息意识,对各种社会变革的信息,特别是教育变革的信息特别敏感,并且要善于捕捉和利用新的信息;掌握计算机的操作和互联网的使用等基本信息技术,从传递信息的烦琐任务中解脱出来,从而有更多的时间去带领学生理解、思考、分析问题与创造新的知识;还应该不断地发挥教师的创造力,能利用现代技术做到信息共享,使有价值的信息最大限度地发挥作用。总之,教师应该成为学生基于资源学习的引导者、辅导者、促进者和合作者,用信息技术来革新现行的教学方式方法,以提高教育教学的效率。

2. 外语运用能力

苏霍姆林斯基指出:"如果你想使知识不变成假死的、静止的学问,就要把语言变成一个最主要的创造工具。"③一方面,高校教师应该高度娴熟地驾驭全球使用人数众多的母语,应该生动流畅地表达教学内容,并且自觉地追

---

① 欧美强.高职"双师型"教师能力素质研究[J].天津职业大学学报,2020(06):19-23.
② 田小红,季益龙,周跃良.教师能力结构再造:教育数字化转型的关键支撑[J].华东师范大学学报(教育科学版),2023,41(03):91-100.
③ 吴欣怡,肖菊梅.苏霍姆林斯基论"教育爱"[J].文教资料,2023(09):109-115.

求教学语言的个性化和艺术化，以期最终形成鲜明的教学风格。只有作为教学主体的教师富于独特个性的教学语言，才能有效地激活学生作为教学客体的兴趣和灵感。另一方面，在高等教育国际化的时代背景下，国际交往与合作日渐频繁，跨国界的高等教育活动越来越多，提升高校教师的外语运用能力尤为重要，运用外语开设双语课程，进行双语教学，为社会输送复合型的进行国际交流的人才成为迫切要求。具备良好的外语沟通能力和国际交际能力是展开全球教育交流、合作与竞争的必备条件，也是教师获得国际认可的学术成就的基本保障。

（二）专业能力

专业能力，有的学者也叫职业技能素质，"作为一名合格的高校教师，不仅应熟悉和精通自身学科的知识，在授课过程中达到深入浅出，而且还要了解其他相关学科的知识体系，尤其是对基础学科知识的掌握，同时还应开展本学科发展的前瞻性研究，不断提高学术水平。只有这样才能做到'理论与实践相结合'，在教学实践过程中才能更好把握方向"。[1]

也有成人教育学者将专业能力称为专业技能，"成人高校的生源具有来源广、年龄差别大、业余学习多等特点。这就必然使成人高校的管理工作复杂，且工作量大，在客观上要求成人高校教师必须掌握多种专业技能，如公文写作、教学统计和分析、课程安排以及熟练而有效地掌握和应用现代信息技术的能力。这些都是成人高校教育教学管理工作中不可或缺的手段"。[2]

专业能力并不是一种能力，而是一组与专业紧密相关的能力的集合，这些能力是按照一定的结构组织起来，并相互配合完成专业任务，可以称为专业能力结构。专业能力结构是指在特定的职业组织中，个人所具有的与所从事的职业相关的能力的结构。职业组织中的个体在完成职业任务时，必然涉及专业任务相关的三大要素，即人、事和物。因此，专业能力结构必然存在着三种相互独立而又有某种联系的能力用来分别对应这三种要素，它们之间的联系是靠迁移能力和元能力来实现的。

可见，从宏观上来讲，教师的专业能力结构也应该由五个与教育相关的

---

[1] 周咏波,段小力.职业技能素质结构体系及培养策略[J].职业技术教育,2006,27(28):33-35.
[2] 侯怀银,王晓丹."成人教育"解析[J].河北大学成人教育学院学报,2020,22(01):5-14.

能力组成，即认知能力、社会能力、职责能力、迁移能力和元能力。

1. 专业认知能力

专业认知能力是教师在教育或教学过程中，对与教育教学任务相关的事物进行心理操作的能力，"事物"在此是指与教育教学任务相关的任何人、事和物的认识有关的信息。

2. 专业社会能力

专业社会能力是教师在教育或教学过程中对与教育教学任务相关的人员，尤其是人际关系进行处理的能力，当然会涉及相关的事和物。在教育领域，专业社会能力主要表现在两方面：一方面，学校或者班级本身就是一个微型的社会，教师与教师、教师与学生、学生与学生之间的教育教学活动等本身就是一种特殊的社会关系，教师处理这些社会关系的能力是一种内向型的专业社会能力。另一方面，高等教育面向社会，在开展专业论证、校企合作办学、产学研结合、职业岗位培训、学生实验实习、学生就业等方面都和社会紧密相关。因此，教师要面向社会，正确、有效地处理和协调好工作中人与人的各种关系，及时掌握社会的发展动向，掌握社会对专业人才的需求信息，掌握专业发展的新技术、新知识、新工艺，善于对信息进行分析、加工、处理，合理使用信息资源。这是一种公关能力，即"表现为一个人在社交场合的介入能力、适应能力、控制能力以及协调性等。良好的公关能力是现代社会生活中人的重要素质之一"。这种为了实现现代高等教育任务的公关能力，也是一种外向型的专业社会能力。

3. 专业职责能力

专业职责能力是教师在教育或教学过程中对与教育教学任务本身相关的业务进行处理的能力，当然会涉及相关的人和物。在高校教师的教育教学过程中，主要有教育教学能力、科研创新能力和社会服务能力三部分。

（1）教育教学能力。教学能力是指教师将创意付诸教学过程并让学生在实践中顺利完成技术和技能的能力。也有学者将教学能力称为"教学技能"，并认为"所谓教学技能是在一定教学思想指导下，运用教学手段、完成教学任务的能力"[1]。国家教委在 1994 年下发的《高等师范学校学生的教师职业技

---

[1] 于淼. 信息化教学技能的培养策略 [J]. 山西青年, 2019(14): 179.

能训练大纲》中，把教学技能分为五类：a. 教学设计技能。b. 使用教学媒体技能。c. 课堂教学技能。d. 组织和指导课外活动技能。e. 教学研究技能。基本课堂教学技能包括九项基本技能：a. 导入技能。b. 板书板画技能。c. 演示技能。d. 讲解技能。e. 提问技能。f. 反馈和强化技能。g. 组织教学技能。h. 变化技能。i. 结束技能。

人们对教学技能的定义各不相同，因而只有通过正确把握其特点，才能更好地揭示其实质。教学技能包容了动作技能和智慧技能。动作技能方面，比如教师的口语、书写、体态和操作等技能，通过肢体和肌肉运动来实现，具有可观察、可操作、可测量的外显性一面。然而在复杂的教学活动中，更多的则是通过头脑内部活动，偏于内部心理活动过程的智慧技能和自我调控技能。比如教学设计技能、教材处理技能、教学组织技能和教学反思技能等，具有内隐性和观念性。教学技能既展示教师个体的经验，又体现人类经验的结晶。它根植于个体经验，又不是个体经验的简单描述，而是在千百万教师经验的基础上，经过反复筛选和实践检验而高度概括化、系统化的理论系统。反复练习是教学技能形成的重要环节。练习是技能训练不可忽略的部分，通过练习达到自动化，所进行的活动则不需要或很少需要意识控制，这是技能的一大特征，也可极大地提高活动效率。

高等教育与基础教育教学的明显差异在于，高等教学过程不仅要引导学生认识人类已有的知识，也要适时地探索未知世界，甚至还要根据学科需要创造科学文化知识。高等教育的受教育者是完成了基础教育的20岁左右的青年，他们除了要继续接受作为一个合格公民必需的基础教育，继续充实自己的科学文化修养外，还要为在某一专门领域去探索未知，去解决社会生产、生活问题而接受更专门、更广泛的教育。对于大学生来讲，所需要具备的，除了人类已积累起来的与所学领域相关的知识、能力外，还需要有对原有知识的批判精神、解决问题的独创性和敢为天下先的勇气。高等学校教学过程只有具备了一定的灵活性和多样性，以此来培养多种规格的人才，来迎接社会的各种挑战，高等学校才能得到社会的认可。高校教学过程所表现出来的个体知识能力结构的多样性和批判、独创精神的形成与巩固过程，称为"社会认识的个体化"。基于高校教学工作的特点，教师教学能力也应体现为下述四方面的特色：

第一，教材转化能力。高校教学的内容要兼具实用性和创造性。这就要求高校教师既要在教材的遴选上具有一定的鉴赏能力，同时也应具有对入选教材进行全面分析的能力。高校教学不是照本宣科，不是简单地重现自己所理解和掌握的知识，不是简单的知识转移，而是要根据所传递知识的性质和学生的特点将相关知识加以提炼和升华并最终转化为教学内容，以便学生更好地认识和掌握。教师这种对所要讲授的知识进行概括、加工和改造的能力就体现在教材选择、教材解读以及教学内容的加工和创新上。在教学准备环节中，教师应结合自身专业背景的理论和实践，创造性地设计教学方案和基本内容。

第二，教学研究能力。教学与科研是高等学校的两项最基本的业务活动，坚持教学与科研的辩证统一是当代高等教育自身发展的客观要求，也是提高高校自身学术水平的重要途径。高校教师从事教育科学研究，是由大学高深文化、高深学问的性质决定的，现代教育观念要求高校教师不能只是停留在"知识传播者"的角色上，而要在实践中进行研究和探索。教学研究能力可以从多个层面上来解析，它不仅仅是一个理论探讨的问题，更主要的还在于通过教师听课、评课、观摩、讲学等实践环节相互促进教学能力。评课是对教学实践的反思和理性升华，也是教者之间相互交流、研究、探索、提高的过程，这一过程能够有效地提高教师的教学研究能力。这个过程需要教师必须具备能够组织和创建促进学生进步的各种学习环境的能力，包括善于与学生交往的能力，善于发动学生积极参与学习活动、激发学生学习动机的能力，善于营造课堂教学环境的能力，善于组织形式多样的教学活动的能力，善于管理课堂教学中学生学习行为与纪律的能力，善于反馈、调控课堂教学的能力，善于评价课堂教学、激励学生学习的能力，善于处理偶发事件的应变能力等。在组织教学过程时，教师应具备较强的协调沟通能力，把自己定位于学习的组织者、引导者和合作者这一角色，认识学生的个体差异，针对不同个体有效地组织、管理教学，解决个体发展过程中的各种问题。

传统的教学往往侧重于教学的传授功能，知识传授重于能力培养。这种陈旧的教学模式严重影响了创新型人才的培养。正在推行的教育改革关注学生在学习过程中的主体地位，关注学生创新精神和实践能力的提高，学生更多的是在自主、合作、探究的学习环境下进行学习和发展。因此，高校教师要能够培养和启发学生的创造性思维，激发学生的好奇和求知欲，用非智力因素的激励与渗透功能，增强对教育教学及学生的有效影响，充分利用各种途径，鼓励他们养成求新求异的思维习惯，这对培养学生创造性思维具有重要作用。

第三，教学创新能力。教学创新能力是大学教师教学能力的灵魂。创新是淘汰旧的东西，创造新的东西，它是一切事物向前发展的根本动力，是事物内部新的进步因素通过矛盾斗争战胜旧的落后因素，最终发展成为新事物的过程。更具体地说，创新是创造与革新的合称。它具有新颖性（不墨守成规、前所未有）、独特性（不同凡俗、独出心裁）、价值性（对社会或个人的价值大小、进步意义）。综合起来最根本的特征就是一个"新"字，没有"新意"，也就无所谓创新。无论从人发展的成熟性来看，还是从教学过程所传授的科学文化知识的性质来看，学生只有在高等教育阶段才有可能形成比较稳固的品质。尽管在中小学阶段也提倡形成学生自己独特的知识结构和能力结构，但中小学阶段还未站在知识发展的前沿，也还未接触到某领域中的整个社会知识，因而不可能站在社会知识的制高点上谈创新。要形成大学生创造性思维能力，高校教师自身必须具备教学创新能力。教学创新能力也要求教师由教科书的忠诚执行者变为课程的创造者，由学生成绩的裁判变为"超越型学习主体"的实施者。对课程的整合与开发是高校教师教学创新能力的重要组成部分，也是保持教学生命的重要因素。在科学技术发展与职业需求多样化的社会形势下，大学教师的教学活动必须跟上学术前沿，不断吸纳新的理论知识，跟上社会职业变化的需求，将尚处于研究边缘地带的知识挖掘出来，便于培养学生的创造性思维，并逐步形成新的教学风格和授课体系。具有教学创新能力的教师应善于吸收最新教育科研成果，将其运用于教学中，并且有独特的见解，能够发现行之有效的新的教学方法，能与学生共同学习、研讨，在不断提高自身能力的同时，也提高学生独立思考的学习能力。

第四，科研成果的转化能力。科研成果与课堂教学相结合的能力是大学教师促进教学的法宝，教师本人进行研究与教学进行研究应融为一体。大学具有得天独厚的研究环境，教师的教学活动与研究活动，应统一于培养学生。大学教学不可能脱离科研而一枝独秀，科研是使文化、科学、技术等前沿成果及时反映到大学教学内容中来的基本保证。同时教学成果的取得是科学研究的结果，高质量的课堂教学效果是高质量的科学研究的产物。大学教师如果仅仅是自己站在学术的最前沿，却不能把学生带到最前沿去，就没能发挥其主导作用。高校教师的科研也只有放在教学中才能获得动力，在与学生的双向交流中可以发现、弥补自身科研的不足与缺陷，及时校正科研方向，在交流、碰撞中获得灵感，捕捉思想火花，进而推动科研活动的深入开展。

在教师诸多的能力构成中，教学能力是影响教学效果最直接、最明显、最具效力的因素。在高等教育大众化和高等教育教学质量备受关注的时代背景下，有针对性地对高校教师教学能力进行培养逐渐凸显深远意义。

（2）科研创新能力。

一是科研能力。科研能力是高校教师的一项非常重要的能力，只有高水平的基础研究与应用研究才能造就高水平的高校教师队伍，所以开展科学研究是提高教师整体素质的重要手段。现代科学技术的发展促进各学科间不断相互交叉、渗透并产生新学科，高校教师要通过科技项目开发，掌握新思想、新技术、新方法，提高学术水平，促进产学研紧密结合，以科研促进教学，以教学带动科研，在教学中发现问题，在研究中解决问题。因此，高校教师不仅要成为一名教书育人的合格教师，还要成为既具有实践教学能力，又具有专业理论知识的教学、科研人员。

科研在使教师了解学科的理论和研究前沿的同时，使其在教学中以先进的教育教学理念为指导，不断发现问题，以研究的眼光审视已有的教育理论和教育实际问题，潜心研究，把理论有机地转化为创新实践，不断提高自己的科研能力，不断地分析和反思自己的教学行为，是从"经验型"的"教书匠"向"学者型"教师转变的有效途径，也是高等教育发展趋势和创新型人才培养的要求。

二是学术能力。首先，高校教师必须在其所从事的专业领域内具有较高的专业学术水平，包括坚实的理论基础、合理的知识结构、渊博的学识修养，以及熟练的专业技能和技巧。高校教师的专业学术水平是其立身之本，为了不断提高高校教师的专业学术水平，高校教师必须及时跟踪本学科的发展动态，掌握本学科的最新研究成果，把握好本学科专业与其他学科专业的关系。实践证明，只有专业学术水平高的教师才能获得学生的敬佩和爱戴。其次，学术研究专长更是高校教师生存与发展的又一项基本要求。教师的学术水平由发现的学术水平、综合的学术水平、运用的学术水平和教学的学术水平四方面构成，其处于教师职业生涯的核心。目前高校教师在研究领域面临的压力与挑战超过了已往任何时期。学校管理部门对研究质量的评估，除了对所发表的研究论文的层次、级别特别看重之外，更对研究者筹集资金的能力有了新的更高的要求。正如西方学者所说的那样，"与过去相比，资金的筹集也越来越富有竞争性，常常涉及国际范围的研究资助人。资助人对计划的质量与研究成果的要求愈加严格"。[1]因此，研究者必须具备下述有关的能力：撰写项目计划报告；使用网络与筹集资金；管理研究生及其他研究者；项目管理，尤其是国际、国内合作项目的学术活动组织能力。

三是创新能力。创新是历史前进的车轮，人类正是依靠不断的创造，才取得了今天灿烂的文明。在当今世界日趋多元化、国际化、知识经济化的时代，一个国家创造力的培养直接关系到一个国家的发展和实力。日本提出"独创是国家兴亡的关键"，开发国民的创造力是"走向21世纪的道路"，日本文部省临时教育审议会把"培养创造力、思考力、表达力"列为"教育改革的基本思想之一"。美国著名的未来学家阿尔温·托夫勒在《第三次浪潮》中指出："一切教育都源于未来形象，一切教育也都创造未来的形象。"[2]在培养学生的创造力、创新精神方面，教育的责任尤为重要。

第一，创新的含义。"创新"的概念最早见于熊彼特的《经济发展理论》[3]一书，他以企业活动为研究对象，从经济学的角度对技术和经济间的基本互动机制进行了考察，提出了著名的"创新理论"。"创新并非对事物本质的认识过程，而是一种基于对事物本质的认识，首创前所未有的新事物并一定要

---

[1] 蔡宇辰.企业长期资金筹集方式的探讨[J].活力,2021(11): 65-66.
[2] （美）阿尔温·托夫勒.第三次浪潮[M].朱志焱,潘琪,译.北京：北京三联书店，1983.
[3] （美）约瑟夫·熊彼特.经济发展理论[M]郭武军,吕阳,译.北京：华夏出版社，2015.

为经济和社会带来利益的活动。"[①]还可以理解为人们在进步观念的驱使下，面对不断变化的客观环境，探寻新方式、新方案、新对策的活动。其涉及领域相当广泛，包括观念创新、理论创新、科学创新、技术创新、产品创新、工艺创新、体制创新、市场创新、组织创新、管理创新等。然而一般意义上所谓的创新可以简要地归纳为三种较为普遍的范畴，即科技创新、制度创新和理论创新。它们涵盖了创新的主要方面，可以较完整地体现创新的系统性特征。

第二，创新能力的含义。创新能力，是指主体从事创造出符合社会意义的具有独创性和革新性的产品所具备的本领或技能。实际上创新能力同创造能力、创新技能和创新素质密切相关但又有不同。创新能力，简言之是人们革旧布新和创造新事物的能力，是创新主体在创新活动中表现出来的能力整合体。创新素质，是指主体在先天的基础上，把从外在获得的创新知识、创新技术、创新精神等，通过内化而形成稳定的品质。创新能力是一种综合素质，不是单纯的智力品质，而是一种重要的性格特征，一种精神状态。创新素质是创新能力的基础，创新能力是创新素质的外化。创新技能是反映创新主体行为技巧的动作能力，主要包括创新的信息加工能力、一般的工作能力、动手能力、操作能力、熟练掌握和运用创新技法的能力、创新成果的表达能力和表现能力以及物化能力等。创新技能是一种智力特征的能力，而创新能力不仅是一种智力化特征的能力，更是一种人格化特征的能力。创造能力是指主体独创性和首创性的能力，创新能力包含着创造能力，是首创能力和革新能力的统一。

"创新是一个民族进步的灵魂，是一个国家兴旺发达的不竭动力。"培养、造就创新型科技人才，是我国提高自主创新能力、建设创新型国家的必然要求。知识经济竞争的制高点是人才的质量，创新能力是人才的核心要素。要培养学生的创新素质，教师自身必须具备创新的意识和素养。创新能力要求教师不循规守旧，总能以新思想、新观念对待教学实践，教师应做到准确把握科技发展趋势，掌握本学科发展动态，善于解决一般理论和实际操作技术问题，在教学内容、教学方法、教学思想上不断有所创新。教师要能为学生

---

① 殷兴武，师淑景. 技术创新的含义与对策 [J]. 价值工程, 1999(06)：14–15.

设置创新情景，营造创新的氛围，课堂上注意激发学生的思维，使学生智力活动活跃，创新意识、创新能力不断增强，为可持续发展打好基础。有的学者认为，"善于质疑是获得新知、不断创新的重要源泉"。爱因斯坦曾说：提出一个问题，比解决一个问题更重要。因此，素质教育要求教师应摆脱长期以来形成的以传授现有成熟知识为中心的传统教育观念的束缚，树立正确的教育价值观念。在一个高度信息化的社会里，教师仅靠学习过去、重复再现难以适应当今信息社会的发展。教师必须面向未来，把握现在，求实创新，才能促进其自身的发展，才能推动社会的发展。高等教育的本质应含有创新、创造的内涵。教师一旦"内化"了这种质疑、创新的素质，就会在教学过程中自觉地实施师生双向互动式、启发式、开放式等适合素质教育要求的、新的教学方法。

第三，创新教育的含义。创新教育从广义上看，指对人的创造力的影响、开发、培育活动，主要是创造技法和创造性思维的训练。狭义的创新教育是指在学校教育中，对学生创造品质和创造性思维能力的培养。

第四，创造型教师的特征。美国学者史密斯认为，成功的、富有创造性的教师总是善于吸收最新教育科学成果，将其积极地运用到教育、教学、管理等过程中，并且富有独创见解，能够发现行之有效的新的教学方法。在个性品质方面，表现为幽默、热情、乐观、自信，乐于接受不同观点，以及对工作之外的其他事情也表现出强烈的兴趣并积极参与。在教育教学方面，注重教育艺术和机智，有强烈的求知欲和成就动机。在教学风格和技巧上，善于经常变换各种教学手段，激发学生积极思考，鼓励学生参与课堂教学的交流并讨论各自观点。驾驭教材的能力很强，对学生的课堂反应有很强的敏感性；凭直觉进行教学，想象力非常丰实，不拘泥于已有的规划或既定的程序。在班级管理方面，创造型教师在对班集体和学生管理时都努力创设并维护一种创造力易于表现的师生关系、同学关系及班集体风尚。信任、公平、宽容、自由、安全、富于创造性的集体气氛是创造型教师进行班集体和学生管理时所追求的目标。

第五，具有创新能力的教师的基本素养主要体现在以下两方面：

一是创新意识。创新意识是开展创新活动的前提，教学不再是单纯地咀嚼教材与教参，而是把科学研究引进教学过程，改变教学中单纯的传授性，使教学在充满着发现问题、分析问题、解决问题的探讨气氛中进行。创新教育在对教师的要求上，不再满足于"传道、授业、解惑"的传统功能和作用，而要求教师能在学生接受创新教育的过程中起引导和示范作用，即教育者能以自身创新意识、创新思维以及创新能力等因素去感染、带动受教育者的创新能力的形成和发展。只有在强烈的创新意识的引导下，才能产生强烈的创新动机，树立创新目标，充分发挥创造潜能。我们强调创新意识的确立，旨在强调创新意识应当成为教师在教学、科研活动中的一种自觉行为，也就是创造精神和创造行动。不难理解，是否具有创新意识和创新能力将成为衡量一名教师素质高低的重要条件。

二是包容的心态。具备良好的心态是创新型教师的最基本特征。具有创新能力的教师的教学观、育人观是不唯书、不唯上，善于吸纳国内外现代教育理念、科技成果，博采众家之长，充实自己的知识体系；心胸开阔，鼓励学生展开自由想象，尤其鼓励新奇、独特、与众不同甚至荒唐的想法，重视学生提出的各种问题；以宽容、平等的民主气氛组织教学，不断以新的方法和手段来刺激学生的好奇心、求知欲，营造一个祥和、亲切、友好的创造环境，在开发学生创新意识的同时也开发了自身的潜力。

5. 社会服务能力

社会服务是高等教育的三大功能之一。但是目前来看，高校社会服务能力薄弱，是一种普遍存在的现象。高校教师的社会服务能力，主要可以通过承担科研课题、走出校门提供科技服务、科技成果转化、企业技术改造、技术咨询，给企业和社会带来经济等方面的效益。大力提升高校社会服务能力，不仅是经济社会发展的需要，更是高校自身发展的需要。

因而，社会服务成为现代高校教师的另一项重要任务。目前在我国高校师资队伍中，教学型、科研型教师人数比较多，而具有参与国际合作，推动高校市场化、产业化、大众化等高等教育现代化的创新精神和技能的高水平教师却比较少。因此，需要进一步探索高等教育适应社会主义市场经济的新思路、新方法和新机制，在市场竞争中造就一批具有国际化、市场化、社区服务等方面素质的新型教师，形成一批具有"学问家兼企业家"的新型高素质的大学教师人才。

6. 专业迁移能力

专业迁移能力是指在一定条件下，实现以上各种专业能力在教师个体内部或者个体之间相互转换的能力，这种转换可能在相同的情境下发生，也可能在不同的情境下发生。

7. 元专业能力

元专业能力或许是一种超能力，因为它是负责获得、促动、控制、管理、协调、分配、保障、评价（包括价值判断，即 evaluate）其他专业能力的特殊能力。

（三）专业发展能力

专业发展能力是能够促进专业发展和专业能力发展的能力，主要表现为终身学习能力和可持续发展能力等。

1. 终身学习能力

终身学习能力是教师专业素质发展的内在动力，其主要由"自主学习能力、信息素养能力、批判性思维能力、解决问题能力、自我评价能力、持之以恒的能力"组成，这六项终身学习能力要素相辅相成，关系密切。其中自主学习能力是整个终身学习能力构成的核心要素，在终身学习过程中，自主学习能力贯穿始终，并将其他各能力要素联系起来。信息素养能力、批判性思维能力与解决问题能力在终身学习能力体系中形成了终身学习能力的基础，支撑着自主学习能力核心作用的发挥。而持之以恒的能力与自我评价能力则是终身学习能力体系中，其他各项能力发挥作用的前提保障，在终身学习过程中保证学习的顺利开展。

2. 可持续发展能力

教师的可持续发展能力表现为"代内可持续发展能力"和"代际可持续发展能力"两方面；前者主要是指教师自身和同代教师的可持续发展能力，后者主要是指教师群体的可持续发展能力。

三、道德、规范层面

（一）政治、思想素质

政治、思想素质主要指政治态度、信念和世界观，是一个人的精神支柱。

它决定着教师的政治信仰，制约着教师的道德原则，影响着教师的科学文化素质、能力素质及身心素质。政治、思想素质的优劣是衡量教师是否合格的重要标准之一。作为高等学校的一名教师，要始终把坚定、正确的政治方向放在第一位，用马克思列宁主义、毛泽东思想、邓小平理论、"三个代表"重要思想、科学发展观、习近平新时代中国特色社会主义理论武装头脑，坚持解放思想、实事求是的思想路线；要有强烈的爱国热情，自觉地坚持社会主义办学方向，为社会主义建设事业培养合格人才；同时教师要有辩证唯物主义和历史唯物主义的世界观及革命的人生观，学会正确运用马克思主义唯物辩证法分析问题、解决问题，执着追求真理，勇敢坚持真理，具有崇高的理想和信念。

1. 政治素质

政治素质主要体现在政治方向上，是人的核心素质，是构成人整体素质的骨架和支柱。高校教师必须具备较高的政治修养，即在大是大非面前保持清醒的头脑，旗帜鲜明，立场坚定，把正确的政治方向放在教育教学工作的第一位。坚持党的四项基本原则，坚持党的教育方针，坚持教育为经济建设和社会发展服务，坚持高等教育的正确办学方向。

新世纪是信息快速传播的时代，世界各国更为频繁、广泛地在政治思想、经济文化、科学技术等领域进行交流和接触，这中间既有值得借鉴和学习的精华，也有应该反对和摒弃的糟粕。作为知识的灌输者和学习的引导者，教师必须具有坚定的政治立场和敏锐的头脑，能用正确的世界观、人生观、审美观对新知识加以鉴别，影响和帮助学生明确思想意识和坚定政治立场，加深对所学知识的理解，抵制不正确的思想意识和潮流，在健康思想的基础上接受新的科学知识，真正具备明辨是非的能力，从而成为有利于国家和社会的中坚力量。

2. 思想品德素质

思想品德素质是教师素质整体结构的"灵魂"，是影响学生学习和发展的重要因素。教师作为人类灵魂的工程师，作为人类文明的传播者和建设者，要教书育人，要帮助学生树立远大理想，要培养学生的优良品德，首先自己要具备崇高的道德品质和高尚的道德行为。只有这样，才能为人师表，成为学生学习的楷模，也才能提高其教育、教学的有效性。在中小学时，对教师的崇拜更多的是晚辈对长辈的情感，感到教师的慈爱和关心。上大学后，学生对教师的崇拜有内涵，这种"佩服"不仅仅是教师拥有渊博的知识，更重要的是教师拥有自身的人格魅力。

随着社会主义教育事业的发展，对教师思想品德的要求在不断完善和发展，其主要内容包括热爱祖国，热爱社会主义教育事业，忠于职守；坚定不移地贯彻执行党的教育方针和政策；具有强烈的事业心和高度的责任感以及敬业精神和奉献精神等。许多教师严格按照师德规范要求自己，默默地耕耘，无私地奉献，涌现出一批又一批优秀的园丁。但不可否认的是，随着改革开放和社会主义市场经济体制的逐步建立，各种思潮也在冲击着校园，师德建设的现状不容乐观。特别是有些高校，在强调加强学生思想道德建设的同时，却忽视了教师的师德建设，导致教师思想政治工作软弱无力，出现了一些不良现象。因此，陶冶和铸造师德、师魂是建设高素质教师队伍的首要任务。

3. 精神风貌

（1）实事求是的治学精神。教育教学是一项严肃的事业，来不得半点马虎和虚伪。高校教师要具有严谨认真、实事求是的精神，对于不清楚和不了解的知识，应当要做到力求掌握，不耻下问，从而发现不足，促进自我提高；对于有错误和有纰漏的地方，应当向学生坦然承认，知错就改。

（2）爱岗敬业的奉献精神。热爱教育事业，热爱每一个学生，全情投入，无私奉献，为教育事业贡献自己的全部力量。

（3）优势互补的协作精神。新形势下的教师必须具有优势互补、团结协作的精神，既要注意同学科之间的协作，又要注意相关学科和部门之间的协作，以达到最好的育人效果。

（二）职业道德

道德是以社会舆论、内心信念和传统习惯来调整人与人之间、个人与集体之间、个人与社会之间关系的思想和行为的规范。道德素质包括职业道德、生活道德和社会公德，是社会主义精神文明建设的重要内容之一。高等学校教师作为社会上学历最高的群体之一，理应体现出较高的文明程度。职业道德指人们在从事各种职业活动中，思想和行为所应遵循的规范和准则的总和。

作为一种特殊的意识形态系统，教师职业道德有其复杂的内容或要素，并且可从不同的角度与不同层面来做不同的剖析和类型划分。如果单从要素构成而言，该子系统由以下四方面构成：

1. 道德意识

指的是教师在教育实践中形成的各种具有善恶价值的思想、观念和理论体系。作为教师职业道德的主观方面，体现着教师对客观存在的师德关系和师德活动的认识与理解，并集中体现在教师的价值观和师德规范体系之中。

2. 道德关系

指的是教师在职业生活中以某种特殊的道德活动方式结合成社会关系。作为一种思想关系，受一定利益关系制约。相对于道德意识，道德关系具有客观性，是意识的基础，通过道德行为来表现。

3. 道德规范

指的是在教育职业活动中指导和评估教师行为价值取向的善恶准则与行为要求。教师领域中诸多方面的道德关系就是靠道德规范体系来调节，以维护正常的教育活动秩序，从而促进教育事业的健康发展。

4. 道德活动

指的是教师在其职业生活中，依据道德观念和价值原则，处理各种道德关系的实践活动。作为道德观念、道德意识的外化表现，道德活动又是一定道德观念、道德意识的客观基础和发展动力。需强调的是，教师职业道德子系统中，诸多方面是彼此联系、规定、相辅相成，来构成该系统的有机整体。

高校教师担负着培养人才的重任。教师既是文化科学知识的传播者，又是思想道德、意识形态的传递者。教师的思想情操、价值取向、道德水准、献身精神等思想品德素质不仅关系到教学质量的提高，而且对学生世界观、人生观的形成有着很大的影响，对学生人格的养成也有着不可忽视的作用，直接或间接地影响着学生的成长和发展。作为高校教师应具备以下职业道德：

1. 爱岗敬业，甘为人梯

对教育事业的热爱，对学生的热爱，是教师对待自己所从事的教育事业的基本态度，它是教师正确认识教师职业，献身教育事业，努力做好本职工作的内驱力。教师只有爱才会有责任心，才会在教育实践中，树立正确的教育观念，探索出新的教育思路。教师只有爱才会有较强的荣誉感，才会在教师岗位上甘于平凡，无私地奉献自己的聪明才智和毕生精力。教师只有爱才可以产生感情效应，满足学生心理精神的需要，凝聚成一种高尚的师爱，唤起学生的自信心和积极性；也只有爱才能"以人为本"，有教无类，才能民主、平等和公正地对待学生，才能在面向全体学生的基础上，针对不同的个性，给予他们最大的关怀和培养，使他们在各自的条件基础上得到最大发展。

2. 严谨治学，勤于进取

要为国家培养高科技人才，高校教师必须刻苦钻研业务和教学艺术，对工作兢兢业业，对业务精益求精，不断提高和充实自己。

3. 取长补短，团结协作

高等学校中不管是教学、科研还是其他业务，通常都要依靠教师的某个群体来完成。关乎学生的成长不是哪一个人的努力就能够实现的，每一个教师在学生的成长中都发挥着各自的作用，学生的成长凝聚着所有教师共同的努力。并且任何科研的探索也离不开教师的合作，重大科研项目的成功，需要不同学科教师的共同合作，需要有一种团队精神，需要参与者相互尊重、取长补短、互相学习。因此，无论从学生、教师的成长角度还是从科学发展的角度来看，合作精神是教师专业精神中不可缺少的内涵。它要求教师在群体中要摆对自己的位置，正确处理个人与同事、与学生、与学校、与同行、与国家等各种关系；要求教师在教师集体中尊重他人、理解他人、宽容他人，自觉克服文人相轻的毛病；要求教师学会给予，不要斤斤计较，不计较个人得失，善于处理教师之间的物质利益、个人荣誉和地位的冲突，为自己和他人的发展创造一种合作愉快的高尚道德境界；要求与学生合作好，虚心了解和对待学生，帮助、引导学生更好地完成教学工作。这样才能团结、组织起一支队伍，发挥整体优势，形成能打硬仗、完成大任务的学术梯队。

4. 教书育人，为人师表

教育与其他职业相比，就在于教师是用自己的学识、思想和言行，通过示范的方式去直接影响劳动对象，它更强调教师的学识与人格力量在劳动中的价值。因为教师劳动的对象是正在成长中的青少年，他们求知欲强、模仿力强，教师的学识、治学态度、言论行为乃至性格和气质无不通过自身的言行举止表露出来，时时刻刻、潜移默化地影响着所有的学生。为此，作为知识和理想道德的传播者，教师只有"博学于文"，才能学高为师；只有具有深刻的示范意识，才能表里如一，以身作则，起榜样示范作用。教师不仅要传授知识，更重要的是教学生做人，因此教师要严于律己，为人师表。

师德和教风是高校教师的立身之本，为此必须加强高校教师的思想政治工作和职业道德建设，加强对教师行为规范的监督工作；应引导教师树立正确的人生观、价值观，具备高尚的师德、优良的教风、敬业的精神、严谨的治学态度和高度的责任心；要鼓励他们不能只顾眼前利益，要为长远目标奋斗。同时要采取切实可行的办法进行考核，并把考核与教师的评聘、晋升、奖惩挂钩。

（三）社会、职业规范

教师的一言一行往往给学生以潜移默化的表率作用，教师首先应是文明守纪的模范。高校教师要具有高尚的思想品德、崇高的精神境界、良好的文明修养、严于律己的工作作风，以自己的理想、信念、言行举止去影响学生，成为学生的楷模。

四、生理、心理层面

身心素质是指人的身心结构和状态，包括身体素质和心理素质，它是人的一切素质的生理和心理承载。每个人都有不同的心理过程和个性心理特征，这种心理倾向和心理特征的差异使个体在相同的社会环境下产生不同的行为与结果，从而导致个体实现目标的程度不同。身心素质是现代教师素质结构的重要组成部分，它是未来教师的思想品德、知识、能力等素质建立的基础。教师和学生都是生命个体，都需要有强健的体魄和良好的心理素质。一个健康的身体、一个良好的心态能让人活得潇洒，才能满怀激情地参与工作。俗话说"身体是革命的本钱"，拥有健康的身体才能保证各项事业的顺利进行。我国高校教师队伍年龄差距大，有年轻的、中年的，也有老年的，为了顺利地开展工作和生活，每个年龄阶段的教师都应当积极锻炼身体，注重自身的身心愉悦、健康向上，保持精力充沛、精神饱满，让本来就艰苦的教育事业变得轻松而有活力。

高校教育对教师的身体素质有更高的要求，繁重的教育任务要求每一位教师必须有强健的身体做基础。但是不仅需要有健康的身体，还要具备健全的心理素质。由于社会转型，生存竞争加剧，巨大的教学与科研压力引发了一些教师的心理疾病。如何提高自己的心理素质，增强心理承受能力，以适应社会的要求，成为高校教师一个不容回避的问题。为此，高校教师必须有创新精神、协作意识，具有情绪调控的能力、承受挫折的能力、与人交往的能力，这样才能胜任自己的工作。教师健康的心理品质、良好的人格，不仅对学生的影响是深远的，而且对自身的不断提高和完善有重要作用。英国教育家、心理学博士戴维·方塔纳经研究后指出：在学校环境中，学生所受到的最重要的影响来自教师，教师的心理素质和特征对于提高教学质量、教育水平，使学生受到影响从而向所期望的目标迈进具有重要意义。教学实践证明，成功的教师一般具有如下心理素质和特征：温和、理解、友好、负责、沉稳、热情、勤奋、富有想象力、勇于创新等。

此外，高校教师所面对的教育对象是年轻的大学生，他们精力旺盛，求知欲强，可塑性大，积极上进，同时出于他们的身心特点，特别是独生子女比例越来越大，他们也存在较多的心理问题，如意志较脆弱，不善于处理人际关系等。在这种情况下，提高高校教师自身的身心素质显得尤为重要。高校教师应具有宽广的胸怀、开朗的性格，具有坚强的意志、丰富的情感，具有敏锐的观察力、灵活的思维能力和丰富的想象能力。同时要积极参加各种文体活动，具有广泛的爱好、健康的体魄和优雅的风度。只有具备健全的人格、良好的身心素质的教师才能培养出优秀的人才。

（一）生理素质

身体素质是人体活动的一种能力。对于教师来说，健康的身体素质表现在两方面：一方面教书育人是一个光荣而神圣的职业，它需要教师任劳任怨地付出，教师对繁重的教学、紧张的工作具有较强的承受能力，能精力充沛、生气勃勃地从事工作。另一方面表现为身体健康、耐受力强、反应敏捷、精力充沛、耳聪目明、声音洪亮。这两方面是教师身体健康的重要标志。身体素质是高校教师素质的基础，是其他素质的载体，是完成好本职工作的首要保证。没有好的身体素质，其他一切素质都将归于虚无。高校教师的多数工作属于脑力劳动，容易忽视身体素质的重要性。因此，高校教师必须重视健康，珍惜生命，积极参加体育锻炼，形成良好的生活习惯和科学的生活方式。

（二）心理素质

按照普通心理学的理论，心理可以概括为认识、情感、意志等活动及这些活动在个体身上综合形成的个性特征。心理素质是指个体各种心理因素在行为活动中表现出来的机能。高校教师应具备健康的心理素质，其中包括具有较强的心理稳定性。

每个教师在教学、科研过程中，有时会遇到与别人意见不一致、不被承认、被冷落，甚至遭受挫折与失败的时候。这时，高校教师必须具备准确了解自己与他人情绪的能力，并能根据实际情况控制和调整自己的情绪。只有具备健康的心理素质才能心平气和、实事求是地对待一切；才能敢于坚持真理，不怕困难，直至事业获得成功；才能正确对待同事和自己，看到别人的优点和成绩，与周围同事团结协作，互勉共进；才能在身处逆境时，胸怀豁达，不计较个人的恩恩怨怨；才能时刻把事业放在心上，遇到困难不退缩，取得成绩也不沾沾自喜，停滞不前；才能正确地引导学生，帮助学生培养、锻炼健康的心理。

总之，拥有健康的心理，有助于增强教师对成败的心理承受能力，有利于提高教学工作效率，有利于与同事进行友好的相处与合作。拥有健康的心理，用热烈的情感、坚定的意志、良好的性格和稳定的心绪调动自己全部的聪明才智，正确处理生活和工作中碰到的各种矛盾和问题。健康的心理应具备以下特点：①轻松愉快的心情。②昂扬振奋的精神。③平静幽默的情绪。④豁达开朗的心胸。⑤坚韧不拔的毅力。⑥强烈的自信心和钻研精神。

对高校教师的素质要求是多方面的，上述这些方面不是各自独立，而是需要全面、整体、和谐地发展。它们之间的关系可概括为：思想品德素质是灵魂，科学文化素质是基础，业务素质是关键，身体、心理素质是保障，创新素质是动力源泉。每个方面都是现代教师素质结构中不可缺少的，是现代教师成长、发展的重要因素。随着时代的前进和社会的进步还会对高校教师提出更新、更高的要求。研究高校教师的素质问题，准确把握高校教师应具备的素质，有利于高校教师明确努力方向，提高高校教师追求高素质的主动性和自觉性；有利于高校教师个体素质的提高，进而提升高校教师队伍的整体素质；有利于选拔高素质的人才充实和加强教师队伍。当然，高校教师素质的提高并非一朝一夕之功，高校教师应把对高素质的追求作为一个贯穿终生的动态过程。高等学校也应重视高校教师素质的提高，对高校教师从政治上关心，生活上照顾，工作上支持，努力创造人才脱颖而出的环境和氛围，我们相信，随着高校教师素质的普遍提高，我国高等教育的水平一定会越来越高，一定能够为我国社会主义现代化做出更大的贡献。

第三章　我国高校教师专业化发展的现状与归因

第一节　我国高校教师专业化发展的物理层现状考察

随着知识、信息全球化的到来，国际竞争日益严酷，我国对高级人才的需求越来越急迫。高等教育担负着培养高级人才的重要使命，高等教育的质量是未来人才质量的保证，而高校教师素质的提高是影响高等教育质量的一个重要因素。只有具备高水平的教师队伍，才能培养出高素质人才，才能使我国在国际竞争中具有领先的优势。改革开放以来，我国高校教师队伍在数量、学历和科研等方面都有显著的提高，但面向未来的国际竞争以及国内社会政治、经济的发展，仍需充分认识到高校教师专业化发展中所存在的问题，借鉴国际上的先进经验，改革创新，不断促进高校教师提高专业素质，实现高校教师个体和群体双方面的专业化。

一、高校教师专业化发展的现状——群体维度的考察

对高校教师群体专业化发展现状的考察，主要是高校教师职业在社会分工中的专业性，主要考察以下几个指标：职业的社会、经济、政治地位，排他性（可替代性），区分度，发展规模，发展质量等。这一方面是高校教师职业专业化自我进化的结果，另一方面是国家社会职能部门通过法律和行政命令等手段强制促进的结果。

（一）高校教师职业的社会、经济、政治地位

近年来，高校教师的社会、经济、政治地位有大幅度提高，但是实际情况是高校教师对深化教育体制改革和加大教育投入的期望值较高，对影响自身发展的政策环境、工作条件、生活待遇等方面的要求强烈。

（二）高校教师职业的排他性

排他性是指与其他职业相互之间的可替代性的大小（种间差异）。教师要成为专业人员，必须和其他行业的专业人员一样，具有排他性的专业核心能力，这些排他性是教师专业知识和能力体系的核心要素。只有教师专业化才能促进教学的专业化和教师专业水平的提高；实现教师专业化的有效途径是教师专业发展，即教师专业能力的发展并具有排他性专业能力。

（三）高校教师职业的区分度

区分度是指在教育系统内，各类型教师之间的职业差异性（种内差异）。专业化使得各科教师在其岗位上的专业性更强，教师之间的学科差异性更大，区分度更高。

（四）高校教师职业群体的发展规模

20世纪90年代以来，我国高校师资队伍建设取得了巨大的成就，高校教师的素质得到普遍提高，整体结构也发生了可喜的变化，主要呈现以下特点：一是数量扩张快。2005年我国普通高等学校专任教师为96.58万人，比上年增加10.74万人，是1999年42.57万人的2.27倍。二是年轻教师比重高。高校40岁以下的年轻教师基本上达到50%以上，有的学校高达70%。三是学历层次逐渐提高。普通本科高校教师中硕士博士毕业生的比例一般均超过30%，相当一部分的高校达到50%，重点、名牌大学都在80%以上。[①] 四是非师范类专业的毕业生居多。虽然我国有专门的师范院校，但基本上是为基础教育培养师资，目前，尚没有专门培养高校教师的院校。

（五）高校教师职业群体的发展质量

对于教师群体来说，结构的变化其实就是教师群体发展的质量变化。教

[①] 金露，马莹，夏万军. 普通高等学校教师评价指标体系研究[J]. 枣庄学院学报，2012,29(06): 94-100.

师队伍的整体结构及其思想和业务素质,直接影响学校的教学水平、学术水平,直接影响学科、专业的特色及其声誉,直接关系到社会主义建设人才的培养。特别是在当前教育改革以及发展经济的形势下,分析、探讨师资队伍的现状以及存在的问题,根据学校的办学规模及其发展水平,预测师资队伍的发展变化趋势,对教师队伍的建设提出科学的、合理的结构模式,有助于最大限度地发挥教师队伍的整体功能和整体效益。

1. 职称结构

职称结构是教师队伍内部各级职称的比例构成,反映了教师队伍的整体素质。高校教师的职称由低到高,依次为助教、讲师、副教授、教授。职称结构不是学校自行决定的,它是依据高校的不同类型、承担的不同任务而定的。以培养研究生和科研为主的大学,教授、副教授的比例较大,职称结构呈"倒金字塔形";教学与科研并重的大学,高级职称与初级职称比例较小,中级职称的讲师比例较大,呈"卵形"结构;以教学为主的专科学校,高级职称更少一些,呈"金字塔型"。

近年来,根据国家的要求,进行教师专业职称评定工作,逐步解决了多年来遗留的教师专业职称问题,充分调动了广大教师的积极性。从教师的技术职称结构看,教师技术职称有了一定的提高,教授、副教授的人数在稳步增长,讲师职称的增长保持稳定,初级职称的总数开始下降,结构比例有优化的趋向,但不尽合理。

2. 年龄结构

年龄结构是教师队伍的年龄比例构成。自1999年我国高等教育规模扩张以来,高校师资队伍在数量上呈快速增长的态势,专任教师从1998年的40.7万增长至2007年的116.8万,但在结构上仍存在不尽合理的问题,35岁以下青年教师占了专任教师总数的48.3%。[1] 由于青年教师多是刚从高校毕业的研究生,尽管在学术和专业知识上有了一定的积累,也经过一段时间的教育理论培训,但正式投入教学工作后,许多新教师仍感到力不从心。

虽然近些年我国高校教师队伍的年龄结构正在改善,一批中青年教师被评定了高级职称,但41~50岁的教师人数占教师总数的比例仍然偏低,学科

---

[1] 金露,马莹,夏万军.普通高等学校教师评价指标体系研究[J].枣庄学院学报,2012,29(06):94-100.

带头人年龄偏大，专业能力强、科研水平高的学术骨干和学术带头人青黄不接，"人才断片"现象明显，教师队伍新老交替的问题突出。随着地区经济发展和院校发展的不同，高校教师队伍的年龄结构也有所不同。经济发达的地区和重点院校的教师学历水平明显偏高，年龄也趋于年轻化；而经济欠发达地区和一般院校及专科院校教师则存在数量不足、学历水平偏低、年龄过于老化等问题。

高校教师的年龄结构，在一定程度上反映出高校教学、科研的活力，体现出高校教学、科研水平的稳定程度，直接影响教师的连续性和继承性。心理学家认为，25~45岁之间，人的知觉、记忆力、比较和判断能力、动作及反应速度等均处于最佳状态。从生理学角度看，36~55岁则是教师进行创造性工作的最佳年龄段。一般情况下，教师的成长与发展过程大致要经过以下四个阶段：一是23~27岁的青年教师，他们经过大学或研究生学习刚刚毕业，缺乏教学或科研的实践经验，还有待知识结构的调整和充实。二是28~36岁的教师，已进入逐步成熟的阶段，一般能够独立承担教学、科研任务，思想比较成熟，教学工作能力提高快。三是37~55岁的教师，经过长期的教学、科研工作的锻炼，具有比较丰富的经验，智能结构处于最佳状态，工作效率高，是出成果的最佳年龄段。四是56~60岁的教师，一般都处于记忆力减退，知识更新能力差，思维活动能力迟缓，工作效率不高的趋势。我们要根据教师队伍的特点，选择最佳专业职称和年龄结构。

3. 学历结构

学历结构是教师队伍最高学历的比例结构，它在一定程度上反映出教师队伍的业务素质，以及教师的基础训练水平和发展潜力。20世纪80年代以来，我国通过选拔毕业研究生担任教师、青年教师在职攻读学位、委托或定向培养研究生等多种方式来提高高校教师学历水平。但由于我国较大规模的研究生教育及学位制度起步较晚，高校教师中具有研究生学历的人所占比例至今仍然较低。数据显示，当前我国高校教师队伍的学历结构重心偏低，特别是博士教师比例偏小，学士及以下教育程度教师还占着半壁江山，"本科生教本科生"的状况在一般高校还尤为普遍。2010年，我国普通高校中拥有博士、硕士、学士、学士以下学位的专任教师比例分别是14.9%、34.5%、48.9%、1.7%。博士教师比例的全国平均水平只有15%，一些地方院校更低，有的地方普通本科院校博士教师比例不到 5%。而在 1973 年，美国大学教师中具有博士学位的就占教师总数的 40.9%，具有硕士学位的占 44.9%。[①] 从数据中不难看出，跟发达国家相比，我们仍旧落后很多。

4. 学缘结构

学缘概念是借用血缘概念而来，血缘是由于生物基因的遗传关系而形成的物种之间性状上的远近关系，学缘是指由于"学术基因"（学术流派，或者说是学术思想、学术风格）的师传徒承而建立起来的学术源流关系。学缘结构是师资队伍建设的重要指标，"一支高水平高竞争力的师资队伍必须具备足够数量学术造诣深的高层次教师，同时又必须具有合理的结构"[②]，优质而合理化的学缘结构不仅可以提高教师队伍整体素质和整体实力，还可以提升高校教学、科研和办学质量及大学学术生产力。

5. 专业结构

专业结构是教师队伍中各专业教师的比例构成。高校教师的专业结构应当和高等教育的发展、社会政治与经济的发展相适应。合理的专业结构对社会政治、经济的发展有重要的意义和作用。

二、高校教师专业化发展的现状——个体维度的考察

从个体维度考察高校教师专业化发展现状，主要就是考察我国高校教师专业化的个体素质结构方面的变化，即教师的专业素质。

按照我国著名教育心理学家冯忠良先生关于学习内容的分类，学习的内容包括"知识、技能、社会规范和情感"，[③] 因此，高校教师专业化的个体素质结构要素也理应如此，只是它们不能是一般意义上的"知识、技能、社会规范和情感"，而是与教师职业领域和教师职业岗位紧密相关的"知识、技能、社会规范和情感"，也就是教师的专业素质。

---

① 金露,马莹,夏万军.普通高等学校教师评价指标体系研究[J].枣庄学院学报,2012,29(06)：94-100.
② 潘薇.浅谈普通高等学校教师职业道德修养存在的问题[J].新教育时代电子杂志(教师版),2014(34)：62.
③ 梅世云.冯忠良谈能力知识和小学数学教学问题[J].湖南教育,1987(09)34-35+33.

（一）文化、知识层面

从教师的知识结构来看，单一现象比较严重，结构不尽合理。主要表现在：

（1）知识结构单一。尽管高校教师的专业理论基础扎实、科研能力较强，但因自己受的教育为应试教育，所学知识虽精，但不够渊博，不能适应知识经济时代对高校教师的要求，不能够担负起培养 21 世纪大学生的历史使命。

（2）知识结构不合理。在计划经济模式下培养出来的教师，大都具备良好的专业知识，应试能力强，但通识文理的少，对相关专业知识了解不够，知识面不宽，通容性不强，特别是理工科教师文化艺术修养欠缺。加上理工科知识更新快，容易老化、过时，先前所学的知识难以适应新的教学需要。

（3）知识面狭窄。一是缺乏继续学习、研究的意识，知识更新跟不上。主要表现在对开新课信心不足，对现代化教学手段力不从心。二是教师的人文科学素质普遍不高，难以在专业教学中渗透人文科学精神的教育。三是轻视教学工作的专业性、科学性，不能很好地研究、把握教学规律与教学方法。因此，无法进行创造性教学。

高校教师知识包括普通知识和专业知识，而专业知识课又分为专业理论知识和专业实践知识。教师的知识本质上是"事件构成"，是隐含于创造性解释教学问题过程中的实践性知识。在高校教师的专业发展中，尤其是新任教师刚刚走上教学岗位的起步阶段，实践性知识的传承更显重要。但由于受到知识自身的"隐性"特征，作为传者的专家型教师与作为受者的新手型教师分享意愿的高低与能力的大小和高校管理体制等影响，为实践性知识的传承增加了障碍。我们要在体制上营造适合实践性知识传承的环境，机制上制定知识共享的激励措施，并着眼于隐性知识本身的特点构建适合专家型教师实践性知识的共享体系，为新任教师的"实践性知识"的积累提供借鉴。

（二）能力、技能层面

在能力、技能层面，要求高校教师应具备较强的教学科研能力、开拓创新能力、知识更新能力、社会交往能力、管理能力等多方面的能力。

1. 教学能力的现状

高等学校教师的教学能力是指高等学校教师顺利完成教学活动所必需

的、直接影响教学活动效率和效果的个体心理特征，是由教师个人的智力和智慧以及从事高等学校教学工作所需的知识、技能建构而成的一种职业素质。它是由多种单项能力构成的有机整体，具有整体性、开放性和发展性等特点，主要体现为教材转化能力、教学研究能力、教学创新能力、科研成果的转化能力等方面的特色。

1999年高等教育实行扩招后，国内各高校教师队伍的规模也迅速扩大，青年教师大量引进。教育部2006年教育统计数据显示，普通高校35周岁以下的青年教师占普通高校教师总数的48.3%。这些教师具有较高的学历和丰富的专业知识，但多数都缺乏传授知识的技能和教学实践经验。另外，从教师自身而言，无论是在科研型院校还是在教学型院校，教学都是教师的根本任务，其教学能力的高与低都直接影响着高校教师的生存与发展。

在如此的发展形势下，对高校教师教学能力的培养，具有现实的针对性和重要性。教学能力如此关键和重要，但目前对高校教师教学能力的关注度还比较低，其原因是多方面的：一是制度方面。我国有关高校教师教学的制度比较完备。但是由于教学工作不仅需要教师有较强的教学能力，还取决于学生的接受能力和意愿，是一个比较自主化、个体化的工作，很难用制度去约束，即使遵守制度也未必能够达到最佳的教学效果。二是评价方面。目前多数高校都比较注重对科研能力的评价，对教学能力评价则显得非常"弱化"，长此以往就导致我国高校在关心师资质量时，更多关注专业学术水平和科研能力的提升，而不同程度地忽视了对教学、教师教学能力和教育规律等方面的研究和关注。三是理念方面。由于高校片面地强调大学生自主学习，大学教育是在基础教育之上的专业教育，使得不少高校教师片面地注重"教"，而忽视了"学"，割裂了教师与学生的双边互动，从而导致了高校对教师教学能力培养的忽视和少有研究。

2. 高校教师科研创新能力的现状

拥有一支较高科研创新能力的教师队伍，是高校培养创新人才的关键。高校教师科研创新能力的提高不仅能够提高学校的科研水平，其理论知识和工作态度也能在教学工作中有一定程度的体现，从而影响学生的学习态度。因此教师的科研创新能力至关重要，高校应努力创造条件，营造浓厚的学术氛围，提高高校教师学术水平。近年来，在国家和高校的大力重视和发展下，科研水平有了很大的提高，但也存在一些问题：

一是部分高校教师科研意识薄弱。部分高校教师虽说具有丰富的专业知识，也具有一定的科研水平，但缺少一股钻劲，对科研在高校中的地位与作用认识不够清晰，对科研工作不够重视。另外，随着高校连续大量的扩招，致使多数高校教师任务繁重，没有充沛的精力去从事科研工作。再加上科研经费不足、机制不完善，种种原因导致部分高校教师缺乏科研意识和研究热情。

二是科研素质较低。由于青年教师比例过大，多数是刚毕业的学生，缺乏教育理论和实践经验，自身的科研能力还非常有限，更不能将科学研究引入教学，培养学生的创新能力，因此不仅影响了科研创新能力的提高，也间接影响了教学工作的深入和创新人才的培养。

三是创造性品格的缺乏。只有富有创新意识和创新能力的教师才能培养出具有创新能力的人才。但是目前许多教师受到以往教学模式的影响，在一定程度上束缚了他们的思想，固化了他们的思维方式，使得教师在教学中具有一定的惯性和惰性，不能实时更新教学专业知识，缺乏创新意识，从而影响人才的培养和教师自身的提高与发展。

四是高校组织结构错位，功能异化。高校学术组织结构大多是"校—院—系"三级结构为代表的五种模式类别，这种层级化结构使得校属各"单位"一般只是在自己的单位展开活动，而很少与其他单位开展横向活动，因此固化了教师的思维方式，阻碍了教师个人潜力的创造与发挥。另外，学校权力结构行政色彩浓厚，导致学术行为行政化，学术权力处于弱势地位，官本位现象突出。

五是相关制度不完善。知识产权制度不够完善。由于我国知识产权制度建立时间尚短，保护力度不够，从而影响了高校教师的科研积极性，阻碍了高校科研水平的提高。大学教师的评价和奖励制度明显偏失，教学评价过于注重量的考核，忽视对教学内容更新与方法创新的把握；注重知识传授环节，忽视对创新能力培养的考察；科研评价过于片面追求论文发表量与课题完成量，忽视了科研的创新性和价值性。此外，高校的"重科研轻教学"现象突出。

六是校园整体文化氛围不利于创新。教研经费投入不足,从国际比较看,2003年美国高校R&D(研究与发展)经费高达477亿美元,2002年日本是172亿美元,2003年德国是103亿美元,近年来英国、法国、加拿大、意大利等国在40亿~66亿美元之间。而我国高校2003年R&D(研究与发展)经费内部支出总额仅为162.3亿元,2005年为403.6亿元。从国内比较看,我国排名前50所科研型大学的科技经费为112.1亿元,占600所本科大学科技总经费的64.2%以上。①经费不足和分配不均影响高校科研氛围的营造。

3.我国高校教师专业技能开发现状

技能不是知识,知识解决的是知与不知的问题,技能解决的是会不会做以及做得怎么样的问题。高校教师的技能最重要的是专业技能,所谓高校教师的专业技能是指从事高校教师职业所应掌握的专门技术,即各种教学技巧和能力。高校教师教学技能存在的主要问题有:

一是教学文案不齐全。规范、科学、完整的教案包含教学目的、教学内容、教学方法、时间分配、重点难点、语言运用、板书设计、例证案例、课件应用、复习指要、课堂组织以及课后分析等诸多方面。但由于部分教师缺乏专门训练,存在着教案格式不规范、内容单一、过少过简,甚至没有教案等问题。

二是讲授方法不新颖。目前多数青年教师缺乏教育理论知识,实践经验不足,对于一些较好的先进的教学方法不够熟悉,更不能将其运用到教学当中。

三是教学语言基本功较弱。教学语言是教师必备的一项重要的基本教学技能。由于高校大多数教师并不是毕业于专门的师范院校,缺乏训练,不能简练、生动、科学地将知识传授给学生,不能够吸引和启发学生学习的兴趣。

四是实践能力和创新能力不强。很多教师长期从事理论教学,参与社会实践活动的机会少,理论知识丰富,但实际动手能力不强,创新能力差,尤其在促进科技转化方面显得力不从心。

五是掌握新技术和先进教学手段能力差。近几年,现代高新技术已被广泛运用到高校教学与科研领域,但对不少毕业于20世纪七八十年代的大学生来说,还比较陌生,特别是一些受到学科和专业分工限制的教师,更是难得

---

① 李贻员.美国私立高校经费筹措对我国民办高校的启示[J].文教资料,2019(17):110-111+174.

有机会接触到新的设备和技术，易形成科技盲区。

造成上述问题的主要原因：

一是教学理念失之偏颇。受传统教学理念的影响，许多高校教师把教学技能的高低片面地理解为就是输出知识的多少，导致教师课堂教学中一直注重教，忽视了"教"与"学"的互动，缺少对学生的引导，影响了学生的创新能力的培养。

二是学校"重科研轻教学"影响了教师专业技能的提高。教师的科研能力是随着教师在教学过程知识和经验不断积累的情况下逐步提高的，过于强调科研会起到适得其反的效果，不仅会给教师带来压力，还会造成学术腐败等许多不良后果。

三是高校青年教师比例过大，质量不高。高等教育随着近年来的连续扩招，对教师的需求也越来越大，青年教师的比例也逐年加大，虽然他们具有较高的学历和丰富的专业知识，但是对教学理论和经验都比较欠缺，教学技能不能等同于专业知识和高学历。部分高校教师只能做到照本宣科、单向灌输，不能很好地控制课堂、了解学生的学习需求，其教学方法不能引起学生的兴趣等。高校教师的教学技能亟待提高，高等教育的质量也面临着巨大的挑战。

四是培训体系不健全。我国每年都举办很多有关高校教师培训的活动，各高校对新进教师也有岗前培训，但整体还存在着内容陈旧，偏知识传授轻教学技能的培养与训练，重学历轻能力，培训形式单一等问题，这些问题有待进一步调整和改进。

（三）道德、规范层面

道德素质有待提高。不少教师受社会不良风气影响，难耐清贫，崇尚拜金主义、享乐主义，生活消极、颓废；是非观念不明确，政治上不成熟，人生目标短期化；自我要求不严格，言行不文明，不注意为人师表的形象，在学生中易造成不良影响。

1. 政治、思想素质

政治素质是人的整体素质的核心素质。高校教师如何定位自己的政治思想，对其他素质的形成具有导向作用、支柱作用和动力作用。思想品德的高低也影响着高校教师整体素质的提高，高校教师要对教育事业有高度的责任感和强烈的事业心，以教育人为使命，树立正确的人生观、世界观和价值观，使自己具有较先进的教育理念和较高的实践能力。基本上来说，当前高校教师的政治、思想素质是比较过硬的，都具有较高的政治思想素质、正确的人生观价值观、先进的教育理念，但是部分高校教师与时俱进的政治素养还有待提高，不能够对国家的形势做出实时、正确的分析，在教学中正确地引导学生，没有从政治觉悟的高度更新教学内容和理念。

2. 职业道德

教师不仅教书还要育人，他既是道德的引路人，又是品行的示范者。高校教师高尚的职业道德、正确的价值取向、积极的生活和学习态度、严谨的科学精神等都会不自觉地影响学生的培养。从高校的实际情况看，绝大多数教师都能在育人岗位上兢兢业业，并具备良好的职业道德和专业精神，但是当今社会的各种诱惑和浮躁气息也影响了一些教师的价值观和人生观，使他们做出了一些违背职业道德的事情，如对教学缺乏责任感和敬业精神、滥用权力给学生考试开绿灯、学术上弄虚作假、滥用教研经费谋取私利等都污染了校园的学习环境和学生身心。华东师范大学对上海教师职业的调查结果显示："在对待自己的工作上，只求过得去的人约占35.77%；懒散马虎、敷衍了事的人约占10.34%，24.26%的教师对学生的生活漠不关心；21.83%的教师以是否符合自己的个人利益来看待领导的工作安排。"[①] 从调查结果来看，社会对教师的道德期待和教师自身的道德要求之间还存在一定的差距。

3. 社会和职业规范

当前高校教师在社会规范层面基本上能够做到遵纪守法，但是也有少数教师有失范行为，而在职业规范层面，大多能够按照教师职业规范和学校管理制度从事教学工作，但是有些教师并不能遵循规范，如败坏师德，破坏师生关系，或者随意变更课时或者旷课，造成教学事故等。

（四）心理、生理层面

高校教师只有具备健康的身体、旺盛的精力、过硬的心理素质，才能完

---

① 杨福义. 高等院校师范生教育效能感的调查与分析[J]. 教师教育研究, 2017,29(2)：71-74.

成教书育人、科学研究等工作。但是由于激烈的社会竞争、生活节奏的加快等因素加大了教师的压力，影响了其心理素质，使得部分教师的身心素质较差。

1. 心理素质

教师乐观向上的态度、强烈的个人魅力、良好的情绪控制力等健康的心理素质都影响着学生的学习与生活，为学生营造轻松愉快的学习氛围，反之则会对学生产生压抑、消极等不好的影响。因此高校教师的专业成长非常重要，但由于在推进教师专业成长的过程中，我们忽视了一些重要心理因素的作用，导致教师出现情绪低落、职业倦怠等心理问题，不仅影响着教师的专业化发展和心理素质，还影响了对学生的培养。这些心理因素主要体现在职业性格、心理契约、职业压力和倦怠三方面，具体如下：

（1）教师的职业性格。教师职业性格是教师在长期教育职业生活中所形成的适应教育职业要求的比较稳定的心理特征，发现教师稳定的职业态度及与此相适应的行为方式的独特结合，它是教师与职业环境相互作用的结果。高校教师的专业成长是建立在教师职业特征基础上的成长，他的一切专业努力都以体现教师的职业性格为前提。忽视积极职业性格的教师专业成长导向会使教师内心矛盾、压力增大，甚至会放弃理想，背离原有的教师职业性格。现实中的学术腐败、追求功利、走穴赶场、教学投入严重不足等，都是背离职业性格的直接体现。一些学校过于重视课题完成量和论文发表量，过于依靠制度来约束教师，增加教师心理压力，使得教师在工作中慢慢失去积极性，充满功利性，教师的职业性格被弱化，其基本的教师责任感、义务感淡化。学校应分析教师的职业性格，为其提供一个有利于形成积极教师职业性格的平台，使得高校教师积极主动地投入自己的专业发展中，从而形成具有高校教师职业性格的专业成长氛围。

（2）教师的心理契约。在高校，有一种发生在组织和个体之间的关系认知，这种认知不以条款、制度或经济契约的形式存在，却以隐含的、非正式的、未公开说明的相互期望和理解而存在，这便是心理契约。教师的心理契约主要包括个人收入、公平公正及价值认同感、自我发展和自我实现机会、工作条件、工作氛围等。教师心理契约一旦遭到破坏或违背，教师个体常会出现被背叛或受到不公正对待而产生的愤怒、怨恨、辛酸和义愤情绪，易导致教师对学校的信任危机和对自己专业成长的无望感，甚至危及学校的正常运转和进一步的发展。在一些高校，有些教师表现出我行我素、师生关系淡漠、放弃专职教学研究去赶场走穴、情绪压抑、混日子等行为，其中的原因之一就是，这些教师在自己的工作学习中，逐渐对教师心理契约丧失信心，失去在学校中获得成长的欲望，进而不愿意承担学校心理契约，将自己游离于学校之外，甚至结束与学校的经济契约关系。因此，教师心理契约的有效遵守是实现教师专业成长的基本保障。

教师心理契约的核心内容便是获得认同、自我实现，教师对学校的心理期望之一便是为其专业成长提供最好的空间。因此，如果能有效地利用教师心理契约，满足其专业发展期待，在促进教师专业成长中将起到事半功倍的作用，但前提之一是，学校要掌握不同年龄段教师心理契约内容的主次顺序，进而有侧重地促进其专业发展。教师心理契约不是稳定和绝对共性的，是具有年龄特点的。30岁以下的青年教师对自己未来的专业成长持有不确定性，他们时刻观察和了解学校的各种现状和信息，与学校的心理契约处于磨合期，这一时期应以稳定教师心态、巩固合作关系、明确专业成长方向来保障其心理契约。30~45岁的教师关注职务的晋升、公作的薪酬、合理的培训计划、价值认同、自我实现，尤其对公平抱有较高的期望，这一时期是教师专业成长的关键期，学校对教师施加压力、奖励要并重，为他们提供最好的教育教学研究空间。45~60岁的教师表现为希望地位的稳固、与学校的平等协商、自身潜能的再开发等，这一时期的教师更重视尊重感、价值感，学校要为他们自己和引领青年教师的专业发展提供平台。

事实上，无论哪个年龄段的教师心理契约都表现出对自己专业成长的期待与自身价值的被认可。因此，高校一旦在工作中体现了对教师心理契约的尊重与遵守，承担了教师心理契约中的组织责任，教师就会积极、主动地承担教师契约中的教师责任。高校组织在尊重并遵守相应的教师心理契约的同时，还要更新管理理念，对教师心理契约实施有效管理，注重对教师心理契约的提升，淡化、摒弃不利于教师成长的内容，使教师的专业发展目标与学校的发展目标趋向一致，这样既能促进个人的专业成长，又能贡献于学校，实现教师心理契约和学校心理契约的双赢。

（3）教师的职业压力和倦怠。我国关于教师职业倦怠的研究起步较晚，高校教师的职业倦怠并不严重，但已经具有普遍性。教师的职业倦怠可以看作是教师不能顺利应对工作压力时产生的一种极端反应，是教师伴随长期压力体验而产生的情感、态度和行为的衰竭状态。产生职业倦怠会影响到教师的身心健康，使教师对教学工作缺乏信心与热情，工作人际关系恶化，离职意愿高，影响其专业成长，污染教育环境。因此高校教师应了解自己，认可自己，对职业倦怠持有积极的正视态度，职业期望要适度，加强建立和谐的人际关系。除了高校教师自身的努力外，学校也应该根据不同的教师所面临的不同的压力状况，采取措施对教师进行有意识、有效的减压，有效遏制教师的职业倦怠，促进教师的专业成长。

2. 生理素质

"身体是革命的本钱"，只有具有良好的身体素质才能不断攀登科学的高峰。有相关部门和学者做过调查，2002年教师节前夕的一份《广东省高校教师健康状况及影响因素调查分析报告》引起了大家关注：广东省教育工会对全省19所高校8417名教师进行了抽样调查，根据健康程度不同，分为健康、亚健康、前临床状态和疾病状态。调查显示，高校教师不同程度的健康状态的比率分别是：健康占10.40%、亚健康占45.55%、前临床状态占23.63%、疾病状态占20.42%。而前临床状态属于重度亚健康。这就是说，在教师亚健康人群中，有1/3的教师处于重度亚健康状态，这表明广东有69.18%的大学教师处于亚健康状态。我国高校教师的科研本就存在青黄不接的状况，学术带头人普遍年龄老化，身体状况不佳，但他们博古通今的学识、严谨的治学态度、勤奋缜密的科研精神、满腔的专业热忱等都是高校的宝贵资源。青年教师需要他们来指导，专业科学研究需要他们来支撑，他们身体的好坏直接影响着高校教师队伍素质和科研水平的提高。

我国高校教师青年教师比例过大，大多数都是20世纪70年代后成长起来的，但目前激烈的竞争、快节奏生活、繁重的科研任务等都加大了教师的压力，在面对和抵抗这些压力的同时，部分教师的身心和心理都不同程度地存在着问题，身体和心理素质不够强硬，不能很好地面对这一切，高校要积极关心青年教师的心理发展，努力使他们具备适应未来学校和社会发展的心理素质，从而提高整个教师队伍的综合素质。

三、高校教师专业化在组织结构的问题

通过从群体维度和个体维度两方面对高校教师进行详细的分析来看，我国高校教师的现状不容乐观，还不能充分满足高等教育大众化的需要，也不能适应知识经济时代对人才培养的要求。我国高校教师专业化发展在组织结构所表现出的问题如下：

教师结构不够优化和科学。通过对高校教师整体结构的分析，由于近年来高等教育规模的迅速扩张，新青年教师数量快速增加，教师整体结构也发生了变化。高校教师整体结构还不尽合理，不能适应发展需要。职称结构中，教授、副教授的比例都还很小。年龄结构，由于近年来高校对青年教师的大量招聘，致使青年教师比例过高，影响教学和科研工作的有效开展。学历结构，从统计资料看，虽然我国高校教师队伍中研究生比例快速提高，正在呈现高学历化的趋势，但仍然低于发达国家水平，本科学历的比例仍然偏重，我国高校教师中具有本科及以下学历的占70%多，高学历的教师数量明显不足，学历层次有待提高。学缘结构，从教师的学科结构看，教师在各专业学科之间的分布很不平衡，一些传统专业学科的教师相对过剩，而有些学科，特别是新兴学科的教师却十分短缺，有的甚至已经影响了学科的发展和专业人才的培养。专业结构，我国目前的高校教师专业结构还不够合理、不够完善，新专业建设人才不足，老专业萎缩而人员富余。

此外，部分高校教师自身素质偏低也是一个需要关注的问题。在文化与知识、能力与技能、道德与社会规范以及心理、生理等方面，都存在着一些问题，这些问题需要我们去正视，去积极地解决。

第二节 我国高校教师专业化发展的表现层现状考察

一、现阶段我国高校教师专业化的目标和任务

（一）新时期高校教师专业化发展的目标

以2020年教育部、中央组织部、中央宣传部、财政部、人力资源社会保障部、住房和城乡建设部《关于新时期加强高等学校教师队伍建设的意见》《教师法》《中华人民共和国高等教育法》（以下简称《高等教育法》）及《高等学校教师培训工作规程》为依据，根据高校教师专业化发展面临的形势和要求，新时期高校教师专业化发展的目标是：

1. 有较高的专业素质

随着科学技术的迅速发展，不仅需要高校教师具有渊博的普通知识，还需要高校教师具有精而深的专业知识；不仅需要高校教师具有较高的教学能力，还需要高校教师具有较高的知识更新能力；不仅需要高校教师具有良好的职业和思想道德，还需要高校教师具有健康的身体素质。

2. 打造一支结构合理的科学化教师团队

高校教师队伍的整体结构及其思想和业务素质，直接影响学校的教学水平、学术水平，直接影响学科建设及其声誉，直接关系我国高级人才的培养。优化教师结构，有助于教师队伍整体功能和效益的发挥。

（二）新时期高校教师专业化发展的主要任务

1. 加强思想政治教育，提高教师的道德水平

通过多种方法和途径对教师进行马克思列宁主义、毛泽东思想、邓小平理论、"三个代表"重要思想、科学发展观、习近平新时代中国特色社会主义思想的培训，使得高校教师具有正确的人生观、价值观，具有较高的政治思想觉悟，对教师进行道德、法制方面的教育，加强教师职业道德修养，引导教师树立正确的教育观、质量观和人才观，促进教师自觉履行《教师法》规

定的义务和职责，从而不断提高教师的政治素质和专业素养。

2.完善高校教师培训制度

教师培训对高校教师的专业化发展具有至关重要的作用，尤其是青年教师的培训。要进一步完善岗前培训制度，提高岗前培训质量，使新进青年教师了解教师职业，掌握基本的教育教学技能和方法，树立正确的教育理念，提高自身教师专业素质。要加强教育教学技能和方法的培训，通过教学一线的学习和导师的指导，使得青年教师熟悉教学环节，掌握教学的基本技能和方法，促进教师个人的专业化发展。要进一步提高和完善教师学历层次，通过在职攻读学位、访问学者、出国进修、脱产学习等方式方法，提高高校教师的学历层次和专业素质，使他们尽快发挥骨干作用。要进一步加快高校教师信息技术知识的培训，促进教师知识更新，提高信息应用能力和科研创新能力。

3.要积极为高校教师专业化发展提供良好的政策环境

通过完善教师准入、教师资格、职称评定、考核等制度，规范教师管理。认真贯彻落实党中央、国务院关于教师发展的重大战略，为教师培训提供实施和交流平台，加强信息交流，给予经费支持。通过提高教师地位和待遇，进一步发挥高校教师的作用。

二、我国高校教师专业化发展的实施状况

20世纪60年代开始，教师专业发展成为一股思潮，推动了教师教育新制度的建立，促进了教师教育的发展和教师地位的提高。而我国首次在法律上确定教师的专业地位是1994年颁布实施的《中华人民共和国教师法》，其规定："教师是履行教育教学职责的专业人员。"1995年，我国又建立了教师资格证书制度，颁布《教师资格条例》，确立了教师专业的行业标准。这些都为高校教师的专业化发展提供了有利条件和保障。我国高校教师的专业化发展主要分为职前和职后两个发展阶段。

（一）职前培养

高校教师在进入教师这个角色以前，主要是由综合大学、专门的师范院校与独立的教师教育机构培养出来的。它们的培养决定了高校新教师职前阶

段的培养质量，为未来的教师职业奠定了基础，是教师专业化的起始阶段。这个阶段主要是学习书本知识，使得高校教师具有广博的科学文化知识、扎实的学科专业知识、必备的教育科学知识以及教师的智慧能力、表达能力、审美能力、教育能力、教学能力、科研能力等，可以初步具备教师职业所需要的专业知识能力，从而成为教师资格证书的拥有者。

目前，我国的教师培养机构对新教师职前阶段的培养普遍表现为：重专业学科知识的学习，轻普通知识的教育；重专业课程的实践，轻教师专业实践技能的训练；缺乏对教育理念和职业态度的训练。再加上高等教育的连续扩招，对新进教师的需求也逐步扩大，近年来我国新进青年教师在"量的增长"的同时，"质的要求"却远远还没有达到，主要呈现出整体质量偏低，缺乏教学技能和教学理论，极易产生职业倦怠，不能很好地适应教学要求。因此我国高校新进教师进入工作岗位后，需要不断地培训与学习，以增强自己的教育技能和教学理论，提高自己的专业素质，适应教学要求。

（二）在职阶段的专业化培训

高校教师在职阶段的专业化发展也可分为入门教育和在职培训两个阶段。

1. 入门教育

入门教育是针对新进青年教师进行的岗前培训和在职培训，不同的青年教师所需时间不等，有可能一年也有可能几年，经过一段时间的入门教育，使得青年教师具备书本知识转化为实际教学知识的能力，取得直接的教学实践经验，具有一定的教学能力，初步适应教育教学工作的要求。这一阶段培训的主要形式有：

一是岗前培训。这是对高校教师进行的一种职业训练，旨在使高校教师了解教师职业的特点和要求，熟悉高等教育的法规，掌握高等教育教学的基本理论知识、方法和技能，提高职业道德素养。凡是高校新进青年教师均须参加这一培训。岗前培训的考核成绩记入教师个人业务档案，作为教师资格认定和职务聘任的依据之一。

二是单科进修。这是以掌握一门课程的各个教学环节，熟悉教材内容、重点及难点，提高教学水平为主的培训。其对象是高校青年骨干教师和急需开课的教师，进修期限为一年。在进修期间，除主修课程外，可以辅修1~2

门相关课程。

三是助教进修班。这是旨在帮助高校青年助教加强理论基础和加深专业知识的培训。对象为具有大学本科毕业学历或同等学力，年龄在35岁以下的助教。开设6门以上的硕士研究生主要课程；学习期限为一年。举办助教进修班的学科专业，一般应具有硕士学位授予权。

2. 在职培训

教师的专业化发展是一个不断学习、不断实践的可持续发展过程。教学实践经验的积累、科研水平的提高、个人专业知识的不断更新、创新能力的不断增强等都对教师的专业化发展起着至关重要的作用。随着教师慢慢适应了教学环境，熟悉了学校政策和教材内容，相当一部分教师由于工作缺乏挑战性而产生一定的厌倦情绪。另外，由于社会发展快，各学科领域知识更新速度快，需要高校教师不断地更新自己的学科专业知识、教育专业知识及教学方法、内容等，致使部分教师会感觉力不从心，产生职业倦怠。所以这一阶段的教师专业化主要是引导教师主动去探求新知，注重专业规范的内化以及教学精神的保持与发挥，增进教学的自我反思、自我批判与创新能力以及服务精神，不断提高自身的从教水平，使之成为专业化的优秀教师。这一阶段的主要培训方式有：

一是开展骨干教师进修班。其招生对象为具有两年以上教育教学经历的年轻讲师。培训方式主要是开设部分博士水平课程，并进行教学法的研讨和有关学科前沿动态的讲座。学习时间一般为半年。举办骨干教师进修班的学科专业，须具有博士学位授予权。

二是国内访问学者。其对象一般为副教授。国内访问学者在导师的指导下，以参加科研为主，协助指导研究生，参加编写教材或其他教学工作。访学期限一般为一年。接受国内访问学者的单位一般是有博士学位授予权的学科点。国内访问学者的导师一般由博士生导师或学术造诣较高的教授担任。20世纪80年代中期推出这一培训形式以来，已经成为国内培养高校学科带头人和骨干教师的重要途径，也是促进校际学术交流的有效方式，为一般高校培养了大批的学科带头人和骨干教师，在教学和科研工作中发挥了重要作用。

三是推出高级或短期研讨班。高级研讨班是立足国内培养高校学术骨干和学科带头人的一种重要培训形式，在20世纪90年代中期推出以后，经过一些年的实践，已取得了不错的成绩与效果。其研究内容主要是针对学科领域的最新发展和成果，或者是亟待解决的问题。高级研讨班以国家重点科学、重点实验室、工程研究中心、开放实验室为依托，主持人一般是国内外知名专家学者，主讲人一般是两院院士、著名教授，培训对象主要是具有高级专业技术职务的中青年教师或具有博士学位的青年教师，培训时间灵活，可以集中培训，也可以分阶段完成，但累计时间最长不超过半年。短期研讨班是面向全体高校教师的一种培训形式，具有时间短、针对性强、方式灵活等特点，为需要短期进修的高校教师提供了方便。其内容主要是就某一学科专业领域的成果及需要解决的问题进行学习、交流和研讨，由本学科专业领域的资深专家学者担任主讲人，时间一般不超过一个月。

四是出国进修。出国进修主要是选派中青年骨干教师通过出国攻读学位、做访问学者、做博士后研究、讲学、参加学术会议等方式提高自身专业素质的一种培训方式；主要途径是由国家或所在高校派遣、校际交流、合作研究，以及自费留学等。

（三）我国高校教师培训现状

新中国成立以来，我国高校教师培训也经历了一个曲折的复杂历程，不同的历史时期有不同的发展，经过60多年的发展，我国高校教师培训也走上了法制化道路，取得了不错的成绩。

1. 培养了一大批骨干教师

据不完全统计，从1953年至1999年，我国通过各种途径和方式，共培训高校教师约42万人次，其中国内培训约35万人次，留学回国人员约7万人。在国内培训中，参加高级研讨班培训的约1.2万人次，国内访问学者约1万人次，研究生水平培训（包括助教进修班，以毕业研究生同等学力申请硕士学位教师进修班等）约5.4万人次，岗前培训约12万人次，获得国家和教育部设立的各种基金资助的约4000人次，其他形式培训约15万人次，从而使得一大批骨干教师和学科带头人脱颖而出，有效地促进了我国高校教师队伍整体水平的提高，基本适应了不同历史时期高校教学科研工作的需要。[①]

---

① 宁凤荣. 教师培训的优化措施探析 [J]. 小学教学参考, 2023(12)：90-92.

2.建立了培训基地和网络体系

新中国成立以后,特别是改革开放以来,经过各级政府的努力,我们依托国家重点大学建立了70多个相对固定的培训基地,依托国家和地方重点师范大学或综合大学建立了38个高校师资培训中心,其中2个国家级中心、6个大区中心、30个省级中心。从而形成了一个适合中国国情的高校师资培训网络体系,为我国高校师资培训工作的开展提供了可靠的组织保证。

3.创造了多种类、多层次的培训形式

在长期培训工作实践中,我国从高校教学、科研工作的发展需要出发,结合教师队伍建设的实际,创造了十几种内容不同、目标不同、时间长短不一、适合不同职务教师进修提高的培训形式,较好地满足了不同历史时期广大高校教师培训提高的要求,基本适应了高校教学和科研工作稳步发展的需要。

4.初步建立了高校教师培训提高的保障机制

改革开放以来,我国为不断提高高校教师队伍的整体素质和保障高校教师享有培训提高的权利,以适应社会主义现代化建设和高等教育事业发展的需要,建立了以《教师法》《高等教育法》《高等学校教师培训工作规程》为依据,政府支持、推动与干预,培训网络体系组织协调、落实的高校教师培训提高的保障机制,为我国高校教师的进修提高提供了基本保障。

三、高校教师专业化在表现层的问题

高等学校在社会各领域都发挥着非常重要的作用,同时也面临很大的挑战。近年来,我国高等教育快速发展,硬件设施齐全,高校教师快速增加,但是高等教育的质量却备受质疑,其中高校教师专业化的问题在师资队伍建设中尤为突出,虽然我们在培训中也取得不错的成绩,但是也存在诸多问题。

(一)我国高校教师专业化发展的背景

1.科教兴国战略对高校教师专业化提出新的要求

随着工业技术的变革与发展,世界文明历程已经进入科学技术主导的知识经济时代,科技进步成为经济发展的决定性因素,科学技术实力成为衡量国家综合国力的重要标志。但是世界的科学技术、科技人员基本都集中在发达国家,而发展中国家只是拥有丰富的自然资源和大量的人口,科学技术相对落后，因此不得不依靠西方发达国家的科学技术来发展本国经济，提高自己的竞争力。我国为了在知识经济带来的科技竞争中取得主动权，进行经济体制改革、产业结构调整、经济增长方式转变，提出科教兴国战略，坚持教育为本，把科技和教育摆在经济、社会发展的重要位置，把教育放在了更加突出的位置。

在科教兴国的战略布局中，高等教育担负着培养国家高级专门人才和知识技术创新的重要历史使命，高等学校是知识传播、科学技术创新的主要基地，是培养科技创新人才的摇篮。高等教育质量和科技创新水平的高低很大程度上取决于高校教师队伍整体水平的高低，而高校师资队伍建设的重点是教师专业化的问题。因此，知识经济时代和科教兴国战略都对高校师资队伍建设和教师专业化发展提出了新的更高要求：要不断提高教师的专业素质，注重教师科研创新能力的培养和提高，提高教师自身素质和教学能力，建立面向市场、面向经济全球化、顺应时代发展的高等学校师资培训模式，提高高校教师专业化发展水平，从而提高高等教育质量，培养出高级专门人才和创新人才，以满足知识经济时代人才的需求。

2.科学技术快速发展向高校教师专业化提出新的挑战

随着科学技术快速发展，人们的生产方式、生活方式和思维方式都发生了深刻的变化，新的科学技术不断涌现，科学技术知识更新频繁，这些都要求高校教师要提高适应科技发展的能力，要不断提高自身的教学能力和科研创新能力，通过培训等方式更新专业知识，提高应用现代信息技术和教育技术的能力。但是目前我国部分高校教师知识结构单一、知识面窄、学习能力低等，不能适应科学技术快速发展对高校教师提出的要求。科学技术发展带来的一系列变化和要求从教育思想、教学内容、教育教学的方式及手段等方面向专业化发展提出了挑战。

3.素质教育促进高校教师专业化发展的新探索

素质教育，是以全面提高人的基本素质为根本目的，以尊重人的主体性和主动精神，注重开发人的智慧潜能和形成人的健全个性为根本特征的教育。它是指一种以提高受教育者诸方面素质为目标的教育模式，它重视人的思想道德素质、能力培养、个性发展、身体健康和心理健康教育。素质教育是普及性教育、基础性教育、发展性教育及综合性的教育，它是社会发展的实际需要，要达到让人正确面对与处理自身所处社会环境的一切事物和现象的目的。全面推行素质教育，重视学生创新能力的培养，注意学生的个性发展，对教师个体的知识结构、教育教学思想和教学方法提出了更新更高的要求。

我国以前的应试教育模式的主要特点过于强调专业知识，忽视普通知识教育；重视课堂教学，轻视实践教学；重视理论知识培养，缺乏思想道德教育。这种教育模式培养出来的学生综合素质较差，缺乏创造性，对社会生活缺乏足够的认识，难以较快地适应社会。因此，国家根据形势发展做出大力推行素质教育的决定，从根本上改变教育模式。这种教育模式的改变对我国高校教师赋予更多的使命，对高校教师专业化发展也提出新的要求。

4.高等教育规模迅速扩张加重了高校教师专业化任务

据有关统计资料表明，1990年中国的高等教育毛入学率为3.4%，印度为6%，日本为29.1%，韩国为38.6%。到1999年我国高等教育毛入学率达到10.5%，但中国高等教育的规模与国际相比还有很大差距，不适应中国社会主义建设和现代化的需要，满足不了国民对高等教育的需求。[①] 同年，教育部《面向21世纪教育振兴行动计划》被批准，提出到2010年高等教育毛入学率接近15%的目标。为实现这个目标，此后我国的高等教育进入快速发展时期。随着高等教育规模的迅速扩大，高等教育的质量也成为高等教育发展的核心问题，而高校教师师资队伍建设是影响教育质量好坏的首要因素。我国高等教育在规模扩大的同时还要保证和提高教育质量，在大批引进新教师的同时还要加强对新进教师的培养、培训，以不断提高高校教师专业素质和教师队伍的整体素质，以适应高等教育的快速发展，满足社会主义建设的需要。

（二）我国高校教师专业化发展中所表现出的问题

高校新进教师大部分不是来自专门的师范院校，虽说具有较为扎实的专业知识，但对教育教学知识了解较少，所以高校教师的专业化主要是通过以后的教学实践和在职培训得以提高。但我国高校教师培训工作也存在诸多问题，影响着高校教师的专业化。

1.岗前培训存在的问题

尽管各级政府和行政部门为落实岗前培训下发了许多文件，强调岗前培

---

① 宁凤荣.教师培训的优化措施探析[J].小学教学参考,2023(12)：90-92.

训的重要性，但是各高校却没有给予应有的重视，对本校师资培训没有系统的规划和统一的要求。个别培训学员认为岗前培训只是一种形式，是为了以后评职称才不得不去参加。培训形式单一，培训内容倾向于应试教育，更新缓慢，缺乏实践指导和案例分析，直接影响培训学员的积极性和培训效果。另外，授课教师良莠不齐，培训经费紧张，考核形式单一都影响了教师岗前培训工作的效果和有效开展。

2. 培训目标不明，培训态度过于随意

大部分高校教师对培训的目的和意义认识不够到位。多数教师迫于职称评定、职务晋升的需要才去参加培训，而不是为了提高自己的教学水平和科研水平去参加培训，学习态度不够端正。更有部分教师认为只要能完成教学任务，培训不培训无所谓。教师如此，学校也是如此，在制订培训规划时，不注重从专业建设、人才队伍建设和学科发展的角度来考虑对教师进行有针对性的培训。许多高校为了保证短期利益，重教学科研，轻教师培训，缺乏长远眼光，教师专业化发展没有得到应有的重视。

3. 培训方法和内容呆板老化，培训效率不高

高校教师专业化发展的背景要求教师要不断更新自己的教育教学和专业学科知识，要具有创新能力和创新思维，这样才能够引领和感染学生，培养出具有创新意识的高素质专门人才。但是我国传统的教师培训方法过于呆板，整齐划一，缺乏启发和创新性，培训内容老化，理论脱离实践，不能满足教师知识更新的需要，制约了教师的思维发展和专业化能力的提高。另外，重学历培训、轻非学历培训，重学术培训、轻教学培训的现象较为突出。因此教师培训常常流于形式。由于教师和学校的培训观念的滞后，致使各种培训形式发展不平衡，影响了教师专业化的发展。

第三节　我国高校教师专业化发展的规则层现状考察

一、国家现行高校教师专业化的政策和制度

多年来，为适应社会发展和高等教育对高校教师素质所提出的要求，我国政府、各级行政部门和各高校都不断地采取有力的政策措施来加强高校教师师资队伍建设，为高校教师队伍建设法制化、规范化、制度化做出了积极探索和研究。《教师法》《教育法》《高等教育法》先后颁布以及出台了多条教育行政法规和规章，为我国高校教师队伍的建设奠定了法律基础，推进了高校教师工作的法制建设，引进了竞争机制。同时，地方政府和各级行政部门也相应地出台一系列的政策和措施，贯彻落实中央政策和法律，取得了很大成就，我国高校教师的政治和社会地位、经济待遇等都得到不断提高。

（一）高校教师培训政策

政策是国家对高校教师培训事业进行调控和指导的重要手段。自1985年开始建立三级师资培训网络开始，国家为了适应社会经济发展和提高高等教育质量，制定了一系列的政策和措施，使我国高校培训工作取得很大成就，高校教师培训工作逐步从零散走向规范，培训形式也日趋多样化，培训重点和层次高，培训制度也逐步走上法制化道路。1985年以来，我国高校教师培训相关政策主要有：

1. 建立培训网络

1985年，国家教委决定成立北京中心作为高等师范院校师资培训组织的国家级机构，并依托委属六所师范大学设立六个大区中心，在各省、自治区、直辖市依托一所高水平师范院校作为师资培训点，建立三级师资培训网络。另外，国家教委决定同时成立武汉中心作为非高等师范院校师资培训组织的国家级机构，负责组织协调非师范类高等院校的师资培训。

1992年，国家教委下发《关于加强各级高师（高校）师资培训中心建设

的意见》，开始将高等师范院校师资培训和非高等师范院校师资培训两大分开运作的体系合并，形成两大国家中心、六个大区中心、30个省级中心和70所重点高校的中国高校师资培训网络。

2. 高校教师培训进入法制化时代

全国人大于1993年10月颁布了《中华人民共和国教师法》，《教师法》的颁布标志着中国教师队伍的建设和管理进入法制化时代，并规定"教师享有参加进修或者其他方式的培训的权利"，正式将"参加培训"作为教师应享有的权利纳入法律保障体系。此后，国家教委于1996年颁布的《高等学校教师培训工作规程》又对各级培训组织的指导思想、职责、培训形式、考核与管理等方面做出明确规定，使高校教师培训工作进一步规范化、制度化。

3. 实施"百千万人才工程"

"百千万人才工程"是根据国家科技发展规划和经济社会发展需要制定的，旨在加强中国跨世纪优秀青年人才培养的一项重大举措。1994年7月由国家人事部提出，1995年年底由人事部、科技部、教育部、财政部、原国家计委、中国科协、国家自然科学基金委员会七个部门联合在全国范围内组织实施。其主要内容是：到20世纪末，在对国民经济和社会发展影响重大的自然科学和社会科学领域，遴选和培养出上百名世界级杰出青年科学家、上千名国家级学术和技术带头人以及上万名学术以及技术带头人后备人选。"百千万人才工程"选拔范围主要在国有企事业单位中选拔，其他经济成分的企事业单位中符合条件的也可以选拔。中青年骨干教师将成为重点遴选对象，入选后将得到国家杰出青年科学基金、国家自然科学基金的优先资助和所在高校的项目支持。

4. 启动高等学校"高层次创造性人才计划"

为提高高等学校教师队伍的整体素质，教育部决定进一步加大力度，实施高等学校"高层次创造性人才计划"。"高层次创造性人才计划"主要包括三个层次的人才培养与支持体系。第一层次：着眼于吸引、遴选和造就一批具有国际领先水平的学科带头人，形成一批优秀创新团队，重点实施"长江学者和创新团队发展计划"。第二层次：着眼于培养、支持一大批学术基础扎实、具有突出的创新能力和发展潜力的优秀学术带头人，重点实施"新世纪优秀人才支持计划"。第三层次：着眼于培养数以万计的青年骨干教师，带动教师队伍整体素质的提升，主要由高等学校组织实施"青年骨干教师培养计划"。

对高校教师培训的宏观分析，建立完善的教师培训制度体系，除需完善相关培训体系的规范外，还缺乏相关机制的建立与健全。如教师培训的激励机制不健全，影响教师参加培训的积极性；竞争机制不健全，就选拔不出合适的教师参加培训，影响培训的效果；评估考核机制不健全，培训质量得不到保障；培训约束机制不完善，培训目标和培训计划得不到实现。

（二）高校教师职称制度

职称制度"是专业技术人才管理的一项基本制度，是评价专业技术人才学术技术水平和职业素质能力的一项主要制度，是加强专业技术人才队伍建设的重要抓手，也是人才科学配置和使用的重要依据"①。综观新中国成立以来，我国高校教师职称制度的发展历程，是与我国经济体制改革密切相关的。高校教师职称制度从改革开放前的专业技术职务任命制过渡到改革开放后的专业技术职务聘任制，与我国由改革开放前的计划经济到改革开放后的市场经济发展同步，职称制度的制定都是为了高度适应社会发展而变化的。

下面主要对改革开放后的高校教师职称制度进行具体分析。

在市场经济体制下，我国自1986年开始推行高校教师职务聘任制，专业技术人才实行契约化管理，竞争上岗，允许人才自由流动，实现资源的高效配置。专业技术资格评审与授予是通过中介，人才通过市场实现自由流动，通过能力调节、资格导向，待遇调节、利益导向，供需调节、职位导向等方式实现职务的优化组合，而国家则对人才进行宏观调控，但不参与具体的评审、管理和聘任工作。专业技术人才的聘任注重个人业务素质的提高，激励教师的教育教学水平和科研能力的提高，促进人才的合理流动，职位制理念得到重视和强化。

专业技术人才主要实行社会化和契约化管理。高校教师的专业技术资格评审由教育行政部门实行统一管理，关于高校教师职务的聘任工作则下放到各个高校，各高校根据自身发展和需要，按市场模式对专业技术人员进行聘任。高校教师被高校聘任后，签订聘用合同，要在任期内履行自己的职责，

---

① 郑伟，李蕊. 职称制度发展历程与现状浅析 [J]. 智慧中国, 2022(08)：28-30.

并享受相应职务的工资待遇。

高校对教师的聘任和管理,强调评审工作要透明、公开,强化竞争机制,公开招聘、竞聘上岗,强化岗位聘任,加强岗位管理,规范聘用合同和解聘辞聘制度,逐步建立科学、合理的职称体系。在使用机制上注重教师的能力和社会及业内对其的认可。

通过分析,市场经济下的高校教师职称制度,有利于高校教师专业化发展。但由于受到改革开放前的专业技术职务任命制的影响,高校教师职称制度的内部机制还没有完全建立起来,合法性机制和效率机制并存。

二、高校现行教师专业化的制度

(一)高校的人力资源管理制度

人力资源管理工作是高等学校教育、科研等管理工作的基础,其管理水平的高低直接影响到学校的发展。根据教育部2000年《关于深化高等学校人事制度改革的实施意见》提出按照"按需设岗、公开招聘、平等竞争、择优聘用、严格考核、合同管理"的原则,要求高校全面推行聘任制。为落实国家宏观政策,高校要制定一系列符合本校实际情况的人事管理制度,对教师的聘任、培训、职称管理、考核等具体工作做出安排。实施规范、有效的人事管理的前提是要制定科学、合理的规章制度。

1. 教师聘任制度

在高校中,教师聘任应遵循公开、公正、公平的原则,实施教师岗位聘任制,根据需要设定岗位,按照一定的程序进行公开招聘。但目前许多高校在招聘过程中,不能秉承公开、公平的原则,某些管理人员利用权力,任人唯亲,破坏了聘任制度的公平性。

2. 高校收入分配制度

在国家进行薪酬制度改革的同时,高校也建立了校内津贴制度。校内分配是以按劳分配为原则,以不同岗位所要求的工作能力的高低、职责范围的大小等方面为基础,根据个人表现进行分配,强化分配激励机制。

3. 高校培训制度

高等学校不仅要招聘、引进人才,更要注重培养人才、稳定人心。要加强聘任后的管理，根据考核评价结果，采取适当的措施，对教师进行奖励或惩罚。根据教师的发展状况，制定多样化的培训措施，提高教师的专业素质，加强教师队伍的建设。

（二）现实高校人力资源管理制度的不足

各高校虽然都一直强调要重视教师专业发展，但实践中教师专业发展却并未得到重视。高校的人力资源管理制度虽说都形成了文件，且都逐步贯彻落实，但是制定制度时本身的缺陷和实施过程中的不到位，致使高校人力资源管理制度存在许多不足。

1. 行政权力越位

实行的是学校与教师主客体"二元对立"的管理模式

这种主体对客体"二元对立"，只重视行政权力而忽视价值引导的传统教师管理模式以控制教师行为为目的，以泯灭教师个性和核心能力为代价，它使教师在从事教师职业时"感受不到因从事这些职业带来的内在尊重与快乐的满足"，更体验不到教师专业发展中的生命价值与意义。

2. 高校管理官本位

由于我国高等学校是事业单位，在制度安排上主要体现行政为主的体制。从纵向关系看，"校—院—系"不仅演化成行政性机构，而且形成了金字塔式的行政控制关系；从横向关系看，本来应为大学教学和科研服务的职能部门或行政机构却掌握着分配办学资源的绝大部分权力，使得教师对学术的忠诚不得不屈从于行政权力带来的压力，从而导致行政权力泛化现象。

3. 教师学术价值科研首位

科研首位问题表现在：在近几年的教师评聘与相关评价制度中，特别是在评职称、评选学科带头人和拔尖人才的工作中，其论文级别、篇数、立项、科研奖励，特别是SCI等索引情况成了必不可少的条件。在这种导向之下，教师把大部分精力都投入科研中，而对教学只能应付了事，根本谈不上自身的专业发展。

4. 管理人员的素质有待提高

现行高等学校人力资源管理制度改革主要是围绕建立一支高素质的师资队伍来展开，但是管理人员的队伍建设也非常重要。他们为学校的教学、科研及其他工作提供服务并进行管理，在高校的改革发展中发挥着重要作用，但是高校管理人员的素质整体不高，严重影响了学校日常工作的安排以及管理效率。部分管理人员只是应付日常人事工作，却忽视了政策理论的学习、人事制度改革的探索和自身综合素质的提高，对高等学校管理队伍重要性的认识存在不足。

三、高校教师专业化的文化

（一）校园文化

校园文化是学校师生、员工在学习生活中所积累形成的，共同创造的具有学校个性特点的物质形态和观念形态的文化总和，是学校办学理念和管理思想的体现，是师生的一种群体意识以及与之相对应的行为规范，成为师生共有的价值取向和目标追求，并在学校物质和精神环境中得到展示。因此，校园文化以其独特的方式引导和促进学校和师生员工的各项活动以及行为取向。

马克思指出："人创造环境。同样，环境也创造人。"[1] 校园文化影响着高校教师的成长和发展。一是校园文化影响高校教师的价值观。校园对于教师来说不仅是谋生的场所，校园文化也影响着教师与学生之间的关系，影响着教师对学校的心理契约。优美的学校环境和良好的学术氛围，都在潜移默化地冲击着教师的价值观。二是校园文化影响着高校教师的职业道德。精神文化、学校制度文化、环境文化和校园文化都不同程度地影响着高校教师的职业道德。良好的校园文化能够为教师提供良好的科研环境，使教师能够安心工作，潜心钻研，认真教学，身心健康，促进教师的专业发展。

（二）教师文化

教师文化是教师在长期的教育实践过程中所形成的、代表教师群体共性的价值取向和职业行为特征，并成为维系教师团体的一种精神力量，它甚至于决定着学校及其师生的发展走向。以价值观为核心的教师文化是教育活动中教师群体的文化积淀，也是教师专业发展中教师生命意义与价值的凝聚。

---

[1] 刘方涛. 马克思主义劳动概念研究 [J]. 黑河学院学报, 2023,14(04)：8–10.

研究表明，教师文化与教师专业化程度存在着密切的关联性，二者总体上表现为相互促进与相互制约两方面的关系。一方面，一定的教师文化总是与一定的教师专业化程度相适应，并且是在动态的协调中共同发展。另一方面，教师的工作环境与教师的专业成熟程度作为"物质基础"制约着教师文化的生成，属于文化范畴的教师的职业理想、意识形态和价值取向的先导性作用，对于教师的专业实践活动具有现实的引领作用。因此教师文化会在一定程度上促进或延缓教师个体和教师群体专业发展的进程，而教师专业发展的内在需求则决定着教师文化的构建和发展方向。从当前大学教师专业发展的趋势来看，实践取向的教师专业发展正在成为主流，大学教师正经历着一种从"技术熟练者"向"反思实践者"的转变与发展，对应于这种趋势，构建创生型的大学教师文化必将成为大学教师专业发展的内在诉求。

创生型教师文化，可理解为是教师在教育、教学、科研等活动中通过长期的在共同体中的主体间的互动，在继承原有的教师文化的基础上所生成和创造出来的，一套可供大家共享的关于学校和教育的信念、思维方式、价值观念、态度倾向和行为方式，高校创生型教师文化具有指向性、开放性、创造性、建构性、动态性、包容性、合作性等特征，对高校教师的专业成长具有积极的作用。

1.创生型教师文化可促进高校教师间的互动

高校教师的专业活动具有互动性、动态性，通过教师间的互动和交往，产生共生效应，从而促进教师的专业化发展。教师间、师生间的互动，使得教师会吸取别人的经验和教训，来促进自己的发展。创生型教师文化强调在实践中教师要有主体间的互动，它倡导的是一种群体文化和合作文化，为教师搭建起了一个对话、沟通与交流的平台，因而有利于促进教师间的互动与交往。这样就避免了由个人主义的泛滥所带来的不合理竞争状况的出现，因为它有利于消除彼此间的猜疑和妒忌，有利于增进相互之间的理解。

2.创生型教师文化可促进高校教师个人实践知识的积累

长期生活在适应型教师文化氛围中的教师处于学校行政，特别是学校科层制及其管理体系的底端，他们的思想和行为总是会过多地受到学校行政部门、学校行政管理者，甚至受到所谓的教育理论家的多方面的控制。通常情况下，他们不是以"体验"的姿态面对教育活动，而是被"告知"其专业领域既有的传统、既有的规范与应有的理想追求。教师的专业自主权遭到漠视与侵犯，其专业自主精神也很难得到滋养与提升，因而造成了教师专业化进程的迟滞。而高校教师的反思性实践强调的是高校教师的自我批判、自我反思和自我发展，这是适应型教师文化所无法给予的。

加拿大学者柯兰迪宁和康内利第一次提出了"教师个人实践知识"这一术语，并对其做了详细的解释。个人实践知识也就是教师的"经验"，这种经验是教师个体在实践中经过反思与内化而获得的"个人经验"，它反映出的是教师的个体性，也反映了这种反思和内化的过程。而创生型教师文化恰恰是重视发挥教师个体的主体性和反思性，所以它可以还教师以发展的专业自主权，可以为教师进行反思性实践扫清思想障碍。

3. 创生型教师文化为高校教师的创造性实践活动提供动力

创新是高等学校赖以生存的根本，也是高校教师实现专业发展的关键。如果一个高校教师缺乏创新意识，按部就班地从事他的日常工作，那么他的专业发展必然是缓慢的，甚至是滞后的。高校教师处在强调"控制与服从"的科目制管理的体制之下，行政管理者往往没有鼓励教师创新的意识，也不给教师提供创新的客观条件，适应型教师文化就会囿于主观或客观条件的限制，有意无意地对创新不予重视，从而阻滞了教师专业化发展的进程。

创生型的高校教师文化，强调的是教师对教师文化的创造与生成。高校教师是学校专业实践活动的主体，在创生型教师文化氛围中，外在的束缚必然会逐渐破解，高校教师的主体性会得到充分的彰显。为此，高校教师自我意识的苏醒和自我反思的主动性的增强，将使高校教师的思维得到前所未有的开阔，从而推动他们的创造意识和创新能力的进一步发展，为他们的创造性实践活动提供源源不断的动力。

四、高校教师专业化在规则层的问题

在此不分析环境层，是因为环境主要是为高校教师专业化提供需求和发展空间，并不是高校教师专业化直接相关的层面，而是间接的影响因素，因此，在高校教师专业化的影响因素中进行分析。

（一）缺乏成熟的教师教育理念

学术自由、大学自主的理念未能真正深入根植于高校教师教育中。高校师生对教师教育的核心理念、共同价值观的认识在很大程度上尚达不到理解的层面。但是在教师教育的培养目标、课程设置、高校管理方面，不仅忽视了地方精神的渗透，而且呈现出表面的、苍白无力的自由和自主。在教师教育的教学和管理中依然出现管得过多、过死的现象，在遇到具体问题时，领导间、同事间相互扯皮、推诿，躲避责任的情况也不少见。

忽视理论研究。目前，对高校继续教育的理论研究明显不足，继续教育理论体系并没有真正建立。许多理论研究者认为，继续教育是副产品，继续教育的内容缺乏智能因素，没有学术水平，甚至把教师继续教育理论研究看成是低层次的研究而不加重视，这造成教师继续教育理论研究的贫乏。教师继续教育的理论研究还不系统，在整个高等教育理论研究体系中的地位还不够高。

（二）高校教师职前教育与职后培训的不足

1952年进行高校院系大调整，仿照苏联建立独立师范教育体系，专门培养教师师资，当前，这种师资培养模式已不能适应社会对高校教师教育的要求，也与高校教师专业发展的要求相去甚远。一方面，在我国高校教师中，除了公共课和小部分基础课教师毕业于师范类院校，大部分基础和专业课教师均来源于非师范类院校，没有受过系统的教学理论和方法的培训，即使参加职前培训，也大都流于形式。另一方面，一些高校教师的职后进修、培训，也多是去各类综合性大学，其进修、培训目标过多强调理论知识而忽视教学实践能力。虽拿到了学位，提高了专业知识水平，但缺少教育学、心理学等知识的熏陶，对先进的教育教学理念知之甚少。

教师专业化的成长是从职前教育到职后继续教育的长期过程，贯穿教师教育的各个阶段。在当前情况下，必须对教师教育机制进行改革，以提高新时期高校教师的专业素养和专业教育能力，否则，很难应对当前教育改革对教师专业化提出的挑战。

（三）当前一些制度对高校教师继续教育的制约

第一，忽略了高校所在地区的差异和高校自身的差异。由于我国各地区、各高校的发展水平参差不齐，高校教师的素质必然也各有不同，一种标准很难适应不同地区、不同高校教师继续教育的需求。

第二，与实际严重脱离。由于缺乏对教师所在地区、所在高校的了解和联系，集中统一的继续教育所传授的教育教学思想和知识不能满足教师不同层次的需求，失去了一定的实用性、针对性，与实际严重脱节；同时在培训过程中普遍存在重知识的传授、学历的达标，而轻视新观念、技能技巧的传授，教育模式也比较单一，以课堂教学为主体等现象。目前，高校教师继续教育的特点有了很大的改变，培训的运行机制开始由依靠政府行为向着政府、学校、教师个人行为三者相结合转变。很多高校都可以根据本校的实际需要和教师自身的需求出发，不同程度地加大对教师培训的力度，创造条件为教师提供各种各样的继续教育机会和途径，让教师能及时吸收新的教育理念，完善知识结构，掌握教学方法，更新教学手段等。

第四章　高校教师教学能力

　　高校教师的职业素质应包括三方面：一是基本素质，主要指教师应具备的基本的科学知识、人文知识、外语知识及现代教育技术知识。二是专业素质，主要指能胜任讲授专业课程所需要的专业知识。三是教学素质，通常也叫条件性知识，是指高校教师所应具备的综合的教学能力。

　　《教育大词典》对于教学能力的定义如下："教学能力是教师为达到教学目标，顺利从事教学活动所表现的一种心理特征，由一般能力和特殊能力组成。一般能力指教学活动所表现的认识能力，特殊能力指教师从事具体教学活动的专门能力。"[①] 高校教学与中小学教学不同，除向学生传授系统的知识或经验外，还要培养其自学与创新能力，是影响教学活动效率和效果的各种能力的综合系统，是由教师个人的智力和智意以及从事高等学校教学工作所需的知识、技能综合而成，并通过教学实践表现出的一种职业素养。

　　教学能力是一个宏观和整体性的概念，是一个多元化的立体结构，主要包括教学设计能力、教学操作能力、教学监控能力和教学研究能力。教学能力主要是通过教学技能、人际交往能力和教学研究能力来体现的。从高校整个教学过程和环节来看，具体要求教师掌握如下教学技能：

　　（1）教学目标、教学任务的认知能力。（2）教学方案的设计能力。（3）教学内容的驾驭能力。（4）教学表达能力。（5）课堂教学的组织管理能力。（6）指导教学实验与实习和组织、指导课外活动的能力。（7）选择和运用教学方法、教学媒体的能力。（8）网络教学能力。（9）教学研究和教学创新能力。

---

① 靳乃铮.《教育大词典》第一卷第一册总论简介[J]. 江苏教育,1991(04)：47.

第一节　课堂教学

一、备课

教师在接受一门课程的讲授任务后，第一步要认真研究这门课程的教学大纲。因为教学大纲是执行教学计划的基本纲要，也是指导学生学习、进行教学质量评估的重要依据。通过对教学大纲的阅读，可以从中了解课程的性质、教学的目的和任务、各章节的主要内容和重难点、课时安排、考核方式、参考书籍等相关信息，这就可以让教师对课程的教学过程从总体上进行把握，有利于备课、课堂教学等工作的开展。

备课的第二步是仔细通读教材。教材是知识的载体，也是教师讲课的基本依据。教师要根据教学大纲的要求，将课程选用的教材认真阅读几遍，对相关知识点的概念、定义、公式推导、案例等内容力争理解透彻并烂熟于心。同一门课程往往有多本教材，不同的教材编写思路并不一样，对相同知识点的叙述也不尽相同，因此还需要教师选择几本相同课程的其他教材进行对比阅读，这样既能掌握不同教材的编写思路，还能从不同角度对同一个知识点进行解读，开阔思路，有利于课堂教学的展开。

备课的第三步是写教案。这里有两个问题需要特别指出：有些初次上课的青年教师，没有把整门课的教案完整地写好，就匆忙上阵，课上到哪里教案写到哪里；有些教师认为有了课件，就不需要写教案了。必须说的是，上课前要写出完整的教案，即使用多媒体课件上课，仍然要写教案，当然可能是先写教案，再制作课件，关于这个问题在本章第三节中再详述。青年教师尤其有必要编写详细的书面教案。

教案的设计包括教学进度的安排，教学时数的分配，教学方法或手段的选择，教学内容的组织和教学效果的总结等。教师在认真编写教案的过程中，不仅可以熟悉授课内容，而且还可以想象授课场景，收集有利于教学效果的图片、实验现象等教学素材，准备知识点之间的过渡及衔接。教学方案设计得好是取得良好教学效果的关键。

教师只有充分做好课前准备工作，在课堂上的教学才能做到胸有成竹、从容自若。课前准备工作包括备课和课件制作，针对课堂中将要讲授的知识点，查找翻阅多本参考书籍，从不同的角度对知识点进行学习，以求融会贯通、触类旁通；还需要结合教材中的例子以及课后的习题进行练习，加深对知识点的理解和掌握。同时，在备课过程中，对于知识点的讲授顺序、讲课方法、板书内容等也要提前做好安排，对于将要讲授的知识点通常是按照由浅入深、由表及里的顺序进行安排，对于重点和难点事先做好标记，做到重点突出、条理清晰，便于学生理解和掌握；对于需要板书的内容，事先做好设计，方便学生做笔记。目前，高校的教学工作多采用多媒体辅助进行，因此讲课使用的课件需要认真准备，详见本章第三节。

二、课堂教学

课堂教学仍是目前主要的教学形式，课堂教学是教师的主战场。

教师在上课之前，一般提前十几分钟到达教室，熟悉课堂氛围，进行课前准备工作，开启电脑，安装好课件等，做好上课前的各项准备工作。上课铃声响后，要迅速进入状态，开始课堂教学。

教师的课堂教学能力包括以下五方面：

（一）教学表达能力

教师借助语言手段和非语言手段传授知识，完成"传道授业"的课堂教学任务。

1. 语言表达能力

在课堂上，知识传授主要通过教师的语言表达来完成，语言表达能力是教师最基本的教学能力，包括口头语言表达能力和书面语言表达能力两种，是教师逻辑思维、组织与处理教材以及运用语言文字等多方面能力的综合体现。教师授课语言必须做到用词准确，逻辑严谨，语速均衡，吐字清晰，简明扼要，生动形象，幽默风趣，感染力强，富有启发性，深入浅出，要有抑扬顿挫的节奏感，有利于渲染教学气氛、吸引学生听课注意力、增强教学效果。教师的书面语言表达能力主要反映在板书设计中。板书要做到标题醒目，布局合理，内容简要，大小适中，字迹端正。

2. 非语言表达能力

非语言表达能力是指教师在课堂教学中通过眼神、面部表情、手势、身体姿势、体位的变化等肢体语言进行信息交流的能力。在课堂教学中，非语言交流与语言交流恰当地结合，可以起到强化或提高语言信息交流的效果。教师运用非语言交流信息应做到真切、准确、自然、适度。特别指出，教师一般应该站着讲课，尽量不要或少坐着讲课，特别是不要躲在电脑后边按鼠标。

然而，自然、精准、生动、幽默的语言表达能力并非一朝一夕能够掌握，特别是刚刚走上工作岗位的新教师要想具备这种能力，需要经过长期磨炼。

（二）选择和运用教学方法、教学媒体的能力

选择和运用教学方法、教学媒体的能力是教师必备的能力，方法得当则事半功倍，方法不当则事倍功半。教师要善于结合教学目标、教学任务、学科特点以及学生的实际，采用启发式教学、情景式教学、案例式教学、体验式教学等多种教学方法，并恰当地选择教学媒体。

（三）课堂教学的组织管理能力

课堂教学的组织管理能力是每位教师必备的能力。其目的是为课堂教学创造良好的秩序和氛围，以保证课堂教学井然有序地进行。教师不仅要对教学内容进行精细加工，合理选择教育方法，还要维持课堂纪律，调动学生的积极性，营造融洽的教学气氛。教师在上课过程中要注意培养良好的师生关系，做好与学生之间的互动，激发学生的学习主动性。组织管理课堂教学工作要贯穿教学活动的始终。

（四）教学活动的监控能力

所谓教学活动的监控能力，是指教师在教学的全过程中，将教学活动本身作为意识的对象，不断地对其进行积极主动的检查、评价、反馈、控制和调节的能力。教师能否在教学过程中针对教学具体实施效果与学生课堂反应进行自动调整，如课堂教学设计是否合理、教学组织是否有序、课堂互动是否得法等，并据此调整自己的教学节奏和教学行为，是教师教学自控能力的表现。教学自控能力高的教师在教学的过程中能及时根据学生的反应，努力

调动学生的学习积极性，随时准备有效地处理课堂上出现的偶发事件。教师对自己的教学活动进行调节、校正的能力是教师观察的敏锐性、思维的灵活性、意志的果断性等几方面心理特征的综合，是教师成熟的职业心理品质和教育技巧的概括，是教师长期自觉锻炼的结果。

监控能力中还包含教学反思能力。教学反思是教学后，教师以自己的教学活动过程为思考对象，来对自己做出的行为、决策及由此所产生的结果进行审视和分析的过程。通过教学反思，教师进一步明确教学目标，理解教学内容，提高教学水平，有利于教学效果的改进。

（五）与学生交流的能力

交流能力的重要方面是理解学生的能力，包括读懂学生的表情，听懂学生的表述，并从学生的表现中进一步理解他的内心世界，在教学中分析学生的特点与问题，通过师生间的相互作用来促进学生的发展。师生间的交流是双向的，而不单单是教师对学生的影响。师生的双向交流，对教学的开展是颇有助益的。

教学是一门艺术，要提高教学水平，绝非一朝一夕能够做到，需要长期的磨炼。对初上讲台的青年教师来说，认真听老教师讲课、向老教师请教，有助于快速提高自己的教学能力。

三、课后辅导

课后作业是课堂讲述的延续，课后作业能够反映学生对所学内容的掌握程度，通过改作业可以检验教学目标的实现效果，发现教学活动存在的问题。教师在教学过程中，完成一个章节的讲课任务后，都要及时布置作业，要求学生在课后复习的基础上独立完成，通过练习来巩固所学的知识，加深对所学知识的理解。要及时收集学生的课后作业，认真进行批改，通过批改作业检查教学中的不足。如果时间允许，要尽量给学生讲解作业，分析具有共性的问题，进行信息反馈，充分发挥作业的作用。

除了课堂以外，教师还要充分利用各种渠道与学生沟通。一是利用课间时间与学生交流，二是定期安排课外辅导答疑时间，三是通过与学生座谈等方式与学生沟通，四是开设第二课堂，等等。

四、教学评价能力

学生学业成绩评价能力是指教师对学生学业成绩是否达到教学目标的判断能力。

对学生学业成绩的评价方式是考查和考试。考查属于定性的评价方法，通常适用于无法定量考核或无须定量考核的学习活动。如观察、课堂测验、课堂提问、检查作业、写作论文、实践作业等。考试是将定量分析与定性分析结合起来的一种评定方法，如口试、笔试、操作考试等。正确运用评价方法的能力就是指教师能够从自身的教学要求出发，选择适当的评价方法，以达到了解学生真实学习状况的目的。具体表现为：

1. 了解学生对教师课堂讲授内容的理解和接受程度采用日常考查的方法，如提问、检查作业、课堂小测验等。

2. 考核学生实践活动的能力采用操作考试的方法，如实习、实践活动、写实习总结和实验报告。

3. 考核学生综合运用知识分析问题和解决问题的能力采用课堂讨论、写作论文、开卷考试等方法。

4. 考核学生的思辨能力和语言表达能力采用口试的方法。

5. 全面系统地考核学生对知识技能的掌握状况，采用笔试闭卷考试的方法。

运用考试方法的能力主要体现在命题工作中，要掌握以下原则：覆盖面与侧重点相结合的原则；知识与能力相结合的原则；试题独立性和整体性相结合的原则；信度、效度、难易度、区分度相结合的原则。

要合理设计试题结构，即按照学生识记、理解、应用、综合等考核目标，将主观性试题和客观性试题进行合理设计，全面考核学生的学业水平。主观性试题也称作自由应答式试题，类型通常有论述题、论证题、演算题、简答题、应用题、作图题、概念题、辨析题、案例分析题等，侧重于考核学生的能力水平；客观性试题也称作固定应答式试题，类型通常包括是非题、选择题、匹配题、填充题、改错题等，侧重于考核学生的知识水平。

试题编制的技术和程序包括：

编制命题计划，设计题目的难易程度、权重、内容比例、题型、题目数量；拟定考试题引安排题目顺序，一般按照先易后难、先省时后费时、先客观后主观的顺序；确定标准答案和评分的标准，供评卷参考。

教师要具备客观评定学生学业成绩的能力，包括：第一，合理运用记分方式。通常记分的方式有百分制、等级、评语三种方式。考查适宜采用等级制，考试适宜采用百分制，书面作业类的考核适宜采用评语。第二，恰当运用评分标准。应根据试题的难易程度和权重系数确定评分标准。评分做到原则性和灵活性结合，既要遵循标准答案，又不拘泥于答案。

教师要及时整理分析考核反馈信息，发现教学中的问题，调整教学目标，完善教学内容，改进教学方法，调整教学策略，以提高教学水平和教学质量。

第二节 实践教学

实践教学是一种除课堂理论教学外，基于实践的教育理念和教育活动，它通常是指在教学过程中建构一种具有教育性、创造性、实践性，以学生主体活动为主要形式，以激励学生主动参与、主动思考、主动探索为基本特征，以促进学生总体素质全面发展为主要目的的教学观念和教学形式。

实践教学是学校实现人才培养目标的重要环节，它对提高学生的综合素质，培养学生的创新意识和创新能力，使学生成为一个复合型人才具有特殊作用。《高等教育法》明文规定"高等教育的任务是培养具有创新精神和实践能力的高级专门人才"，"本科教育应当使学生比较系统地掌握本学科、本专业必需的基础理论、基本知识，掌握本专业必要的基本技能、方法和相关知识，具有从事本专业实际工作和研究工作的初步能力"，而学生实践能力的培养以及基本技能、方法和相关知识的训练就是靠实践教学来保证的。

实践教学主要包括如下环节：实验（实训）、实习、毕业论文（毕业设计）。

一、实验（实训）

实验（实训）教学是课堂理论讲授的继续，是对学生进行基本技能训练的主要环节。实验（实训）教学的基本任务是加深和巩固理论知识，使学生掌握实验（实训）的基本原理、基本方法、基本操作和基本技能，获得独立测量、观察、处理实验（实训）数据、分析实验（实训）结果、撰写实验（实训）报告等能力，培养学生分析解决问题、独立进行科学实验研究的能力和严谨的科学态度。

基本要求如下：

1.实验（实训）课教师应该根据教学大纲的要求，编写实验（实训）大纲，开出规定的实验（实训）项目，选定或编写合适的实验（实训）教材。

2.主讲理论课的教师必须经常了解实验（实训）教学情况，主动与实验（实训）课教师配合，防止理论与实践脱节。

3.实验（实训）教师应按教学要求定期组织集体备课，规范实验（实训）教学内容。

4.实验（实训）课教师在每次实验（实训）前应做好仪器、设备检查等各项准备工作，确保实验（实训）正常进行。

5.实验（实训）课教师应向学生清楚阐述实验（实训）原理、操作规程以及实验（实训）教学要求，实验（实训）示范操作应当熟练、规范。应确保实验（实训）教学的效果和实验（实训）安全。

6.实验（实训）过程中应加强检查指导，观察、记录和评定学生操作情况，严格要求学生遵守实验（实训）规则，合理使用器材，培养学生严肃的科学态度和严谨的工作作风。

7.教师对学生的实验（实训）报告应进行认真批阅，对存在的问题及时讲评，建立起完善的实验（实训）课程考核系统。

8.应积极探讨改进实验（实训）教学方法，不断完善实验（实训）教学手段，不断充实更新实验（实训）内容，开展实验（实训）教学方法、技术、装置改进等方面的研究，及时研究解决实验（实训）教学中的问题，积极开设新实验，实验教学时数在8课时以上的课程，都要开设综合性、设计性实验。实验（实训）室进行开放管理，加强对学生的创新精神和实践能力的培养。

二、实习

实习是教学过程中综合性、实践性的训练，是检查学生在校期间学习成果的重要环节，目的是要求学生综合运用所学理论知识和技能，解决实践问题，培养学生独立工作的能力。

其基本要求如下：

1.实习指导教师应根据各专业人才培养方案所确定的实习计划，按照教学计划规定的时间和实习大纲的要求进行实习指导工作，一般不得随意变动和增减。

2.学生在进入实习前，要对学生进行实习动员及岗前教育。

3.实习指导教师应对实习工作有正确认识和责任感，具有较广博的基础知识、专业理论和岗位工作经验，具有一定的组织才能和实习指导能力。

4.实习指导教师应督促实习学生遵守实习单位各项规章制度，保证实习学生正确地进行实际操作。

5.指导教师应采取多种方式了解学生实习情况，严格要求学生在实习过程中认真做好实习日记，实习结束后要写好实习报告。指导教师应认真评阅实习报告，给出考核成绩和实习鉴定评语。

三、毕业论文（设计）

毕业论文（设计）是教学计划的组成部分，是重要的实践教学环节之一。通过毕业论文（设计）的实践，培养学生严谨求实的科学素养和综合运用所学知识分析、解决实际问题的能力，对学生进行科学研究的基本训练。

其基本要求如下：

1.指导教师根据学院制订的毕业论文（设计）工作计划，参与提供选题、答辩、审定论文成绩等项工作。

2.毕业论文（设计）选题应符合专业培养目标和教学基本要求，应结合教师的科研课题、经济建设、社会发展的实际情况，坚持理论与实践相结合的原则。难度适中，学生能在规定时间顺利完成或取得阶段性成果。学生能较全面地运用基本的专业理论知识和技能，在完成过程中获得基本科研训练，有助于分析问题、解决问题能力的提高和创新能力的提升。

3.指导教师应由教学水平高、科研能力强的具有讲师及以上职称的教师担任，也可由高、中、初级职称的教师组合，并由中级及以上职称教师负责实施指导。每位教师指导学生人数一般文科不超过8人，理科不超过6人。

4.毕业论文（设计）的质量由课题指导教师负责，指导教师要严把毕业论文（设计）质量关。学校实施毕业论文（设计）的校内抽查和校外送审制度，对抽查和送审不符合学校规定的教师，均按有关规定处理。

四、课程设计

课程设计是针对某一门课程学习过程中的一个综合性实践教学环节，目的是锻炼学生的认识能力和动手能力，培养学生的实践创新意识和创新能力以弥补现行教材知识滞后的缺陷，了解学科发展的最前沿知识。

其基本要求如下：

1.课程设计应该具有相应的教学大纲、课程设计指导书和任务书。

2.课程设计选题应符合教学基本要求，目的任务明确，难易适度。选题要达到让学生能综合运用所学知识，提高分析问题、解决问题及实践动手能力的目的。

3.实验设备、场地及参考资料等条件能满足教学要求。

4.教师应该具备主讲本门课程的资格，在指导学生过程中，严格要求并认真贯彻因材施教的原则，注重培养学生的实践能力和团队合作精神。

5.教师应督促学生按照要求，认真、独立完成课程设计，课程设计报告要求思路清晰、文字通顺、书写规范。

6.教师要严格掌握评分标准，严肃、认真、科学、公正地评定成绩。

在深化高等教育的大环境下，各高校越来越注重实践教学，都不断按照社会对各类专业人才的就业素质要求、区域经济发展水平及时调整和拓展实践教学内容，根据各自的办学特色、社会经济发展的新形势以及科技发展的新成果，都在不断探索设置具有层次性、渐进性、可操作性的实践教学内容，不断完善各自的实践教学体系，实践教学的地位不断凸显。刚刚走上讲台的青年教师，对最新的科研发展动态的掌握具有一定优势，如果能从实践教学入手，不仅可以发挥自身的优势，还可以通过实践教学来带动理论教学水平的提高，尽快完成角色转换。

第三节　多媒体课件制作

随着计算机技术、多媒体技术和计算机网络与通信技术的快速发展，以及现代教育思想的进步，多媒体课件等教学媒介在我国各级各类学校得到广泛应用，推动了现代教育技术的发展，也给传统教学方法和手段的改革带来了新的活力。多媒体教学作为一种先进的教学手段，具有传统教学手段无可比拟的优势，主要表现在：直观性强、信息量大，能够通过各种媒体的有机结合，形象生动地展示教学的重点、难点，可以活跃课堂氛围，极大地激发学生的学习兴趣和创造性思维；还可以省出更多的时间，教师可以对重点、难点及关键点等内容的教学投入更多的时间和精力，优化课堂结构，提高教学效率，加强课堂师生交流。多媒体课件授课是全面实现教学现代化、提高教学质量的重要手段。

一、多媒体课件制作存在的问题

高校教师应用多媒体授课的比例在逐年递增，我校有些课程如大学英语和微观经济学等甚至已经达到100%。随着使用率的提高，多媒体课件作为先进的教学辅助手段，其优势日益明显。但同时也逐渐暴露出种种弊端，主要是缺乏规范和监管，导致各种课件良莠不齐，有的课程因优秀课件而如虎添翼，而有的课程却因课件质量低劣导致教学质量滑坡，主要存在如下一些问题：

1.由于精力有限或制作水平所限，教师所用课件一般是网上下载或随教材奉送获得，很少有自制课件，导致讲课缺乏自己的风格，有时难以领会制作者的意图，容易犯"照本宣科"的大忌。年轻教师这样做害处更甚，缺乏钻研教材、构思教案、设计教学过程等环节,教学水平难以提高。拿来主义很容易使教学缺乏创造性和主动性,更谈不上形成自己的教学风格,而一味被课件牵着鼻子走,这样的教学无疑是失败的。

2. 有些课件设计粗糙,课件质量不高,播放节奏太快,没有设置动画,整屏静态显示,很多内容一起呈现,缺乏循序渐进的过程,导致教学效果不佳。从另一个角度来看,由于课堂节奏过快,教师(尤其是缺乏教学经验的青年教师)往往会加大教学容量。而信息量过大,则会导致刺激过多、强度过大,容易引起学生疲劳,比传统的"满堂灌"后果更为严重。

3. 有的课件片面追求漂亮的外观,制作过于花哨,过多地使用与教学内容无关的视频、音频材料,对课件界面做过分的渲染,背景和动画方式搞得很复杂,屏幕渲染过度,过分强调了课件制作技巧和课件表面形式的浮华,其结果是形式掩盖了内容,而不是表现了内容,喧宾夺主,分散了学生的注意力,降低了课堂教学效果,甚至偏离了教学主题。

4. 对解题思路的分析缺乏灵活性。上课讲解时有了新的想法,或者学生提出了新问题、新方法,教师难以根据学生的反应及时调整教学节奏,只好采取回避态度,千方百计地将学生引导到课件既定的思路上,使整个教学过程缺乏活力和灵活性,抑制了学生在求知过程中的创造性发挥,这与目前提倡的培养学生创新能力的要求显然是背道而驰的。

5. 忽视了与学生的情感交流。在传统教学中,学生常常被教师渊博的知识、富于情感的语言、娴熟的教学技巧所吸引,课堂能形成良好的教学氛围。而在多媒体教学过程中,很多教师不自觉地成了放映员,学生成了观众,没有情感的大屏幕反而成了教学的"主角"。教师关注更多的是多媒体的下一步操作,在不知不觉中忽视了与学生的情感交流。教师在学生心目中只是一个多媒体系统的操作者,师生情感交流被"冷冰冰"的人机交流所取代,导致教学气氛沉闷,这样不但教学效果受到影响,长此以往,还会影响学生对所学课程的兴趣。

二、多媒体课件的设计原则

多媒体课件制作是否成功，设计非常关键。为实现多媒体课件的优化设计，应遵循以下四个原则：

（一）教学性原则

课件的设计应反映教学目的和教学规律，能够针对特定的教学对象，符合教学要求。多媒体课件应用的目的是优化课堂教学结构，提高课堂教学效率，既要有利于教师的教，又要有利于学生的学。课件的教学目标要明确，题材及媒体应选择得当，针对性强，内容完整；能够突出教学的重点，解决教学的难点，课件的制作直观、形象，有助于学生理清思路；符合学习规律，符合认知学习理论，有利于调动学生学习的积极性和主动性。

（二）科学性原则

课件应取材适宜，内容正确，表达规范，课件演示符合现代教育理念。

（三）技术性原则

课件的操作要尽量简便、灵活、可靠，避免复杂的键盘操作。一个好的课件，一要交互性强、易于操作，二要易于修改。

（四）艺术性原则

课件的设计要满足较高的审美要求，体现较佳的艺术表现手法，整体风格相对统一。课件的艺术性实际上反映了制作者个人的艺术修养。

三、多媒体课件的设计与制作步骤

多媒体课件的开发制作是一个较为系统的工程，应按照一定的流程进行。一般课件的制作过程可分为以下四个步骤：

（一）教学设计

即根据教学内容确定开发目标。教学设计是制作多媒体课件最重要的一个阶段，是课件制作成功的关键。如果把多媒体课件的整个开发过程比作建造一座大楼的话，那么课件的教学设计就是绘制这座建筑图纸的过程。

首先应根据教学大纲的要求，认真钻研教材，明确教学内容、目的和要求，把握好教材的难点、重点。课件要以教材为蓝本，始终围绕教学目标，但又不能被课本所束缚，要充分增加课件的含金量，实现课堂容量最大化，又要做到创新、务实。基于此，多媒体课件开发的目标应为：应用多媒体课件，能够准确、直观、形象地演示教学过程，引发学生主动学习、自主探究，激发其创新思维，掌握新知识。突破课程的重点和难点，从而提高教学质量和教学效率。

（二）脚本制作

"脚本"一词多用于电影、电视剧剧本的拍摄制作中，它的意思是指电视电影在拍摄过程所依赖的文字稿本。设计课件脚本是制作多媒体课件的一个重要环节，它是整个课件制作的依据，是教师的教学策略的设计到形成课件的过渡，是教学设计和多媒体课件的桥梁。有效的脚本设计既能充分体现课件设计的思想和要求，又能给予课件制作有力的支持。脚本设计是保证课件质量、提高开发效率的重要手段。

脚本编创工作包括选题，收集有关信息和素材，进行创意描述、文字写作、内容编排、版面设计、图文比例、画面色调、音乐节奏和交互方式等，最终应细化为"分镜头"剧本。一个有创意的脚本，对提高课件的开发效率，保证课件的质量将起决定性的作用。

（三）素材准备

多媒体素材是课件中用于表达教学内容的各种元素，包括文本、图形、图表、图像、动画、视频、音频等。素材准备就是根据设计要求，采集、编辑制作课件所需的多媒体素材，准备工作一般包括文本的录入，图形、图像的获取与制作，动画的制作，视频的截取及声音的采编等，然后以一定的文件格式存储，以备调用。收集素材应根据脚本的需要来进行，素材的取得可以通过多种途径，有些素材可以从素材库或在互联网上直接获得，而有些素材专业性较强，需要作者自己动手制作，如利用相机或扫描仪采集图像，然后通过专业的图像处理软件对所获得的图片进行编辑、修改、整合等加工；再如，为了使课件生动形象，利用 Flash 等软件制作动画，演示出用语言和文字难以表述的内容，使之符合脚本的要求。素材要以形象的形式呈现教学内容，以满足学生能够听得懂、看得清、记得牢的要求。

恰当地选择多媒体课件的素材，能使课件表现力更强，形象生动，有利于最大限度地调动学生的学习积极性，提高教学效果。

(四) 课件制作

课件制作的核心环节是制作合成，其主要任务是根据脚本的要求和意图设计教学过程，将各种多媒体素材编辑整合起来，制作成交互性强、操作灵活、视听效果好的高质量多媒体课件。制作课件不是简单的媒体组合，而是一个复杂的、需要非常强的动手能力进行艺术加工的过程。制作时要做到界面友好、文字规范、图像清晰稳定、构图与色彩使用正确、版面设计美观、动画设置恰当，要保证在运行时平稳流畅，可控性好，可靠性强，利于学生仔细观察和分析，便于教师操作使用。

制作课件之前，首先要选择一款适合自己的课件制作软件。目前最简单易学、用得最多的是微软 Office 套装软件中的 Powepoint，这是一个较好的演示文稿图形的制作软件，利用已收集的文本、数据及图片制作出幻灯片，操作简单，在短时间内就可以做出美观、生动、实用的多媒体课件。如果制作的课件要求可控性和交互性较高，可以选择 Macromedia 公司的 Authorware 和 Director MX；要想在课件中加入动画，可以配合采用功能强大的动画制作软件 Flash。除此之外，还可以选择某些专门用于课件制作的软件如方正奥思等。下面的内容主要基于 Powerpoint。

制作 PPT 课件主要需做好以下三方面的工作：

(1) 对象生成。包括文本对象和图形对象。

脚本或素材中的文本一般是 Word 格式，需要转化为 PPT 的对象格式，方法多种多样，应根据具体情况选择合适的方式，下面举一例。

脚本或素材中的文本若含有数学公式，可采用"插入—对象—文档"的步骤，将之转化为 PPT 中的对象，既方便，又美观。若采用公式和文字组合的方式，则给修改带来极大的麻烦。

图形对象除了直接来自素材库，也可在幻灯片中直接制作，PPT 中自带有丰富的绘图工具和强大的绘图功能，只要掌握得好，可以绘制出精美的图形。

（2）版面设计。一个好的课件，首先版面设计应使人赏心悦目，获得美的享受。优质的课件应是内容与形式统一，展示的对象结构对称，界面布局简洁明快、主题突出，色彩柔和，搭配合理，符合学生视觉心理，这样的课件才能让学生感觉舒服，从而引起对课件内容的兴趣，减轻疲劳感。这就要求课件的制作者要有一定的美学观念和审美情趣。

具体标准：字体大小适宜，图形动静结合，间距疏密有致，背景对比清晰，色彩淡雅柔和。

对象对齐是版面整洁美观的重要方面。具体操作：按住 Shift 键，将所需对齐的对象逐个选中；绘图—对齐或分布—左对齐或顶端对齐等其他对齐用"Ctrl+ 移动键"做微调。

（3）动画设计。评价课件质量的好坏，动画设计是关键。首先动画设计应保留板书的大部分优点，符合学生的视觉心理，让他们感觉舒缓、自然。切忌使用太多的播放方式，使人眼花缭乱，学生容易产生视觉疲劳。

现在有很多课件没有进行动画设计，整个幻灯片都是静态显示，所有内容一下全部呈现，显然不符合教学规律。也有些课件正好相反，过分追求动画效果，一个个对象从四面八方飞进来，"犹如一颗颗飞逝的流星从眼前划过"，搞得人晕头转向，怎么会有好的教学效果呢？这种过分追求观赏性而忽视实用性的做法完全违背了多媒体课件为教学服务的思想。

动画设计要符合三个原则：细致性原则、协调性原则、连贯性原则。

细致性原则要求在课件制作中，播放对象要尽量小，尽量细，尤其是在思路分析、推理论证等过程中，一定要克服播放速度过快的大忌，做到细而又细，内容逐步显示。如果课件的对象太大，播放太快，缺乏循序渐进的过程，就会严重影响教学效果。

协调性就是舒适性、简洁性。动画设计应保留板书的大部分优点，符合学生的视觉心理，动画的播放效果应与学生的认知相协调。动画设计切忌：播放方式过于复杂，伴音过多、过于强烈。过于"花哨"的设计，会使学生的注意力受到干扰，不能专心思考，影响课堂教学效果。一些结论性的对象为了引起学生的注意可以选择"放大"的动画效果，有的对象还可以伴音播放。

总之，"动画"形式不要太单调，也不宜太复杂，动画效果应与"对象"的性质、教师表达的意图、课堂教学的情境相协调,协调的动画和声音有利于营造一种积极的学习气氛,可以突出重点,提高趣味性,吸引学生的注意力。任何不协调的地方都会干扰学生的思路,给学生的学习带来不利的影响。

连贯性原则就是不因"换页"而中断显示。利用课件进行课堂教学存在一个很大的问题:黑板有几大块,板书内容可保留较多,但投影屏幕面积有限,经常遇到一个问题没讲完而屏幕已满的情况,随着幻灯片的"翻页"而演示中断,学生的思维失去了连贯性,这就严重影响了教学效果。采取各种方法解决幻灯片版面的局限性,保证学生思维的连续性,是当前课件制作中亟待解决的问题,也是多媒体课件板书设计中一项非常重要的任务。下面给出一些保持连贯性的制作技巧。

技巧1:"擦"。保留主要部分,"擦去"次要部分,实现传统教学过程中"擦黑板"的效果。具体步骤是:

①复制当前幻灯片,并粘贴在下一页。

②打开新幻灯片,用组合键 Ctrl+A 选中全部对象,在预设动画中选中"关闭"。这样做的目的是使幻灯片切换时所关闭的内容保持静止不动。

③选中所要擦去的对象并进行删除,同时把"幻灯片切换"设置为"向左擦去"。这样在幻灯片切换时被删除的内容就会产生被"擦"掉的效果。

如果在"擦"去的位置再添加文本或对象,就会有在"擦"了以后又继续再"写"的感觉。这样制作的课件不破坏版面的简洁性,还能保证屏幕内容的完整性和连续性。

为了不频繁地更换幻灯片也能达到"擦"的效果,只要插入一个文本框,其大小与要覆盖的区域相同,然后选定该文本框,在自定义动画中选择"擦除"动画效果即可。特别要注意的是文本框的填充色与幻灯片的底色应保持一致。

技巧2:"接"。为了更节省空间,可将前页主要内容保留在幻灯片上部,用线隔开,下面再继续演示。

技巧3:"挂"。在传统的教学过程中,教师为了解决黑板的版面不足而常常将一再相对独立并完整的内容写在小黑板上。在制作多媒体课件时,也可以采用"小黑板"。它可以是一个文本,也可以是一个图片对象,还可以是一个组合。多媒体课件中的"小黑板"常常用于对某一问题进行注释、提示或者补充延续。

技巧4："插"。在推导或演算时，有时需插入一个对象，而不必保留，可采用"插"的方法。具体步骤是：

①在叙述正文时，按正常次序放好需插入的对象。

②复制幻灯片，粘贴在下一页。

③打开新幻灯片，删去插入的对象，并选中所有对象，在预设动画中选中"关闭"。

④继续添加文本或对象。

测试修改是课件制作过程中的一个重要阶段。多媒体课件在正式使用之前，一定要对课件进行全面细致的组织播放，反复调试，以防止在正式使用时出现不必要的技术性和知识性的错误。一般由学科教师、计算机操作人员和学生等组成测试小组，对已完成的多媒体课件进行安装测试、界面测试、内容测试、兼容性测试和功能测试等。针对测试中出现的问题，要进行及时的修改和完善。考虑到其他用户使用时可能会对运行环境和课件本身的操作有不解之处，在调试工作的最后阶段还应该为课件编写使用说明书等。

至此，课件的制作工作基本结束。最后谈一下积件问题。

课件的通用性一直是困扰课件开发者的一个棘手问题，"积件式思想"提供了一条解决的途径。所谓"积件式思想"，就是像积木搭建一样进行课件制作，或者像组装电脑一样，一个一个部件地拼。具体来说，就是把在教学内容中需要用到的资料和相关的资源做成一个一个独立的"部件"，让教师均能按自己组织教材的需要，灵活地调用各个部件里的内容，设计自己的教学过程，表现自己的教学风格，而不受课件的限制。

积件是针对课件的局限性而发展起来的新的教学软件模式和新的教材建设思想，由教师和学生根据教学需要，自己组合运用多媒体教学信息资源的教学软件系统。积件思想作为一种关于CAI发展的系统思路，是对多媒体教学信息资源和教学过程进行准备、检索、设计、组合、使用、管理、评价的理论与实践。它不仅仅是在技术上把教学资源素材库和多媒体制作平台进行简单的叠加，而是从课件的制作经验中发展出来的现代教材建设的重要观念转变，是继第一代教学软件课件之后的新一代教学软件系统和教学媒体理论。

积件的最大优点是突破了课件的封闭性，因积件的素材资源和教学策略资源以基本单元方式入库。传统的课件是以教学内容的章节为单位进行开发制作，其突出的不足是不能适应所有教师的教学，积件是改进传统课件不足的一种重要的新设计思想，是计算机辅助教学的一场革命。积件素材将教学信息资源与教学思想、教学方法、学习理论分离，成为教师和学生学习的工具，因而适应任何类型的教师和学生，具有高度的灵活性和可重组性。将过去课件设计者从事的教学设计回到教师、学生自己的手中。教学设计和学习理论的运用，不是在课件开发之初，而是由师生在教学活动中进行，真正做到以不变（积件）应万变（教学实际），计算机成为课堂教学的有力工具，成为教师和学生个性与创造性充分发挥的技术保障。

积件的积累非常重要，一方面可以从现成的资源（如市场上、网络上的一些相关资源）中收集，另一方面可以自己来开发，久而久之，积件库将会越来越充实，课件也会做得越来越丰富。

第四节 在线教学

在线教学，即 E-Learning，是以网络为介质的教学方式，或称远程学习或在线学习。与传统教育相比，在线教育有以下特点：

资源利用最大化：跨越了空间距离的限制，学校可充分利用其他高校的优质资源，同时也可以发挥自己的学科优势和资源优势。

学习行为自主化：任何人、任何时间、任何地点、从任何章节开始、学习任何课程，都可以自主选择。

学习形式交互化：教师与学生、学生与学生之间，通过网络进行全方位的交流。

教学形式的个性化：跟踪个人的学习情况，提出个性化学习建议。

教学管理自动化：咨询、报名、交费、查询、学籍管理、作业与考试管理等。

根据教学资源的传递方式和师生间的互动性，我们可以把教与学分成以下 9 种模式。其中，基于网络教学平台的混合式教学、开放式课程、大规模开放在线课程是当前在线教育的主流，而翻转课程将是在线教育的理想教学方式。

（一）基于网络教学平台的混合式教学

基于网络教学平台的混合式教学，将教师的教学行为由课堂上扩展到了课堂外，学生除了课堂学习外，还可以通过网络教学平台进行学习，大大提高学生的学习效率，这样既可以发挥教师的主导作用，又可以发挥学生的主体性作用。在分析学生需要、教学内容、实际教学环境的基础上，可充分利用在线教学和课堂教学的优势互补来提高学生的认知效果。混合式教学强调的是在恰当的时间应用合适的学习技术达到最好的学习目标。

目前网络教学平台一般具有教学资源共享、网上作业、网上测试、在线交流等功能，能辅助教师实现多媒体在线教学、在线答疑、在线讨论与交流、在线教学评价及在线个别辅导。

（二）开放式课程

开放式课程，即 OCW(Open Course Ware)，将课程的教学材料和课件公布于网上，供全世界的求知者和教育者免费无偿地享用。2001 年麻省理工学院启动的开放课件项目，2005 年国际上成立了开放课件联盟（Open Course Ware Consortium，OCWO），目前有近 200 个大学会员、几十个组织会员，还有一些紧密合作的资源共享联盟，如西班牙语高校开放课程联盟非洲网络大学、日本开放课件联盟、中国开放课件联盟（CORE）、韩国开放课程联盟等。"十二五"期间我国教育部也加大了精品开放课程的建设，包括精品视频公开课、精品资源共享课。目前，在爱课程网、网易公开课上可以获取大量的开放课程资源。开放式课程提供了高质量数字化教学资源，包括课程大纲、教学视频、课堂讲义、试题、补充教材等，但不提供师生互动与答疑机制，也不提供学分、学位或认证。

（三）大规模开放在线课程

大规模开放在线课程，是目前最能体现开放式教育完整性的在线教育模式。其中"M"代表 Massive(大规模)，指的是课程注册人数多，最多一门人数达 16 万；第二个字母"O"代表 Open(开放)，指的是凡是想学习的，都可以进来学；第三个字母"O"代表 Online(在线)，指的是时间空间灵活，7×24 小时全天开放，使用自动化的线上学习评价系统，而且还能利用开放网络互动；"C"则代表 Course(课程)。它维持了开放教育与开放式课程的精神，让所有学习者可以免费使用课程教材，通过网络让全世界有心学习的学生选修课程，而且它融合了在线教育的特质，提供了身处教室的临场感，提供师生彼此之间各式的互动交流及评价机制，让学习不受时间和空间的限制。同时，它弥补了开放式课程在教学互动及学习评价等层面的不足，提供了课程结业认证的可能。因此，它将成为未来教育的主流之一。

　　慕课是一种将分布于世界各地的授课者和成千上万个学习者通过教与学联系起来的大规模开放在线课程。这一大规模在线课程掀起的风暴始于2011年秋天，被誉为"印刷术发明以来教育最大的革新"。2012年，被《纽约时报》称为"慕课元年"。斯坦福大学两个教授创立了 Coursera 在线免费公开课程平台，麻省理工学院和哈佛大学联手发布 EDX 网络在线教学平台，慕课已成为当今国际教育界最热的话题。2013年世界主要发达国家都纷纷推出了自己的慕课平台，如英国的"未来学习"、法国的"数字大学"、德国的"我的大学"、欧盟的"开发教育"、日本的 MOOC 和澳大利亚的 Open2Siudy，等等。在我国清华大学推出了"学堂在线"、上海市教委推出的上海高校课程中心、教育部的爱课程网、网易云课堂和淘宝同学平台等，一些高校已开始进行慕课的尝试，一些中学已开始通过制作"可汗课"微课程，帮助学生从辅导班、教辅书堆中解脱出来。只用了一年多时间，美国的 Coursera 已有普林斯顿、斯坦福大学等100余所世界一流大学为其提供了300多门优质慕课，来自全球各国的学生人数已经突破了550多万。慕课正如一股洪流以不可逆转之势向我们各级各类教育的各个层面渗透，使学生有了前所未有的选课自由度，可享受到海内外最优质的教育资源。

　　目前，也有不少人对慕课存在认识上的误区。第一个认识误区是认为慕课就是网络视频课程。事实上，慕课完全不同于近10多年来兴起的教学视频和网络共享公开课，它具有三个特点：一是大规模，与传统课程只有一二十个或一两百个学生不同，慕课的学生动辄上万人，甚至十几万人，优质教育受益范围可无限扩大。二是微课程+小测试，慕课授课形式生动活泼，充分运用动画、视频等手段，营造一种沉浸式、游戏化学习环境，使教学深入浅出，更加注重发挥学生的能动性。三是很强的教学互动，慕课完全克服了传统网络视频课程单向、没有互动的不足，慕课线上"你提问、我回答"，亦学亦师，形成强大的线上学习社区，极大促进了教师与学生之间的互动教学和学生与学生之间的协同学习。

第二个认识误区又有两种极端的观点，一些人认为慕课是万能的，未来教育都可通过慕课来解决；而持反对意见的人以没有师生面对面的知识传授与交流而否定慕课。实际上这两种观点都是片面的。慕课当然不是万能的，重要的是慕课为促进教育公平、提高教育质量、推动教育创新提供了强大的手段。慕课的出现最关键的是引发了教学理念与方法的重大变革。传统的教学模式是教师在课堂上讲课，布置作业，让学生回去做作业。慕课引发的全新的教学模式称为"翻转课堂"。

（四）翻转课堂

翻转课堂，又译为"反转课堂"。2011年"翻转课堂"在美国各地兴起，并很快就引起了多方的关注。这种新型的教学形式，颠覆了传统意义上的课堂教学模式，通过使用在线视频，将讲课转移到课堂外，教师在课堂主要是通过与学生互动来回答问题、解决问题，从而使教师能有更多的时间关注有需要的学生。"翻转课堂"可以充分利用现有网上的各种优质教学资源，让学生逐渐成为学习的主角。学生在学习的过程中，可以观看自己任课教师的视频来学习，也可以观看其他教师的视频来学习。而通过课堂的对话和讨论，不仅可以提升学生的学习效果，同时教师可以真正做到因材施教。因此，此种教学模式使得学生在宿舍或在家完成网络在线的慕课学习，而课堂跃升为师生间深度知识探究、思辨、互动与实践场所，使以教师为中心、知识灌输为主的教学模式转变为以学生为中心、以能力提升为核心的个性化教学模式。实践表明，采用这种"翻转课堂"的学习方法，能够大大提高学生的学习效率和效果。这种线上线下混合式教学模式，也称O2O(online to offline)，是既充分利用网络在线教学优势，又强化面对面课堂互动，进行知识传授与探索的全新教学模式，呈现了"未来教育"的曙光。

第五节 教学研究

教学研究能力是高校教师教学能力的重要组成部分。

教育部 2012 年《关于全面提高高等教育质量的若干意见》明确提出，高等教育要走以质量提升为核心的内涵式发展道路，要求高等学校要通过教学改革立项等机制，鼓励教师开展教学理论研究、教学实践探索和优质教学资源开发，高等学校广大教师要积极探索教学规律，研究和改革教学内容与教学方法，不断提高教学水平。当前，进入大众化阶段的高校比以往任何时候都更需要关注教学研究，迫切需要教师尤其是广大青年教师积极参与教学研究，促进教学质量的全面提升。

教学研究是深化教学改革的内在要求。我校对教学研究日益重视，支持力度不断增大，2007 年教育部出台《本科教学质量与教学环境工程项目管理办法》就是其中一个重要举措。

一、对高校教师教学研究能力的认识

教师首先要对教学研究有一个正确的认识。

有些教师尽管承认教学是自己的主要任务，但认为教学研究不是自己的而是专职教育教学研究者的职责，这种想法使得他们把自己视为教学研究的局外人，不主动参与教学研究。还有相当一部分教师认为，要讲好课只要懂专业知识、提高学历就行了；并认为只要教的时间长了，自然而然会成为好教师。这显然对教师职业缺乏专业认识，同时混淆了理论指导与教学实践经验的相互作用的关系。每个教师，尤其是非师范专业毕业的青年教师，都应该认真学习教育理论知识，努力掌握教学基本技能，特别是要研究教学法，以弥补自身的先天不足。

教学研究即研究教学，简称"教研"，是探求教学的真相、性质、规律等的活动。加列认为，教学研究主要探讨和回答三个问题：教师的教学是怎样的，教师为什么那样教学，那样教学的效果怎样。教学研究的目的是研究并解决

教学中的具体问题，提升教学实践的科学性，为教师改进教学方法、提高教学质量提供参考和指导，所以，教学研究应立足于对教学的反思性、探究性研究，以解决教学活动中的各种实际问题。

教学研究既不同于单凭经验来解决教学问题，或机械照搬现成的方法来解决教学问题，也不同于范围宽泛、理论深奥的教育科研。教学研究的目的很直接，即为了搞好教学，为教学实践活动服务，提升教学质量；教学研究的对象很明确，即教学实践活动中的真问题，它来自教学实践，又必须在教学实践中解决并应用于教学实践。教学研究的任务很具体，一是探索、揭示和发现教学活动的内在规律，自觉遵循规律，以达到事半功倍的效果。二是研究教学实践中出现的问题，查找原因，分析对策，改变不符合教学规律的思想、做法，使教学实践更具科学性和有效性。所以，教学研究是进行教学改革、优化教学过程、提高教学质量的基础和关键，对教学具有全面的促进作用。如果教师教而不研，教就缺乏科学性，教就失之于平庸和肤浅；如果研而不教，研究缺乏针对性和实用性，就会失之于空泛。

教学活动也是一种学术活动，教师要充分认识教学的学术性，把教学作为一种学术事业来对待，积极主动地研究教学，意识到高质量的教学研究也是一种学术活动；才能重视教学，用学术的标准来衡量教学，要求教学；才能全身心投入教学，孜孜不倦地研究教学，提高教学的学术水平。

教学研究是教师提升自身教育素质的最好途径。可以说，一个称职的教师不仅要善于教学、工于教学，而且要勤于教研、长于教研。这既是提高其教育教学理论修养、改进其教学方法、培养其教书育人综合素质和能力的需要，也是在新形势下对每一个教师搞好教学工作的起码要求。因此，教师职业本身就决定了教师应具有双重角色或双重职能，即既是教育者，又是研究者；既有"教"的职能，又有"研"的职能，做到研教结合、教研一体，联系教学搞研究，搞好研究为教学。只有在实践中达到二者的辩证统一，才能有效地提高教学质量，提高教书育人的效益和水平。正是从这个意义上说，教师应成为教学研究的主力军。

教师只有充分认识了教学研究的价值和意义，才能从思想上高度重视教学研究，在行动上积极投身教学研究，从教学内容、教学方法、教学组织形式、教学手段等诸多方面认真研究教学,从而提升教学研究水平,增强教学研究能力,提高教学质量;才能在工作中正确处理教学与教研、科研与教研的关系,才有可能实现自己的事业追求,成为一名为学生所欢迎、为社会所尊重的优秀教师。

二、开展教学研究的途径

高校教师开展教学研究工作有三种基本途径:专家引领、同伴互助、自我反思,具体来说有以下四方面:

(一)教学研究与教学实践相辅相成

教学实践是进行教学研究的基础。只有躬耕教坛,认真实践,才有可能获得教学研究所需要的思路和第一手材料。教师要在教学实践中,根据课程特点不断更新和优化教学内容,改进教学方法和手段,探索适合本课程的学业成绩考核、评价方法,增强课程的吸引力,激发学生的学习兴趣,促进有效教学,提高教学质量。

(二)教研室的教学研究活动

要加强教研室的教学研讨,开展多种形式的教研活动,如集体备课、研讨、说课、观摩、培训、优质课评比等,认真探讨教学内容与教学进度,及时补充和更新教学内容,把握学科前沿,跟踪学科发展趋势。开展经常性的相互听课和相互评课,教研室教师间就备课、改善教学方法、提高教学艺术等问题进行常态化研讨和交流,有助于取长补短,有助于青年教师成长,有助于教师提高业务水平,从而提高课堂教学质量。

教学研究的直接目的是搞好教学工作,提高教学质量。主要途径是通过开展多种形式的教研活动(如说课、观摩、集体备课、研讨、培训、优质课评比等)进行的。

(三)外出考察调研与参加学术交流

教师通过外出考察、学习、调研及参加学术会议交流,了解社会和经济发展对知识结构的需求,结合自身专业及所授课程,有针对性地了解学科前沿、社会需求、教学模式、教学内容、课程设置、教学方法以及教学管理等各个领域中的先进思想、先进理念及成功经验,以提高自身的理论水平和业务水平。

(四)教学研究立项

以院级、校级或省级教学研究立项为基础,加大投入,引导和推动教学改革走向深入。加强学科建设,推出品牌、特色专业建设,精品、优秀、重点课程建设,重点教材建设,多媒体网络课件建设,实验室与实习基地建设。同时进行双语教学改革、考试改革、教学方法与手段改革、人才培养模式的探索与实践、两课教学改革、教学管理、教学评价研究与改革、各种教学评估、教学团队建设等项目。通过立项研究,结合学校实际对教学难点或症结开展研究,加强教学内容和课程体系改革,探索出科学合理的教学评价标准与方法、更新教育思想和教育观念、改革教学模式和教学方法,强化实践技能,以提高学生综合素质和人才培养质量。

教师主要的工作是教学,我们不赞成放弃教学搞研究的做法,而提倡将教学与研究有机结合,也就是尽量做到忙时积累与闲时消化相结合。所谓忙时积累,因为教师不是专业研究人员,不能坐下来搞专门的研究,在教学忙碌紧张的间隙,积累一些有用的资料。积累资料的方法多种多样,有卡片式、索引式、图表式、剪辑或摘录式、读书笔记式、教学笔记式、教学后记式等;积累的范围尽可能广泛,包括自己的、他人的、抽象理论的、具体案例的、正面的、反面的、国内的、国外的,兼收并蓄,为我所用。所谓闲时消化,就是利用假期、双休日来整理平时积累所得材料进行研究。教师一年当中有两个假期,加上双休日和各种节假日,如果能够充分利用这些时间做研究,一定会有所收获。

同伴互助是教学研究的良好习惯。高校教师不坐班,教师之间的接触和交流很少,要想向同事学习,与同事交流,就要加强教师之间的专业切磋、协调与合作。共同分享经验,互相学习,彼此支持,共同成长。同伴互助的实质是教师之间的交往、互动与合作,它的基本形式是对话与协作。青年教师由于缺乏实际经验,尤其需要培养协作意识,要多向教学经验丰富的老教师学习和请教,这样有助于自身的快速成长。

教师进行教学研究的途径是多种多样的,只要我们立志在教育事业上有所作为，就一定能够找到自己研究的切入点和突破口，协调处理好各种关系，将主观努力和客观条件有机结合起来，从而开拓教学研究的广阔途径。

三、教学研究的一般过程和方法

一个比较完整的教学研究通常包括选定研究课题、查阅文献、制订研究计划、实施研究计划、分析资料和概括总结、撰写研究论文六个步骤。

（一）选定研究课题

选题是教学研究的首要环节，也是关键环节。研究者根据教学实践的实际需要，确定将要研究的题目。

选题的方法主要有以下三种：

（1）理论指导选题方法。成熟教学理论面临教学实践挑战，向教师提出了很多研究选题。例如，高校教学要培养创新型人才，向知识与能力关系理论提出了挑战；因材施教理论面临我国高等教育大众化导致班级教学规模过大的挑战等问题。

（2）实践导向选题方法。教学研究的直接目的是搞好教学工作，提高教学质量，因而实践导向选题的方法是最重要的选题方法。这种选题方法具有针对性强、实用价值大、教师熟悉和便于操作等优点。教学实践中的问题面广量大，只要教师具有问题意识，并且善于观察和思索，就不难发现值得研究的课题。

（3）专家引导选题方法。对刚从事教学研究的高校教师来讲，要选到重要且适合自身条件和外界支持条件的研究课题并非易事，应该在教育教学理论专家、作者、教学实践专家、教学研究专家、教育教学研究经验丰富的教师引导下进行选题。

（二）查阅文献，做好文献综述工作

查阅与研究课题有关的各种参考资料，了解有关研究课题的发展脉络、现有研究水平及其发展趋势，了解哪些问题已经解决、哪些问题尚待解决等，避免重复研究，使研究在前人的基础上进行，并力争有所创新。了解有关研究课题的理论基础，以开阔视野，使研究走向深入。

文献来源主要为期刊、图书和网络资料。期刊具有专业性强、信息量大、内容新颖、时效性强等特点，因而更被重视，是高校教师教学研究的第一大文献来源。图书是科学知识的总结，具有内容全面、系统、理论性强、论点成熟等特点，是高校教师教学研究的第二大文献来源。第三个来源是网络文献。在方便快捷的网络检索工具和容量极大的网络资源不断增加的今天，网络文献所占比例在不断地增大。

（三）制订研究计划，做好开题报告工作

根据研究的目的，课题的内容、性质、特点和研究对象等来制订研究计划，包括选择适当的研究方法，设计研究方案，确定研究步骤和时间分配，制定实施策略，明确研究中可能遇到的问题的拟解决办法等，对将要开展的研究进行总体规划。

（四）实施研究计划

把研究计划付诸实际行动的过程，是研究工作的主体阶段。这一阶段的主要工作为：运用各种研究方法和手段进一步收集、整理和加工资料，使研究课题逐渐明朗化。

（五）分析资料，概括总结

思考和分析资料，揭示出事物本质，概括出研究结果。

（六）撰写研究论文

将研究结果用课题研究报告、论文或专著的形式表达出来，以利于交流和推广。教学研究论著的撰写是高校教师对教学研究的总结、提升。

一篇严谨和规范的论文一般有引言、正文和结论三部分。论文的引言（或绪论）要简要说明研究工作的目的、范围、相关领域的前人工作和知识空白、理论基础和分析、研究设想、研究方法、预期结果和意义等，应言简意赅；正文是论文的主体，要求主题突出，观点鲜明，逻辑严谨，论点明确，论据充分，论证严密，表达流畅；论文的结论是最终的、总体的结论，而不是正文内容的简单重复，应该准确、完整、明确、精练。

以上是教学研究的基本过程，但在具体研究过程中并不是严格地依次进行的，而是交错进行的。例如，在选题之前往往就要查阅资料；在撰写论文

的过程中还需要查阅资料；整理和加工资料时也要对资料进行适当的分析和总结，并阶段性地概括结论；撰写论文看起来是教学研究中的最后步骤，实际上在收集资料、分析资料的过程中就应对论文内容进行设计构思，逐步确定论文的框架并写出初步明确的概要。

教学研究成果源于教学实践，最终又要回到教学实践中，指导教学实践。如果教师远离教学实践，教学研究不切实际，致使教学研究和教学实践成为毫无联系的"两张皮"。或者如果教师取得研究成果后，热衷的是成果发表，而不是指导教学，改进教学，提高教学质量，这样的教学研究就起不到应有的作用。

教学研究的目的是通过对教学问题的研究，促进教师教学水平的提高，促进教学学术品位的提升，促进教学内容的创新、教学方式方法和手段的革新。总而言之，教学研究旨在研究教学中的一切问题，包括课程设置，人才培养方案的设计和修订，教学内容和教学资源的开发，也包括教学方法、教学评价制度的改革，等等。这些问题都关乎教学质量和人才培养质量。教学研究的方式很多，教学日志、教学反思、教学案例、教研活动等都是很好的方式，但无论哪种方式都必须针对教学实践中的真实问题。希望所有的教师都重视教学研究，也希望"教学研究常态化"，让教学研究成为每一位教师习惯性的学术行为，这样，学生才会受益，教师才会有幸福感，人才培养质量才会提高，我们的大学才会有更好的发展。

第五章 高校教师科研能力

第一节 资源利用

一、数字资源

随着计算机和网络技术的飞速发展及计算机使用的普及,数字资源越来越广泛地被人们所利用和喜爱,上网已成为人们查阅、浏览、获取信息资源的主要方式。数字资源是数字化了的信息资源,是指以电子数据形式,把文、图、声、像等多种形式的信息存放在光、磁等非印刷载体上,并通过网络通信、计算机终端等方式再现出来的信息资源。数字资源和纸质等资源一起,成为目前文献信息传播和交流的形式。

数字资源与纸质资源相比,数字资源具有以下优点:

1. 信息存储容量大,载体体积小。
2. 传播速度快,无时空界限,便于共享。
3. 资源具有整合性,更新快,时效性强,可回溯,有史料性。
4. 使用方便,可对信息进行各种处理。
5. 检索快速便捷、范围广。
6. 信息的传播和交流互动性强。

数字资源的传播读取可分为单机、局域网和广域网等方式。单机利用可以是光盘或安装在一台计算机上的数据;局域网内部利用是用户能在机构内部浏览检索数字资源,但在机构的局域网以外的网络环境中不能访问;广域网方式是指用户可以在任何一个拥有 Internet 的地方通过一定的身份认证方式或者无须认证就可以访问数字资源。

随着计算机和网络技术的飞速发展、计算机使用的普及，数字资源越来越广泛地被人们所利用和喜爱，已成为人们查阅、浏览、获取信息资源的主要方式。图书馆作为文献信息的收集和传播中心，充分注重数字化信息资源的建设，以浙江工商大学为例，现有中外文数据库 30 余个，拥有电子图书近 90 万种，中文全文期刊 13000 余种，硕博论文全文 90 万篇。还有统计类数字资源 6 个，视频资料数据库 3 个，学习数据库 1 个（该统计数字至 2009 年 9 月）。图书馆还自建了随书光盘数据库。可谓内容丰富、形式多样，除了这些全文数据库，还有各种二次文献，如文摘、题录和书目数据的数据库。

二、电子图书

（一）超星图书馆

超星图书馆有丰富的电子图书资源以供阅读，其中包括文学、经济、计算机等 50 余大类，现有 228 万种中文图书元数据、140 万种图书全文。全文总量 4 亿余页，数据总量 30000GB，并且以每年 10 万种的速度增加与更新，是目前世界最大的中文在线数字图书馆。目前我校图书馆购入了超星数字图书馆的 84 万多种图书，包含所有学科领域，内容丰富，可以通过分类、书名、作者等途径进行检索阅读。

浏览全文前须下载、安装超星电子图书浏览器。

（二）Apabi 电子图书

Apabi 电子图书是由北京大学方正公司开发的数字图书系统，该公司目前已经与 400 家出版单位合作出版网络电子图书。笔者所在学校图书馆购买了 35000 种方正 Apabi 的教学参考书，涉及我校大部分学科。

浏览全文前须下载、安装方正电子图书浏览器。

（三）读秀知识库

读秀知识库是由海量文献资源组成的庞大的知识系统，现收录 228 万种中文图书信息，占已出版的中文图书的 95% 以上，可搜索的信息量超过 6 亿页。它融文献搜索、试读、传递为一体，是一个可以对文献资源及其全文内容进行深度检索，并且提供文献传递服务的平台。它不仅提供传统的文献信息，还提供封面、版权页、目录、前言和正文17页的阅读。

此平台采用E-mail进行文献传递，提供图书单次不超过50页的文献传递，同一邮件地址同本图书一周累计传递量不超过全书的20%。读秀是非常丰富实用的中文电子文献资源，是进行学术研究的好帮手。

三、中文电子期刊

（一）中国学术期刊全文数据库（CNKI）

中国学术期刊全文数据库是目前世界上最大的连续动态更新的中国期刊全文数据库，目前收录7600多种重要期刊，内容覆盖自然科学、工程技术、农业、哲学、医学、人文社会科学等各个领域，其中核心期刊1735种。至2006年3月31日，4000多种期刊回溯至创刊，最早的回溯至1915年。累积期刊全文文献1750万篇。

知识来源：国内公开出版的7600种核心期刊与专业特色期刊的全文。

覆盖范围：理工A（数理化天地生）、理工B（化学化工能源与材料）、理工C（工业技术）、农业、医药卫生、文史哲、经济政治与法律、教育与社会科学、电子技术与信息科学（远程和镜像均可查阅）。

（二）中文科技期刊数据库

中文科技期刊数据库是由科技部西南信息中心重庆维普资讯有限公司开发研制的中文电子期刊数据库。该库具有时间跨度大、收录期刊范围广、系统性强、种类多及文献最大等特点。

海量数据：包含了1989年至今的8000余种期刊刊载的2000余万篇文献，并以每年250万篇的速度递增。

覆盖范围：涵盖自然科学、工程技术、农业、医药卫生、经济、教育和图书情报等学科的8000余种中文期刊数据资源。

分类体系：按照《中国图书馆分类法》进行分类，所有文献被分为8个专辑，即社会科学、自然科学、工程技术、农业科学、医药卫生、经济管理、教育科学和图书情报。8大专辑又细分为36个专题（远程和镜像均可查阅）。

（三）万方数据知识服务平台

万方数据知识服务平台内含中国数字化期刊全文库、学位论文全文库、学术会议论文全文库、中国法律法规库、方志库、专家博文库、科技成果库、专利库、中外标准库、西文期刊库、西文会议库、科技动态库。

万方学术期刊全文数据库内容：自 1998 年开始，以 2000 年以后的期刊为主。收录的期刊以核心期刊为主，内容涵盖基础科学、社会科学、经济财政、哲学政法、教科文艺、工业技术、农业科学、医药卫生等 8 大类近 6000 余种期刊，其中核心期刊 2600 余种。

中国法律法规库收录了自中华人民共和国成立以来颁布的国家法律、行政法规、部门规章、司法解释、其他规范性文件以及相关的外国法律法规和国际条约，并且有裁判文书、公报案例、文书样式等全文字库。

方志库收录全国范围内的各级各类新方志 20416 册，所收录新方志类型包括综合志、部门志、地名志、企业志、学科志及特殊志等。

万方数据科技信息系统是中国统一完整的科技信息群，汇集中国学位论文文摘、会议论文文摘、科技成果、专利技术、标准法规、科技文献、科研机构、科技名人等近百个数据库。

（四）Apabi 数字资源平台

1. 方正 Apabi 电子图书资源库

方正 Apabi 电子图书资源库是方正 Apabi 数字内容资源的核心部分。目前方正与近 500 家出版社全面合作，在销电子图书达 42 万种，涵盖了社科、人文、经管、文学、科技等各种分类，已经形成了最大的中文文本电子图书资源数据库。

2. 方正 Apabi 高校教参全文数据库

方正 Apabi 高校教参全文数据库是方正于 2003 年 5 月与 CALIS 管理中心全面开始合作，针对高校数字内容需求，整理、收集和解决数字版权的专业的经典教材和高校指定教参的专业数据库，教参数据库覆盖"文、理、工、医、农、林、管"等重点学科，着重发展"计算机""经济管理""财政金融""外语""通信""能源""生物"等热门、新兴前沿学科。

3. 中国年鉴资源全文数据库

收录年鉴 750 多种，6000 余卷，包括统计年鉴等众多资源。

4. 中国工具书资源全文数据库

精选收录国内各大出版社出版的精品工具书资源 1200 余种，其中包括像《辞海》《汉语大词典》《中国大百科全书》等在国内公认的精品工具书。

5. 中国报纸资源全文数据库

收录报纸 300 多种。

6. 中国艺术博物馆

包括中国美术馆、中国书法馆、民间美术馆、世界美术馆、红色艺术馆共计 88000 张珍贵图片。

7. 北京周报

收录了自 1958 年创刊至 2007 年共 50 年间发布的报纸，并以英、德、法、日、西班牙语 5 种语言提供服务。

8. 国学要览

收录了包括义埋之学、考据之学、辞章之学、经世之学、科技之学在内的，承载着中国传统文明精髓的古籍图书。

（五）律商网

1. 中文法律法规集成服务

全面、系统地收集了中国的法律法规，且明确标示各法律法规的出处、有效性及有效范围，同时提供法律有效性和有效范围的查询功能。个别经修改的法律法规，律商网还提供不同的版本，并且标出修改的具体条款。

2. 法律法规翻译

律商网提供中文法律法规、案例分析及法律实务内容的英文翻译，英文翻译由具有法律和英文双学位并且获取国家二级及以上翻译资质的国内翻译公司进行初次翻译，初稿完成后送给精通汉语和英语的外国法律专家校对，其校对后的文稿由律商网的内部编辑和专家进行最后的审核，以保证翻译的高质量。同时，重要的法律法规的翻译将在出台后的 2448 小时内完成，库内的翻译总量以每月数百篇的速度进行更新。

3. 法律税务实践指导

为法律与税务方面的工作人员提供与各自领域内专家进行交流的机会。

根据其在日常实践当中所遇到的实际问题以及应对的方法、操作流程等宝贵心得与大家分享。

4. 专业书刊浏览下载

与专业机构合作，在网上发布相关专业著作、专业期刊的电子版，方便用户随时随地地翻阅研读，协助用户更全面、及时地理解和掌握政策法规及有关行业、领域的发展变化。

5. 实用资料汇聚

汇集了常用的政府部门办事表格及合同样本，目前已收录相关的税务、外贸、劳动关系等领域的报名表、申请表、报表的资料，合同样本则超过700个，其中包括国家工商管理局、建设部等政府部门发布的标准格式合同。丰富的实用资料使各领域的业务流程、办事程序一目了然，各类合同、报表可以即时下载、打印和使用，方便用户快速获得准确资料，显著提高办公效率。

（六）北大法意法规库

北大法意法规库是由北京大学实证法务研究所联合北京大学法学院、北京大学图书馆共同研发和维护的法律数据库网站。专门为司法机构、各行业、各领域的法律、法学工作者以及法学院的师生提供专业系统的法律信息服务。

（1）仅大陆法规就超过33万条的数据量，是从新中国成立至今最为完备的法规数据库之一。法院案例库为案例教学、实证研究、学术制作、比较法学提供十几万的案例数据资源。合同文本库为该领域里数据最为完备、体系最为完善、功能最为强大的合同签约自助系统。

（2）网络资源每日更新。各个子库不仅提供便捷的快速检索和二次检索、功能先进的高级检索、分类专业的引导检索，还提供法规文本链接、中英文法规对照、法规案例全互动链接等多种强大的实用功能。

（3）内容：宪法法律数据库、行政法规数据库、司法解释数据库、部委规章数据库、地方法规数据库、江苏省法规数据库（专项提取）、政策纪律数据库、行业规范数据库、军事法规数据库、国际条约、大陆法规英译本库、香港法规库、澳门法规库、台湾法规库、立法资料库（附赠）、行政执法库（附赠）、法务流程库（附赠）。

（4）检索功能：法规层级引导检索系统、法规。题引导检索系统、法规主体引导检索系统、法规快速关键词检索系统、法规高级条件性（关键词）

141

检索系统、法规行业检索系统、跨库综合检索（两个以上数据库可使用）。

（5）数据统计：大陆法规 423853 部、大陆法规英译本库 3700 部、国际条约库 5033 部、立法资料库 7205 部、行政执法库 1380 部、法务流程库 5923 部。

（6）数据来源：各种数据通过官方权威机构采集。

（7）更新承诺：每日在线更新 100 部以上的大陆法规库，全年更新大于 3 万部以上。

（七）中文社会科学引文索引（CSSCI）

中文社会科学引文索引是从文献之间的引证关系着手，去揭示科学文献之间（包括学科之间）的内在联系。它从引文去追溯科学文献之间的种种内在联系，通过文献计量方法的处理，就可以找到一系列内容相关的文献，从而可以分析出某一学科的研究动态、发展情况，以及该学科的核心作者群。它可以根据某一名词、某一方法、某一理论的出现时间、出现频次、衰减情况等，分析出学科研究的走向和规律，还可得出多种统计、排序信息。由于它的重要作用和强大功能，受到全世界科学研究人员的普遍欢迎，产生了极为广泛的世界性影响。美国科学引文索引（SCI）已被许多国家和地区作为评价科研能力和水平的最重要工具之一。

南京大学研制的中文社会科学引文索引（CSSCI），是教育部人文社会科学重大研究项目。CSSCI 严格挑选了中国大陆出版的中文人文科学、社会科学学术期刊 400 多种，我校《商业经济与管理》入选其中。

中文社会科学引文索引（CSSCI）有以下用途：

（1）利用 CSSCI 开展人文、社会科学研究。CSSCI 主要从来源文献和被引文献两方面向用户提供信息，还可提供特定论文的相关文献情况，为科研人员的研究工作提供了方便。

（2）利用 CSSCI 进行社会科学研究评价与管理。所收的期刊是严格按期刊影响因子分学科排序位次和国内知名专家的定性评价相结合而产生出来的。因此，CSSCI 所收录的论文和被引情况可作为社会科学研究评价指标之一。

（3）利用 CSSCI 进行人文、社会科学期刊评价与管理。CSSCI 系统可以提供期刊的多种定量数据，由期刊的多种定量指标可得出相应的统计排序，由此可评价期刊的学术影响和地位。

（八）人大《复印报刊资料》全文数据库

中国人民大学《复印报刊资料》涵盖面广、信息量大、分类科学、筛选严谨，是国内权威的社会科学、人文科学专题文献资料库。该数据库从全国3000多种报刊上精选出人文、社会科学论文的全文，按专题分类编辑，分为教育、文史、经济、政治类。现每年增加文献约2.5万篇，每篇记录包括文章的题录、文摘、全文等著录项。查寻结果可拷贝、转存、自定义打印，查询途径多样，方便快捷。

四、图书馆信息咨询服务

1. 咨询

读者在利用图书馆数字资源过程中有任何问题，都可以通过以下方式向图书馆咨询和反映。以浙江工商大学为例，可通过以下方式咨询：

（1）网上咨询台：图书馆主页上的网上咨询台。

（2）现场咨询：图书馆信息咨询部。

（3）电话咨询。

（4）电子邮件。

2. 用户教育、辅导

图书馆举行数字资源宣传月活动（如浙江工商大学图书馆在每年10月），全面宣传数字资源和使用方法；常年举办讲座，接受读者的辅导预约。

3. 文献传递、馆际互借、代查代检

高校图书馆一般与中国国家图书馆、北京大学图书馆、中国高等教育文献保障系统（CAILS）、中国高校人文社会科学文献中心（CASHL）、国家科技图书文献中心（NSTL）等单位建立了馆际互借和文献传递关系。教师和研究生通过各种途径查到的文献，如果图书馆没有收藏或没有全文，都可以发邮件到信息咨询部，通过文献传递、馆际互借的方式获得文献。

教师如果检索文献有困难，图书馆工作人员可以代查代检。有需要的读者可以和图书馆信息咨询部联系。

第二节 学术论文撰写

一、撰写学术论文的资料准备

俗话说"巧妇难为无米之炊",教师做科研,如果没有足够的知识储备,是写不出也写不好学术论文的。就一门学科而言,你要为你从事的学科归属定位,在收集资料时才有针对性。比如,语文学科教学论,属于三级学科,其上一级学科是课程与教学论,一级学科是教育学。同时,这个学科又属于交叉学科,与汉语言文学相关专业都有一定的联系。因此,这个专业方向的教师在进行知识储备时,必须分层次、有重点地读书。包括哲学、教育学、教育心理学、学习理论、教育史、古代文学、现当代文学、现代汉语、古代汉语、语言学、文字学等学科和专业的书籍约占30%,课程与教学论、语文课程与教学论方面的书籍要读70%。至于泛读书籍和杂志,应该是广览博取,最好是带着问题读书,根据研究需要和兴趣点而有选择地读书。在精读和泛读过程中,留意科研空白点、学术矛盾点、学术争鸣点、学科交叉点、理论前沿点等,提出相关问题,深入思考,并带着此类问题阅读相关理论书籍和文章,为学术论文的选题和资料储备做好充分的准备。这都是撰写出有新意的学术论文不可或缺的重要环节。

二、学术论文撰写的方法

1. 实践法

现在很多高校教师步入了一个认识误区,这也是他们很长时间没有取得丰硕的科研成果和具有较强的科研能力的重要原因。他们可能习惯性地认为,教学期间,读的书多了,积累的知识多了,自然就会有很强的科研能力,也就可以写出高水平的学术论文和毕业论文。其实,如果教师不加选择、盲目地读书,学到的很多知识是没有用的。因此,教师应有选择地读经典著作。仅此还不够,众所周知,科研的能力是需要长期锻炼和培养的,而绝非仅仅是知识积累的结果。有的人读了一辈子书，却是"两脚书橱"，思想观念落伍，没有将所学知识转化为研究成果，对后人也无所裨益。就教师而言，平时读的书很多，但是由于不注意练笔，结果眼高手低，最后也写不出像样的学术论文去公开发表。这种现象应引起高度重视和深思。笔者认为，教师在读书过程中，要充分利用图书馆、网络，收集相关研究资料，分类存储以备后用。同时，注意围绕热点或自己关注的问题，写心得体会、研究综述和学术评论等文章，善于借鉴学术界有创新意义的学术观点并尝试运用到自己的写作实践中。

2. 模仿法

在学术论文写作中遇到最大的困难可能就是，不知如何选题，不知如何收集和运用资料，不知如何搭建论文框架结构，也不知写些什么内容，总之不知如何下手。因此，模仿法特别适用于初学论文写作者。在实践中有人会反映，很多学术大家的论文，艰深难懂，看后会产生畏惧写作的心理；有人反映，看了一线教师教研论文，觉得简单，但又不会写，因为缺乏实践经验；还有人反映，论文创新太难，误认为创新就是"全新"，由此不敢写作。其实，创新不等于"全新"。创新的要点很多，包括题目的创新、结构的创新、思路的创新、观点的创新、参考资料的创新以及研究方法的创新等诸多方面，一篇文章具备的创新点越多，其创新性也就越强。我们在写作时，不要盲目追求"全新"，先低标准要求自己，找一篇同类或类似的文章（和自己研究水平相当或略高）做参照。可以在行文结构、语言风格等方面进行模仿，而后逐步修改，走模仿到创新之路。

3. 切块法

学校要积极鼓励教师参加调研课题和书稿的撰写工作。一般而言，一个课题或一部书稿，都有明确的结题或完稿的时间限定。这种紧迫性就要求参与者必须潜心读书，严格要求自己，认真撰写出高质量的研究成果来。不论是结项还是著作出版，都要经过有关部门鉴定和认可，这无形中给参与者增加了压力，也增加了科研的动力。当教师在收集资料、撰写研究报告或书稿的过程中，可以从中抽出有价值、有新意的部分，独立成篇，用于发表。由于是在接受重要任务中写出的文章，因此发表在比较权威的杂志上的机会也比较大。

三、发表学术论文的主要途径

1. 了解与专业相关的杂志信息做好摘录工作

这类杂志包括专业杂志、非专业杂志，重点摘录该杂志的刊物级别、主办单位、编辑部地址、联系电话、电子信箱以及主要栏目编辑姓名等信息。如果有些杂志不方便找，可以通过中国期刊网等查找有关信息。此方法，一是可以大大节省因投稿而查找投稿地址、电子信箱等所需要的时间，二是也可以在投稿一段时间后，通过打电话、发邮件的方式了解稿件采用与否等情况。

2. 针对撰写的学术论文内容，了解有关杂志刊登的文章信息，有针对性地投稿

当前，很多教师反映，辛辛苦苦写出来的文章，竟然难以发表，论文写作的积极性大大受挫。究其原因，主要是缺乏投稿针对性造成的。如何提高针对性和命中率？笔者认为，首先，要了解所投刊物的主要栏目，看你的文章是否能在所投刊物上找到属于自己的位置。其次，要注意刊物上附登文章的长短，如果要求4000~6000字，那么你的3000字或10000字左右的文章就不合适，要么另投他刊，要么修改以符合刊物的版面要求。最后，要注意刊物上刊登的文章是否有中英文摘要、关键词、文献标志以及作者简介等。当然，还有一点重要的是，你要注意刊物刊登文章的语言风格，是偏重于严谨的学术性，还是贴近生活的实践性，抑或是学术性与实践性并重。只有"对症下药"，学会有针对性地投稿，才能大大增加文章被采用的概率。

3. 根据撰写的学术论文质量，有选择性地投稿，努力提高发表刊物的档次

在写作实践中，选题新颖、观点鲜明、创新性强的学术论文，最好投到专业核心杂志和相关核心杂志（包括CSSCI、中文核心）上，采稿周期一般为1~3个月。如果等2~3个月还没有消息，应及时改投其他稍微差一点的核心杂志；如还是没被采用，则表明你的文章质量不高，那就立即改投普通杂志。否则，耽搁的时间过长，时效性已过或此方面的研究成果问世，你的文章也就失去了应有的价值。对于自认为质量一般的文章，又想发表的，建议直接投给CN刊物，这样采用率高些，若不行再改投他刊，直到发表为止。

4. 根据不同杂志的投稿要求，采用不同的投稿方式，增加命中率

有的杂志明确要求只接收打印稿，并且要求按照匿名评审的排版方式寄送稿件；有的杂志要求只能寄送打印稿件，但排版必须符合刊物刊登的规范；有的杂志则规定打印稿和电子稿即可；有的杂志则特别喜欢电子稿，处理起来方便；而有的杂志开通有投稿网站，只接受网上投稿，等等。针对不同的杂志投稿要求，选择恰当的投稿方式，会赢得编辑的信任，不至于因怀疑你一稿多投而毙掉你的稿件。就寄送打印稿而言，也有多种方法：第一，如果处在同一个城市距离又不太远的话，可以直接给杂志社送稿，顺便也可以和编辑做一个简单的交流，增加编辑对你的了解。第二，可以采用快递或特快专递的方式寄打印稿，一来节省时间，二来让编辑眼前一亮，因为他们每天接触的稿子多是以平信寄来的。你的是快递，表明你对发表文章的重视，无形中也会增加编辑对你的文章的重视。就网上发电子稿而言，也有很多技巧。第一，发稿子的同时写上一封诚恳的信，表明你对该杂志的了解程度、你期待发表文章的用途及文章的简要说明等，不论如何，要谦虚，不要给人留下不好的印象。第二，按照刊物规定的方式投稿。比如，有些刊物明确规定，投稿主题栏，要写上学科名称、文章名称等信息。文章要在附件中而不能在写信栏，并强调，当文章发送得到自动回复的信件后，应按要求及时寄送打印稿。

5. 采用推荐独立发表和合作发表的方式，提升发表文章的质量和数量

年轻教师独立写出的文章，可以让一些经验丰富的教师推荐到相关刊物发表，因为经验丰富的教师从事多年的研究，可能会与有关杂志建立了良好的信任关系。方式主要有：第一，给杂志社编辑打电话或发电子邮件，告诉编辑你的文章及个人信息等。第二，在寄送打印稿或发电子稿件时，把有关专业教师的推荐信寄去或发去。教师参与其他教师的课题或书稿，从中抽出的部分而形成的文章以及按照其他教师的写作思路而写成的文章，最好采用与其他教师合作署名的形式发表。此外，同专业的教师也可以就一个论文题目合作撰写论文。通过多种方式，可以有效提升教师发表文章的质量和数量。

第六章　高校教师能力提升

第一节　创造能力

一、创造力含义

教学是一种严肃的智力劳动,"教"的最终目的是让学生会自己去"学",一个真正富有成效的教师应该培养学生"做"什么,而不是仅仅让学生"学到"什么。我国古代道家老子所说的"授人以鱼,不如授人以渔"其实就是对教学创造能力最形象的描述。

二、创造力自评

一个想在大学课堂上有所作为的教师,一定要关注自己的教学是否存在创造力,关心提升教学创造力的途径是什么。依笔者所见,教学的创造力应该包含如下一些要素:

（一）具有创造性的教学应该能帮助学生解决一些"大"的问题

一个优秀的、注重创造力培养的教师应该会做逆向计划,即从自己所希望促成的结果开始,力图在教学中培养学生具备理解、应用、分析、综合、评价和再学习的能力。尽力营造一个引导学生参与问题分析,而不必求助于死记硬背的创造性的教学环境。一个有创造力的教师,应该在一开始就尝试写下本门课将要处理的最大的那个问题。之后再列出一系列学生需要探索的其他问题,这些问题是为解决那些最大问题服务的。在反复的教学积累过程中，你可能会不断修正这个"大"的问题，敦促自己向这个领域更高层次发展。

如果教师期待某种结果，他将从第一次课开始，在学生中树立起这个共同的目标，激起学生的兴趣与好奇心，帮助学生理解摆在他们面前的学习任务，让学生确信自己要为实现相同的目标而努力。教师通过教学逐步强化这个期待的结果，赢得学生对所学课程的投入，最终在智力、认知方面提升学生的潜力。

（二）具有创造性的教学应该培养学生注重因果的推理能力及思考方式

具有创造性的教学应该完全超越追求正确答案的死记硬背的教学模式，最优秀的教师应该重视因果关系的分析、注重使用证据通过推理得出结论的能力，他们应该通过教学帮助学生推理出正确的答案，让他们知道那些历史学家、物理学家、数学家或政治学者是如何思考的，再现大师利用推理能力建立起本学科理论大厦的思路，使学生逐步拥有抽象的推理能力，来理解本学科的某些至关重要的概念。通过教学积累经验，了解学生最可能会在哪些方面遇到困难，鼓励他们通过团队合作，不断磨炼推理能力，并提供各种各样改进推理能力的经验及参考资料。

（三）创造性的教学应该鼓励学生挑战应试环境下积累的惰性思维模式

不可否认，中学的应试教育在选拔人才的同时，限制了学生创造性思维方式的建立，一个优秀的教师应该在课堂上强调建立新的思维模式的重要性，十几年的应试教育养成了学生直奔正确答案的惰性思维方式，在教学中应该尽量弱化应试的思维模式，设计出挑战原有思维方式的问题，有意将学生置于某种强制的环境中，使他们原有的思维模式不能发挥作用。

（四）创造性教学要建立一种角色转换的互动式教学模式

教学的最高境界是帮助学生学会推理和创造，学会使用新信息，而不是告诉学生应该知道什么，应该记住什么。接下来就是教师必须面对"我需要讲哪些内容"的问题。这个问题是对传统教学观念和传统学习观念的一种挑战，基于传统的教学观，通常教师谈起知识，最直接反应就是韩愈《师说》

中说的:"师者,所以传道授业解惑也。"好像知识就是教师应该"传递"和"转让"给学生的东西,一个性急的教师总是希望能够打开学生大脑,把知识直接灌输给他们,这样很自然就会把精力放在找出一种自己觉得最有道理的对问题的解释,而非找一种能够帮助和鼓励学生去构筑自己的解释、去推理、去得出结论、去行动的解释。

但是,由此也会产生一些争论,就是课堂到底以谁为主的问题。如果鼓励学生去推理、去得出结论,这种模式势必让学生在学习过程中变成主角,他们获得信息,并学会理解信息。但是,从另一方面看,学生对某个知识点的解释,需要有人指导更有效的阅读,需要有人帮助他们通过阅读和作业,对教材中的观点及获得的信息找出推理的路径。

因此,较为合理的创造性教学模式应该是,教师在课堂阐明关键的信息和概念,为学生搭建一个基础性的框架,让学生能够继续获得自己的理解和结论,通过不断的互动和练习,最终帮助学生构建起知识的大厦。

(五)创造能力的提升应该面向高 层次的学生对象

创造性的教学,不仅对那些学习能力较差的学生有效,同时也适合那些学习能力较强的学生。在传统的、追求正确答案的应试环境下培养出来的学生,即使在大学可以考出高分,有很好的表现,但他们其中的多数人在理解能力、思考能力及逻辑推理方面仍需要提高到一个更高的层次。

教师要根据课程内容设计一些问题,帮助学生把注意力集中在重要的问题上,引导学生抓住可能忽视的前提条件、问题发展过程中的因果链条等,帮助学生掌握重要的观点和假设,理解其含义,并学会应用。通过教学积累不同层次、不同学习能力的学生在推理技能等方面可能遇到的困难,创造一个既相互挑战又需要团队合作的教学环境。

(六)创造性教学应尽力还原"正确知识"的获取路径

很多教师在教书时,把自己的学科当作一堆学生必须记忆且永远不变的"真理"。在教授自然科学的教师中此类观点最为突出。但在社会科学及人文科学领域也有很多专家秉持这种观点:"没有什么商量余地,这些事实学生必须掌握。"但回溯这些"正确知识"的获取路径,难道真的一路坦途?难道不存在可能的歧路？难道就不存在曲径通幽、柳暗花明的新境界吗？

  自然科学的每一个学科，在探索自然规律的时候，科学家面对的是纷繁的信息和海量的数据，大师是如何找到正确的路径的？教学中努力再现大师的思想路径，要比记住那些公式更有价值。随着时间的推移，新的、更深入的发现不断地对已有理论进行着严苛的证伪，同时新的、有价值的理论分支不断涌现，如何模仿前人的思维模式，试着利用数学、计算机等工具进行一些有意义的初步探寻，是可以在培养具有创新性人格方面做出的有益尝试。把简单的事情考虑得很复杂，可以发现新领域；把复杂的事情看得很简单，可以发现新定律。

  人文领域在探寻真理的过程中，存在着不同的学派，存在着不同的主张，这些学派、主张甚至是冲突的，他们都殚精竭虑找出他们已经发现"真理"的含义和可能的应用。给学生指出这些不同的探寻路径，帮助学生关注学科发展过程中意义重大的思想转折时刻，并介绍当时的争论焦点，让学生有批判性地做出评判，而不是代替学生做出一个唯一的选择，这是提升教学创造力的一个重要步骤。

三、创造力提升途径

  在讨论如何才能实施创造性的教学，如何才能激发学生的创造能力之前，有必要介绍国外一些专家关于学生在学习过程中学习模式的研究成果。美国威尔斯利学院的威廉·佩里等心理学家在研究本科生智力发展工作时，指出学生在本科学习中可能经历的四个广义的层次分类。

  1. 在最基础的层次上，学生在学习时只注重核对对错，只注重"正确答案"，之后把它们记住。这种学生被称为"接受型认知者"。这种类型的认知者，学习时囫囵吞枣，真理是外在的，不能把其化为自己的知识，在这种模式中，教师只需要把正确的答案直接储存在学生大脑中即可。

  2. 通过学习，很多学生会发现，不同的专家给出的"正确答案"可能并不相同。这时，学生就进入第二个发展阶段——"主观认知者"阶段，用感觉来判断一个概念的正确与否。在人文、社科领域相关专业学习的学生尤其如此，这个层次的学生如果得了低分，就常常会认为教师不喜欢他的观点。

3. 少数学生最后成为"程序认知者",他们学会了遵守学科的"游戏规则"。他们掌握了学科为做出评价提供的标准,学会了用这些标准来应付学习,他们是思维最敏捷的学生。但这种"程序认知"并不影响他们课后的思维方式,他们仅仅是给予教师想要的东西,而他们的思想、行为并没有受到太持久的、实质性的影响。

4. 只有到了最高层次的学生,他们才成为独立的、有判断力和创造能力的思想者,重视他们所接触到的观念和思维方式,并能有意识地始终如一地努力加以运用。而最高层次的学生分两类,一类喜欢挣脱某一观点,保持客观甚至怀疑态度;一类总是着眼他人观点的长处,而不是努力将其彻底否定。前者称为"独立认知者",后者称为"关联认知者"。

这些研究表明,学生并不是一直向上发展,而是在不同层次之间来回移动,他们可以同时处在不同的发展阶段,在他们的专业领域,他们可能上升到程序认知的层次;而在其他领域,他们可能仍然是接受型认知者或主观认知者。显然一个优秀的教师首先应该能判断学生分别处于何种层次。允许学生存在差异性,但首先应该摒弃教书仅仅是向学生传授正确答案、学习仅仅是简单记住那些答案的陈旧观念,以此帮助那些接受认知型学生超越其认知模式,教学的最终目标是帮助学生向最高层次发展。

了解了上述观点以后,可以确定若想成为一个在课堂上有创造的优秀教师,首先应该树立如下观念:

(1) 知识是通过构建形成的。根据传统的教育观念,记忆是一个储存的仓库,我们把知识存入其中,在需要的时候随时将其取出。其中隐含着学生应先学习材料,之后才能对其进行思考的观念。但一个优秀的教师并不应该这样看待记忆,我们的大脑既是存储器,同时也是处理器,我们是通过自己所有感官接收到的内容来构建我们的现实感,建立我们所认为的世界运行的模式,并利用这种现成的模式去理解新的感官输入。在读大学的时候,每个人可能已经存在各自不同的思维模式,每当遇到新的资料时,每个人就会利用自己已经建立的模式对其进行理解。这就意味着,教师在向学生传授知识的时候,教师的思想并非原原本本地从自己的大脑传递到学生的大脑中。学生会将自己的思维模式带进课堂,从而影响他们对知识的判断,甚至可能导致他们的理解跟我们想要传达的思想大相径庭。所以要改变存在于每个人身上的那种试图用已知的框架来理解新的输入思维惯性，一个优秀的教师应该在教授他们学科最基本的事实时，要求学生以该学科的成果及研究方法为基础，构建一个新的思维模式。

（2）思维模式的变化是缓慢的。我们如何才能刺激学生去建立新的思维模式，进行"深度"学习？

人的思维模式有成千上万种，每个学生不见得了解究竟是何种思维模式阻碍了自己的正确认知；另外，即使知道自己的认知模式存在误区，但是由于思维惯性，他们仍有可能对固有的模式依依不舍。

教师应该摒弃应试的教学模式，将学生置于自身思维模式不能发挥作用的境地，先让学生在中小学培养出的惯性思维模式不起作用，再帮助他们慢慢学会构建一个新的认知框架，通过建立自己的理解，学会使用知识去解决问题。通过理解和应用的过程来学习知识，也许他们最终依然必须记住一大堆知识，但同时他们学会了通过逻辑推理来解决问题。

怎样做才能实现教学上创造能力的提升，是一个很难下定义的命题，因为教无定法。但是，如果你留意的话，在你大学生涯中，从那些魅力四射的教师身上，从电视公开课上那些举重若轻的名师身上，你一定能感受到他们传递给你的充满创造性的力量。

第二节　沟通能力

教和学永远是一对矛盾，谁为主体的讨论永远是见仁见智。一个教师站在讲台上，如果善于沟通、勤于沟通，一定能让学生尽快地接受你，顺利地建立起教与学之间的桥梁，此后才能够在一种配合的、活跃的环境中完成自己的教学设想，若想要完成此目的，首先就要了解学生的心理和需求。

研究和调查显示，不管是何种专业，学生对教学的期望是稳定的，学生喜欢什么样的教学和厌恶什么样的教学具有一些共性，知彼知己，才能有利于教学中的师生沟通。除去一些具有技术性的数据，将学生喜欢和不喜欢的教学列出如下：

一、学生喜欢的教学模式

教师能够清晰、有逻辑地呈现本学科的基本素材；

教师能够使学生理解本学科的基本原则；

教师能够帮助学生对知识进行深入浅出的理解；

教师能够保持课程的连续性；

教师对学生的批评是建设性的，有利于学生的改进；

教师应该表现出某一学科中的专家知识水平；

教师不照本宣科，在教学中会拓展教科书中未提到的内容；

教师经常举例说明学科理论的实际应用；

教师不会仅依据一次考试或一次作业来评判学生；

能纵观全局的讲课，即前后章节要相互关联、前后章节要与整个课程联系起来。

二、学生不喜欢的教学模式

教师想当然地认为学生已经拥有成功学习某门课程的背景知识。

教师想当然地认为学生已经具有掌握学科内容的动机。

教师的PPT讲稿布满了密密麻麻的文字，或者播放时间太短，学生来不及理解其中的信息。

教师声称欢迎学生提问，但是不给学生提问时间，或者当不喜欢学生提出的问题时会取笑学生。

教师要求学生对学科知识的意见和解释借鉴自己的观点，并用考试成绩作为威胁来保证学生服从自己的观点。；

教师未能及时更正、更新教案，每个学期都以同样的方式讲授同样的内容。教师传播着过时的、不正确、不完整、基于自己偏见的信息、解释和观点。

教师事先未能做好准备，讨论处于无序状态，经常出于不明原因偏离主题，学生不能理解教师讲了些什么。

教师对目前的状况厌倦，对所从事的教学工作缺乏热情，教学没有激情，讲课单调乏味，不能清晰地阐述教学内容。

教师向学生做长篇大论，中间不做任何停顿。

教师表现得过于自我，不能与学生建立关系，也未能表现出对学生个体的兴趣。教师傲慢、冷漠，不尊重学生，常常威胁学生，经常挥舞考试的大棒，并以自己的这种风格而自豪。

教师似乎是无法接近的，他不与学生交流，没有约定的答疑时间，在课外时间也对学生没有任何帮助。

教师未能指出为了考试学生应该掌握的东西，教师出的试卷、布置的作业和讲课内容无关，在学生准备考试的过程中，教师未能提供任何帮助。

教师不能一视同仁，而是特别关照某些学生。

三、师生沟通的原则和策略

通过媒体，我们经常可以听到许多著名教师诲人不倦的故事，听到许多勤恳的教育家使顽石点头、春风化雨的美谈。这往往会在刚刚走上讲台的教师的脑海中化成一个让人望而生畏的形象：名师一定是一个学识丰厚、充满爱心，同时又极富人格魅力的超人。

其实，这些杰出的教师既有幽默风趣的，也有不苟言笑的；既有严格拘谨的，也有不拘小节的；既有妙语连珠的，也有出语考究的。个性并不是成功教学中的决定因素，除去知识和经验上的储备，杰出的教师无一例外是在课堂上最善于与学生沟通的专家，在这里杰出教师与学生沟通背后有一个精心打造的态度、概念和感知的模式。我们试着将师生沟通的策略和原则总结如下：

（一）师生关系决定教学成败

无论是你自己在做学生时，还是登上讲坛后，你都会发现同样的授课内容，甚至是面对同样一批学生，有的教师把课上得精彩纷呈，有的却上得味同嚼蜡。低效的教育产生的原因是师生沟通的低效，在沟通时一些最基本的禁忌是：

说教。尽管你讲的道理是正确的，但喋喋不休的说教会让学生产生抗拒心理，会对教师产生厌烦情绪。

命令。教师命令式的要求会让学生产生距离感，甚至是怨恨和敌对的情绪。

泛泛之词。当学生急切地想要教师给予帮助时，教师没有意义的安慰语言会让学生产生失望的情绪，会对教师产生无能、冷漠的不良印象。

师生沟通交流时正确的做法是：通过聆听学生的述说，感受对方的情绪，让学生体会到你的关心，建立沟通的初步基础；随时调整自己的表述方式，让对方能够接受你的想法；通过对方的认可，让他能够自省并感受到问题所在，能够全部或部分接受你的建议；将这种相互信任延伸到教学活动之中，把沟通提升到自然而然的境界。

（二）建立师生平等的观念

在教学工作开始时，每个教师一定对自己所授的课程充满信心，潜意识里一定希望能够建立一种权威感，以此顺利地推进教学工作，自觉或不自觉地对学生的不敬及不认真举起分数这个杀威棒，讲课成为行使这个权力和炫耀学问的机会，但结果往往是教师丧失了权威、学生付出了代价，教与学两败俱伤。

一个优秀的教师绝不是靠挥舞成绩的大棒、炫耀学问而取得成功的，所有的成功一定源于在学生身上倾注心血，源于对学生的关心。我们把时间、心血和精力花费在学生身上后传递出的感染力和亲和力是能够深入人心的，这是师生顺利沟通的前提条件。

教学时时要传达一个观念，高考不过是获取了一张高校的入场券，而大学的学习是要获取一张人生的入场券，我们每一次教学活动就是在为你将来的目标提供一次次强有力的支撑。严明的纪律规则从本质上说不仅仅是一种契约，更是基于师生之间一种牢不可破的信任关系。基于这种信任关系，你可以坦诚地告诉学生：我竭尽所能帮助你们学习，培养你们的能力，但是你必须决定是否愿意经历这种体验，如果你决定投身这个事业中，有些事情你必须下定决心去做，不虚度四年的光阴。

切记考试成绩不是教育的目的，教学不是制造赢家和输家的游戏，设法帮助每个学生达到最佳状态才是保证你在学生心目中的威信，并能和学生进行有效沟通的重要前提。

（三）建立信任与坦率的关系

摒弃绝对权威之后，取而代之的是同等重要和更有效力的信任感。这种信任意味着教师相信学生想要学习，并假设他们能够学好。这种信任感可以产生较高的期望值，可以超越相互挑剔的氛围，拉近与听课学生之间的距离，把听课的学生变得亲切友善。一个杰出的教师在课堂上将信任通过每一节课传递给学生，最终一定会使学生提高自信及自律，并从中受益；相反，一个平庸的教师总是担心学生欺骗自己，教学中疑虑重重，教室中最终将充斥着敌视，课堂上不会有任何互动的闪光和学生灵气的迸发。

跟学生建立了特殊信任的教师，经常展现出海纳百川的气度，有了这种胸怀，他们可以适时地谈论自己的求学经历、人生抱负、成功的经验和失败的教训；在适当的时候谈谈是什么东西吸引自己进入研究的领域，什么问题的探索产生了富有意义的研究成果，并激励了自己的人生智慧。著名物理学家、诺贝尔奖获得者波尔就曾讲过一句名言：我不怕显露我的愚蠢。[①] 切记，课堂并不是炫耀专门知识、标榜自我的场所，科学并不是神秘莫测、高不可攀的东西，平视的角度往往更容易激发学生对探索未知的世界的好奇，并对掌握新的知识充满信心。

信任和坦率可以产生良好的互动氛围，学生可以自由讨论各种观点和理解方法而不担心受责难和难堪。应该告诉学生，没有万能的专家，教学相长，教师在课堂上也可以从学生身上学到东西，让学生感觉放松和有挑战感，鼓励向教师和他人观点质疑，学会欣赏学生勇于提问的精神，树立"我的班上根本没有愚蠢问题"的观念。诺贝尔奖化学奖获得者——哈佛大学的达德利·赫希巴赫说：在你能够达到了解事物的新水平之前，你一定是迷惑不解的。

（四）坦然面对可能遇到的挫折

一个教师的教学生涯犹如一次航行，内心要有一种坚定的信念：我和我所带领的学生一定能成就一番事业，前人积累的学问是为我们导航的灯塔。我们最终所能达到的目标不是依靠天赋过人，更重要的是源自持之以恒的毅

[①] 引自浙江工商大学教师教学发展中心编.高校教师职业导航[M].杭州：浙江工商大学出版社，2015.

力。但航行不可能会是一帆风顺的，总会遇到偶尔的迷失或搁浅。一个优秀的教师首先应该超越责任认定造成的压力，如果仅仅是抱怨管理方和学生，从负面吸取教训，对学生产生防范心理，给自己树起一道无形的围墙，这势必影响教师的自信心。正确的态度是反省是不是有什么事情没有做到位。对学生依然怀有公平、同情和关爱之心，以平静、平等的心态去解决问题，并将这种为师之道始终贯穿在今后的讲课内容、讲课方法和评估学生之中，这样就一定能够平稳地驾驶教学之舟驶向正确的目标。

四、师生沟通的艺术

作为一个教师，在课堂、实验室、办公室或与学生相遇的任何地方，展现沟通艺术的最重要技巧就是以口头表达方式刺激学生的思维能力。在学术界，写好文章特别重要，相比之下，口头交流技巧则显得不那么重要。然而，教师在与学生沟通时，或言简意赅地说明，或长篇大论地解释，与写作科技论文一样需要精益求精的技巧。

（一）关注全体

最富有感染力的教师往往开始讲解要点时，要先注视一个学生，然后把目光从一个学生转移到另一个学生，在完成这个讲解之前，将目光停留在教室后排某个学生那里，让学生感受到你的讲解是面向所有人的。在大教室上课，他们可能会特意询问坐在后排角落的学生："你能听到我讲话吗？"或者"你可以看见这儿吗？"在课堂上往往只是简单的，旨在加深印象的反问，但你却可以借此观察学生的反应，辨认他们的眼神和体态语言，从这种反馈中，看到那些心领神会、迷惑不解、手足无措或情绪厌烦的面孔，随时调整讲课的方式。

（二）掌握节奏

为了打破沉闷，教师可以走下讲台，消除人为的隔阂。为了理解一个重要概念或者找到一个最佳答案，营造一种交流的意识，促使学生感觉到他们是在共同努力，同时是这场探索的参与者。

他们还知道什么时候改变语速。每 10~15 分钟，他们改变节奏和讲授的内容，转移方向和焦点，改换活动或题目，用一个故事或问题来结束或开始一项练习。有些教师穿插一些幽默话语，有些教师则从抽象转为具体。如果学生说话就停下讲课，如果学生保持安静，就继续下面的问题。

（三）营造气场

很多教师在走进教室前几分钟，经常在办公室或休息室平心静气地坐一会儿，把当天需要帮助学生和激励学生去做的事在心里过一遍。就像在第一个学期，上第一节课一样，让大脑产生紧张和兴奋。当教师进入课堂，一心想激发每个学生的兴趣，想自由有效地进行交流，想帮助每个人理解课程内容，想诱发学生的思维潜能。当教师带着这种意念走上讲台时，最佳教学状态就出现了，教师营造的气场将带动学生、消除隔阂、顺利沟通。如果进入教室时，只是想只要挨过这两节课或向学生炫耀一下自己的学问就行了，这一刻的意念往往会导致整堂课的失败。一个优秀的教师和一个平庸的教师相比较，在课堂内容和结构上也许差异不大，但一流教师针对学生的计划一般要更为周密和广泛，他们是带着一种能量进入课堂的。

（四）善用妙语

一个优秀的教师一定是思路清晰透彻的，在对概念和信息的解释上，他的表述要能激发学生的学习兴趣，这种解释经常运用于讲课中，但也经常出现在回复学生提出的问题中。通常，一个优秀的教师以一般性的简单问题开始阐述，然后再过渡到复杂和特定的专业范畴，先使用熟悉的语言，然后再尝试介绍专业的词汇，这样才能打破教师和学生之间的专业壁垒，以利于进一步的沟通。通俗易懂的解释可以帮助学生获得一个透彻的理解，但解释不见得一定要用最精确的语言，可以是一种简单的类推或比喻，强调对概念的宏观理解。有的教师害怕这种形象的解释会损害对概念的精确理解，但随着信息和例证的增多，教师可以通过介绍更复杂的概念，让学生更深入地理解。从一个并不是很精确的起点出发，便于逐步引导学生，直到学生形成敏锐的理解力，再让他回顾最初的理解，并认识到不足之处。只有认识到学习者学习的是构建知识结构而不是单纯吸收知识的教师，才能够大胆做出通俗易懂的解释。

（五）调动学生

优秀的教师不仅自己在交流中侃侃而谈，同时也能激发学生交流的兴趣。教师应该尽量使争论问题的声音在教室中响起，但是要控制讨论的走向，不能让课堂讨论流于形式，也不能让学生仅仅停留在打赢嘴巴官司上。杰出的教师不仅要让学生开口交流，还要让学生思考和学会如何参与观点的交流。教师不是在讨论中打发时间，而是让学生开动脑筋，更投入地参与到教学中。

一次成功的课堂讨论，一是学生和教师、学生和学生之间相处时心情舒畅，二是这种对话营造了一种具有探索性和批判性的环境。

其基本模式是，首先教师要提出一些事先设计好的、具有探索性的问题，仔细聆听学生五花八门甚至相互冲突的论点，让所有学生能放开禁忌、敞开思想，这样教师可以全面了解教学情况。

其次要激发学生对这个问题的不同观点做出评价。有多少个解决方案？每种方案的结局会是什么？哪一个是最好的解决方案？

最后，优秀的教师会问些总结性的问题：我们在这次讨论中学到了什么？我们所做结论的理由是什么？还有什么问题没有解决？

只要你留心，就会发现，在各个学科和不同环境中，都会有优秀教师在运用这个模式或它的变体。有时候对话以个案研究为中心，有时候对话中心是一个问题、一个论点、一个实验或者全体同学都碰到的经历。在某些领域，这些论点可能是概念性的，或者是解读性的；在某些领域，问题可能是关于原因和结果的（如历史学科）；在某些领域，问题可能是实用性的（如理工科）。

（六）课后沟通

在教师办公室或答疑教室，教师通常也会遇到一些忧心忡忡的学生，这些人多半是对学科的学习产生了畏难情绪，或者对自己专业选择及人生定位产生了怀疑。针对第一种情况，教师最重要的工作不是帮助他解决眼前的一两个题目，而是通过讨论了解其学习状况，帮助他对关键概念形成自己的理解，培养他的自信心。第二种情况下，一个优秀的教师更重要的是要学会耐心地聆听，让学生在轻松的倾诉中释放心中的焦虑，这种情况通常不需要教师给出一个确切的答案，而是要通过自己的人生阅历，给出一个参照。教师可以给学生一些建议供其参考，但是一定要让他理解人的一生是要面对多次选择的，学会担当才能真正自立。

当然，优雅的仪态、良好的愿望、字正腔圆的嗓音、热情目光的交流和循循善诱并不是师生交流的全部，杰出的教师不单单是一个优秀的讲演者、讨论引领者或人生导师，从根本上讲，他们应该是特殊类型的学者和思想者，引领学生钻研学问，享受智慧人生。

第七章 高校教师职业成功的衡量

第一节 高校教师职业发展阶段

一、职业生涯的概念

职业生涯是指个体职业发展的历程，一般是指一个人终生经历的所有工作岗位的整个历程。每个人一生中连续从事的职业，包括过去、现在和未来的可以实际观察到的职业发展过程，而且还包括个人对职业生涯发展的看法、价值观和期望。具体来说，是以人的潜能开发为基础，以工作内容的确定性、工作业绩的评价、工资待遇、职称职务等的变动为标志，以满足各种需求（包括物质需求和精神需求）为目标的工作经历和内心体验的经历。

对职业生涯含义的描述主要有以下四种：

第一，职业生涯表现为连续性的分阶段、分等级的职业经历和职业过程。

第二，职业生涯是指一个人一生中与工作相关的经历，工作经历包括职位、职务经验和工作任务等。

第三，职业生涯是指人的一生中与工作相关的活动、行为、态度、动机、价值观、愿望等的有机整体。

第四，职业生涯分为狭义和广义两种。狭义的职业生涯是指直接从事职业工作的这段时间，其上限从任职前的职业学习和培训开始；广义的职业生涯是指从职业能力的获得、职业兴趣的培养、选择职业、就职，至最后完全退出职业劳动这样一个完整的职业发展过程，其上限从人生起点开始。

综上所述，职业生涯就是指一个人一生中从事职业的全部历程。这整个历程可以是间断的，也可以是连续的。它包含一个人所有的工作、职位的外在变更和对工作态度、体验的内在变更。

每个人的职业生涯都会经历一个职业周期，而职业周期的不同阶段，将在很大程度上影响员工的知识水平和对不同职业的偏好程度。不同的职业专家和心理学家对此进行了不同的划分。关于职业生涯的发展阶段理论是非常丰富的。

（一）萨柏的职业生涯阶段理论

萨柏是美国一位有代表性的职业管理学家，他以美国白人作为自己的研究对象，把人的职业生涯划分为五个主要阶段：成长阶段、探索阶段、确立阶段、维持阶段和衰退阶段。

（二）金斯伯格的职业生涯阶段理论

美国著名的职业指导专家、职业生涯发展理论的先驱和典型代表人物金斯伯格研究的重点是，从童年到青少年阶段的职业发展过程。他将职业生涯的发展分为幻想期、尝试期和现实期三个阶段。

（三）格林豪斯的职业生涯阶段理论

萨柏和金斯伯格的研究侧重于不同年龄段对职业的需求与态度，而美国心理学博士格林豪斯的研究则侧重于不同年龄段职业生涯所面临的主要任务，并以此为依据将职业生涯划分为五个阶段：职业准备阶段、进入组织阶段、职业生涯初期、职业生涯中期和职业生涯后期。

（四）施恩的职业生涯阶段理论

美国著名的心理学家和职业管理学家施恩教授，根据人生命周期的特点及其在不同年龄段面临的问题和职业工作主要任务，将职业生涯分为九个阶段：成长、幻想、探索阶段，进入工作世界，基础培训，早期职业的正式成员资格，职业中期，职业中期危险阶段，职业后期，衰退和离职阶段，离开组织或职业—退休。

（五）职业生涯发展"三三三"理论

"三三三"理论是将人的职业生涯分为三大阶段：输入阶段、输出阶段和淡出阶段，每一阶段又分为三个子阶段：适应阶段、创新阶段和再适应阶段，而每一子阶段又可分为三种状况：顺利晋升、原地踏步、降到波谷。

二、高校教师的职业生涯阶段

高校教师普遍在校读书时间长，毕业时间晚，因此，他们的职业生涯阶段与一般的职业生涯阶段有所不同。以年龄为依据，每10年作为一个阶段比较合适，即20岁至30岁为一个阶段，30岁至40岁为一个阶段，依次类推。我们每个人都要经历这几个阶段，这几个阶段分别有相应的任务，具体如下：

（一）20岁至30岁：准备阶段——在校攻读学位，打好基础

这一阶段的主要特征，是眼看着同学从学校走上工作岗位，而自己还在学校攻读学位，基础是否扎实，如何起步，直接关系到今后的成败。

这一阶段的主要任务之一，就是打好基础，掌握研究方法，培养研究兴趣，训练研究思维。在充分做好自我分析和内外环境分析的基础上，选择适合自己的专业，设定人生目标，制订人生计划。

（二）30岁至40岁：发展阶段——不可忽视修订目标

主要任务之一，就是要树立自己良好的形象。进入高校，成为一名高校教师，表现如何，对未来的发展影响极大。提升教学技能、站稳三尺讲台是这个阶段的关键任务。同时找准研究方向，持之以恒，不断投稿、申报课题。脚踏实地、谦虚谨慎、善于学习、不断尝试，这样成功的希望就会很大。主要任务之二，就是要坚持学习。根据日本科学家研究发现，人一生工作所需的知识，90%是工作后学习的。这个数据足以说明参加工作后学习的重要性。

这个时期是一个人风华正茂之时，是充分展现自己才能、获得晋升、事业得到迅速发展之时。此时的任务，除发奋努力、拓展事业以外，对很多人来说，还有一个调整职业、修订目标的任务。到了30多岁，应当对自己、对环境有更清楚的了解。看一看自己选择的职业、选择的生涯路线、确定的人生目标是否符合现实，如有出入，应尽快调整。

(三)40 岁至 50 岁：收获阶段——及时充电

这一阶段，是人生的收获季节，是事业上获得成功的人大显身手的时期。到了这个年龄仍一无所得、事业无成的人应深刻反省一下原因何在。重点在自身找原因，对环境因素也要做客观分析，切勿将一切原因都归于外界因素。只有正确认识自己，找出客观原因，才能解决人生发展的困阻，把握今后的努力方向。

此阶段的另一个任务是继续"充电"。很多人在此阶段都会遇到知识更新问题，特别是近年来科学技术高速发展，知识更新的周期日趋缩短，如不及时充电，将难以满足工作需要，甚至影响事业的发展。

(四)50 岁至 60 岁：维持阶段——做好晚年生涯规划

此阶段是人生的转折期，无论是在事业上继续发展，还是准备退休，都面临转折问题。由于医学的进步，生活水平的提高，很多人此时乃至以后的十几年，都还在照常工作，所以做好晚年生涯规划十分重要。日本的职工一般是 45 岁时，开始做晚年生涯规划，美国是 50 岁时做晚年生涯规划，我国的职工按退休年龄提前 5 年做晚年生涯规划即可。一般情况下，在这个阶段，将很难再有重大突破性研究成果。当然，那些能成为科学家、院士的高校教师，在这个阶段还可以有很多的收获，这是他们长期以来孜孜不倦换来的成果。

"春眠不觉晓，处处闻啼鸟。夜来风雨声，花落知多少。"这似乎是一幅自然景观，但何尝不是社会景象？这首诗其实是描述了职业生涯的四个重要阶段。"春眠不觉晓"，是在职业生涯的准备阶段，在这个阶段，常常是对自己的未来有些懵懂无知，对于自己未来职业生涯的规划也是模糊的，并不清楚自己将来适合什么样的职业；"处处闻啼鸟"的状态是职业生涯到了顶峰，职业取得了成功，享受到了丰收带来的喜悦，同时有很多人围着你，很多薪水属于你，人生的辉煌在此展现；"夜来风雨声"是职业到了中后期，由于精力有限、身体健康出现危机等职业不可能再发展，将会遇到各种障碍而只会走下坡路；"花落知多少"意味着职业生涯走到了终点，甚至生命也将结束，逐渐退出历史舞台。

第二节　高校教师职业成功的标准

一、职业成功的界定

职业是组织与个体心理契约相互协商的结果（Daniel，2003），也是教育和工作行为的后果。人的社会生活可分为三大领域：家庭生活、职业生活和公共生活。职业生活是社会生活不断向前发展的生命线，人的一生有近一半的时间是在职业生活中度过的，职业生活是人最基本的社会实践活动。职业生活既是人类社会存在和发展的最基本的社会形式，又是个体存在和发展的基本条件，是实现个人价值的途径。因此，职业成功是每个人都关注的，它是个人实现对成就感和权力的需要，同时它带来个体的生活质量的提升。职业成功的衡量与评价，取决于不同的价值观，因此对职业成功的界定不是唯一的。

如何界定职业成功，理论界其实是比较有争议的。在人与组织关系非常密切且人们选择职业和组织的机会都比较小的情况下，如我国20世纪80年代以前劳动力市场发育不够成熟的情况下，或者如在日本终生雇佣制盛行的情况下。衡量职业生涯成功的标准总是与在组织中的地位联系在一起，比如职位提升速度和级别、薪资达到的水平等是界定职业成功的重要标准。组织也会通过职业生涯管理来留住员工，使员工扬长避短，在组织内部找到适合自己的发展机会，实现个人利益和组织利益的最大化。但是，在知识经济时代，由于竞争全球化，组织的不稳定性增强，许多组织对自己的未来不能完全把握，其本身难以做出长远的规划。对员工的职业生涯的长远规划也变得困难。另外，组织本身层次减少，中级和高级职位相应减少，也很难保证员工有足够可以晋升的职位。为了保障组织及其成员的利益，管理者变得越来越现实。既然长期的、发展性的利益无法保证，短期的、物质的利益就显得更加重要。为此，组织不再对所有的员工都进行职业生涯管理，而只对绩效高、可以给组织带来更多利润、更能适应外部变革的部分优秀员工实施职业生涯管理。因此，仅仅用职位提升速度和级别、薪资达到的水平作为衡量职业成功的标准，就不适用于所有人员。

二、浙江工商大学教师对职业成功界定的不同看法

笔者对 96 位浙江工商大学教师进行开放式问卷调查。这 96 位教师中，30 岁以下的有 6 名，31~35 岁的有 31 名，36~45 岁的有 43 名，46 岁以上的有 16 名。文化程度的分布如下：本科 6 名，硕士 32 名，博士 58 名。显然，学历层次是比较高的，这与浙江工商大学教师的学历普遍比较高有关系。这 96 位教师中，职称分布情况是：初级职称 4 名，中级 35 名，副高 45 名，正高 12 名。这 96 位教师，70% 都是从事教学科研岗位的工作。

询问"你认为什么是职业成功"并且要求对各标准进行排序。然后，对他们的回答进行内容分析和数据统计。结果发现，大家对职业成功的看法是很不相同的。归纳起来有以下 10 种比较有代表性的看法：

（1）工作得心应手、顺心、顺利，获得自我满足感、成就感。
（2）深受学生喜欢和欢迎。
（3）工作中体验到快乐。
（4）获得同行的认可和尊重。
（5）科研成果在同事尤其是同龄同事中居于前列。
（6）教学业绩总是得 A。
（7）收入比同行高，满意的生活，物质条件得到满足。
（8）科研成果丰富，年度考核连年优秀。
（9）社会服务做得好，横向课题多，与企业等实践联系紧密。
（10）评上高级职称。

这 10 项中，被试者选择将哪一项放在第一位，则该项就被认为是被试者觉得最能作为衡量职业成功的标准。被所有被试者提到的频率最高的是"工作得心应手、顺心、顺利，获得自我满足感、成就感"，有 66 人次提到，而其他各项均频次不高，差距不大。相反，认为最不能作为衡量职业成功的标准的是"科研成果在同事尤其是同龄同事中居于前列"，其次是"收入比同行高，满意的生活，物质条件得到满足"。两者频率差距不大，一个是 21 人次，一个是 13 人次。

根据人次和排序,将这 10 项综合考虑,计算其作为衡量职业成功标准的认可性。计算方法如下:如第 1 项排在第 1 名赋分为 10,有 66 个人将其排在第 1 名,则得分 660 分;有 1 个人将其排在第 2 名,赋分 9 分,得 9 分;有 0 人将其排在第 3 名,得 0 分;有 1 人将其排在第 4 名,赋分 8 分,得 8 分;有 1 人排在最不能作为评价标准,赋分为 1,得 1 分;有 0 人将其排在最不能的第 2 名,赋分 2 分,得 0 分;有 0 人将其排在最不能的第 3 名,赋分 3 分,得 0 分;有 9 人将其排在也可以作为的第 1 名,赋分 6 分,得 54 分;有 0 人将其排在也能作为衡量标准的第 2 名,赋分 5 分,得 0 分;有 0 人将其排在也能作为评价标准的第 3 名,赋分 4 分,得 0 分;累计求和,最后得分为:716。同理求出其他 9 项衡量标准的相应分数,分别为:第 2 项得分是 222;第 3 项得分是 269;第 4 项得分是 203;第 5 项得分是 245;第 6 项得分是 516;第 7 项得分是 412;第 8 项得分是 119;第 9 项得分是 428;第 10 项得分是 193。

按照频次依次排序如下:

(1)工作得心应手、顺心、顺利,获得自我满足感、成就感。得分是 716。

(2)深受学生喜欢和欢迎。得分是 516。

(3)工作中体验到快乐。得分是 428。

(4)获得同行的认可和尊重。得分是 412。

(5)收入比同行高,满意的生活,物质条件得到满足。得分是 269。

(6)社会服务做得好,横向课题多,与企业等实践联系紧密。得分是 245。

(7)科研成果在同事尤其是同龄同事中居于前列。得分是 222。

(8)科研成果丰富,年度考核连年优秀。得分是 203。

(9)评上高级职称。得分是 193。

(10)教学业绩总是得 A。得分是 119。

从排序来看,将"工作得心应手、顺心、顺利,获得自我满足感、成就感"和"深受学生喜欢和欢迎"作为衡量职业成功的衡量标准的教师是比较多的。教书育人,是高校教师的本职工作,而在教学过程中,师生关系的融洽很大程度上说明了学生从教师的教学中有所收获,这种收获带来了对教师的满意和欢迎。而作为教师,受学生的喜欢和欢迎,是学识、人品等综合素质的反映,这也给教师带来极大的满足。因此,这个衡量标准作为排名第一的结果,并不奇怪。与此相反,被调查的教师不认为职称、教学业绩、科研成果是衡量成功标准的关键。可见,职称、教学业绩等是一种外在表现,属于名利范畴。而工作过程中的快乐体验、深受学生欢迎是发自内心的感受。

虽然这里罗列了不同的频次,展现了被调查教师总体上的观点。但是,如果观察内部差异,不难发现,各个教师的观点具有比较大的差异。每一个衡量标准,都出现这样的情况:有的教师将其列入最能评价职业成功的标准,而有的教师认为最能说明职业成功。这个结果给我们这样的启发:职业成功的评价是一个很主观的事情。不同价值观的教师对职业成功的界定是存在很大差异的。如何界定职业成功本身是一种职业成功的推动力量。当一个人认定职业成功是可以用目标实现来界定的情况下,他努力追求职业成功的动力就会更大,因此职业成功的希望也越大。对职业成功的界定办法的认识其实本身就折射出一种职业价值观念。这种职业价值观念反过来会成为职业成功的影响因素。人的心理防御机制也可以解释这种现象。当一个人在职业的某个方面不够成功的情况下,他就不太赞同用这些职业成功标准来界定它,类似一种"吃不到葡萄说葡萄酸"的心理防御机制。相反,一个人如果认为收入高低是衡量职业成功的标准,他可能就会努力获得高收入。所以,"你的心在哪里,你的幸福就在哪里"这句话是对的。

第三节　高校教师的职业高原

一、职业高原的含义

职业高原这个概念首先由费伦茨(Ference,1977)提出,他认为所谓的职业高原就是指个体在职业生涯中的某一个阶段——个体所能够获得的进一步晋升的可能性非常小。后来,本威克(Bardwick,1983)提出职业生涯高原不仅包括职级的向上发展(晋升)受到限制,同时也包括在横向水平上的

岗位变动已经不太可能。职业高原的概念经过多人发展,逐步丰富。职业高原的主要特点包括:

(1)个体在职业发展上接受进一步挑战,增加和承担进一步的任务和挑战的可能性很小。

(2)个体在职业生涯发展阶段上处于一个职业变动相对缺失的时期,并且与个体的工作晋升和变动密切相关。

(3)职业高原一般被视作个体在职业生涯的峰点,是职业发展"向上运动"中工作内容、责任、挑战、压力的相对静止或者终止,是职业生涯发展上的一种"停滞期"。

(4)职业高原与职业发展阶段密切相关,一般职业高原出现在职业发展的维持阶段。

根据职业高原产生原因的差异,可分为三种类型:

(1)结构高原,是指发生在组织层面的,因组织结构使员工的职业发展受到限制,比如组织结构比较扁平,或者是组织晋升标准不明确、晋升规则不公平等。

(2)工作内容高原,是员工个人的原因,由于员工掌握了工作相关的技能和信息以后,缺乏进一步发展的动力和热情。

(3)个人主观高原,是指员工满足于现状,在工作上缺乏新的目标,同时在生活上也相对静止。

二、高校教师遭遇职业高原的原因

高校组织相对其他企业组织而言,外部环境相对稳定,组织结构相对比较机械和稳定,组织等级森严。高校组织不像小公司那么灵活。而高校内各位教师的专业相对固定,专业之间的转换显得不是太容易。在这样的背景下,职业高原现象更加容易出现。

高校教师是那些创造财富时用脑多于用手的人。他们通过自己的创意、分析、判断、综合、思考给学生施加影响,完成教学与科研等任务。可见,高校教师就是直接利用知识为组织服务的,如果他们遭遇职业高原,尤其是专业高原,就意味着对组织的贡献减少甚至停止。如果不及时解决这种现象,必然给本人、给学校都带来极大的危害。

高校教师面临职业高原，会有如下表现：对职业生涯出现认同危机，认为自己在当前职称或岗位晋升无望，开始反思自我价值的同时，产生失望情绪；认为自己的工作到达顶峰，个人已经没什么可以再学习的了，因而不愿再做进一步发展。同时，这种个体的情绪通过高校教师之间的互相接触，而对整个学校氛围产生一定的影响。所以，职业高原现象产生的负面情绪使得学校在其知识的更新速度和发展空间上大大受到了抑制，对学校是有一定危害的。

影响职业高原现象产生的因素有很多，这里，我们采用特伦布莱（Tremblay，1993）等人的研究结果，结合高校教师特点，分析职业高原现象的成因。

（一）个人因素

根据以往研究，个人因素主要包括年龄、价值观、受教育水平、人格因素、晋升愿望、绩效评价、工作投入、以前成功或失败的工作经验、身体原因等。

从经济学角度分析，当个体获得比较丰厚的收入时，他们的劳动供给曲线已经近乎垂直，替代效应大大超过了收入效应。因此，他们不愿再付出更多的努力甚至他们减少工作的时间工资反而更高，他们从而转向个人和家庭，获得更多的休闲时光。虽然高校教师整体上并不具备高收入的特点，但是他们大都具有"视金钱为粪土"的价值观，他们往往并不把收入放在很高的位置，对奢侈品、高档生活的追求欲望是比较弱的。

曾经失败的晋升经历，也容易导致高校教师出现职业高原现象。失败之后，个体常常需要寻找理由安慰自己，继而或者积极进取迎接下一轮的竞争或者偃旗息鼓，甚至从此退出竞争舞台。这取决于高校教师的价值观和工作动机。那些看淡名利、看透人生、善于从别处寻找价值点的高校教师必将走出职业高原。

（二）家庭原因

高校教师通常具备高学历，是人力资本投资较多的一个群体，在其职业早期阶段，必然在工作中，尤其是攻读学位期间付出过较大的努力，他们往往无暇顾及家庭。高校教师中，妻子怀孕，丈夫出国；妻子生产，丈夫在外出差调研；妻子（丈夫）休息，丈夫（妻子）还在灯下奋战，这样的例子非常多。因此，有的高校教师工作了较长一段时间，达到了一定的职位和工资水平的时候，会对家庭产生亏欠感。这时候，家庭的情况会对他们的工作产生巨大的影响，"顾家"的思想会加剧他们的职业高原现象。

（三）组织原因

最近几年，各大高校出现组织结构扁平化以及伴随机构精简、岗位尤其是高级职称岗位减少现象，这使得高校教师认为晋升的机会很少。同时，这种现象提高了对教师的要求，要求高校教师具有更强的科研能力、创新能力等，这会使得他们认为自己的工作时间过长，压力过大，进而产生对工作的厌倦情绪。

（四）工作特点原因

高校教师的工作特点也导致职业高原现象容易出现。正如前文所述，高校教师创造财富时用脑多于用手，他们通过自己的创意、分析、判断、综合、思考来工作。这样的劳动是内隐的，不容易被观察，也不容易监督，而且质量比较难界定，并且对于组织而言，他们的劳动努力程度比劳动时间更加重要。在勤奋努力、力求完美的情况下干 8 小时，与在敷衍了事的情况下干 8 小时，其工作质量会有很大差异。但是，高校教师的努力程度与获得收益之间的关系却很遥远。无论是科研还是教学，都具有这样的特点。以教学为例，针对高校教师的教学工作不可能采用计件工资，即便是采用课时工资制，也仅仅根据授课时间计酬，而很难像生产企业那样针对合格产品计酬，因为课程的质量界定与检验不像生产产品那么容易。而实际上，目前大多数高校均采用岗位工资即固定工资，而固定工资的数额目前大多与科研成果挂钩更为密切，与教学成果挂钩的程度相对较小。因此，高校教师花在备课上的时间与精力，很难在收入上体现出来。何况教师的精心备课、花大量时间在教学上，又常常受到教学技能的调节作用。也就是说，如果教师的教学技能欠佳、教学经验不足，这些大量时间的付出，也得不到学生的肯定，这些时间不仅不能转化为经济收入，甚至不能转化为工作质量。可见，高校教师的努力程度越大，他的边际效用越小。追求边际效用最大化的高校教师的劳动努力程度极有可能递减，最终表现为职业高原现象。另外，扁平的组织中，教师之间的比较和竞争也显得激烈，高校中尤其如此，刚进的新教师与任教多年的老教师同一个学期给相同班级授课的现象非常常见，发表论文的要求也并不以职称来区分，因此新老教师在相同的平台和要求下竞争。同时，教师之间的相互影响作用会比较强烈。当教师感觉到待遇和自我期望的比值和他人相比不够公平时，非常容易产生失望情绪，他们追求工作成功的意愿受到严重挫折，极有可能导致他们在该工作岗位上停滞不前，遭遇职业高原现象。

三、高校教师职业高原显现的特点

（一）主观感知强烈

中国社会比较崇尚追求地位和权威，家庭和社会都对高校教师寄予了很高的期望，和普通劳动者相比，高校教师的职业目标定位较高，社会公平感较强，对事业成功的期望值较高，因此，他们对职业高原的主观感知更加强烈，形成主观高原的概率较高。

（二）低龄化趋势

虽然人们一直认为职业高原现象一般发生在职业中晚期，但随着高校组织结构的扁平化、高级职称缩编趋势日渐明显，高校所能提供给高校教师的高级职称也越来越少，加之目前劳动后备军的持续充足供给，博士生招生规模有所扩大，职业高原现象正越来越多地在年轻高校教师中出现。

（三）内隐化特征

受中国传统文化和计划经济的影响，中国的高校教师缺乏职业生涯的自我开发能力，处理职业停滞问题时比较消极被动，遭遇高原压力时缺乏适当的减压渠道，职业高原的不良反应表现得比较隐蔽。同时，高校面临的环境相对稳定，其组织结构比较机械，等级也比较森严。这种组织结构下常常形成权力集中，员工相对缺乏沟通渠道的组织文化。因此，高校教师在遭遇职业高原，尤其是结构高原时，一般均采取悄然无声的态度。因此，默然接受、寂静应对的内隐化常常成为高校教师应对职业高原的典型表现。

（四）危害大

尽管教师职业高原具有内隐化特征，但这并不能消弭其危害。苏联著名教育家加里宁说："教师的世界观，他的品行，他的生活，他对每一现象的态度都这样或那样地影响着全体学生。"[①] 处于职业高原的高校教师难免消极，尽管这种消极不一定表现为犹如祥林嫂一般天天在口中诉说，但这种消极的态度很有可能感染大学生，而大学生正处于职业发展的准备阶段，正是需要积极奋进、锐意进取的时期，这个时候特别需要家长、教师、社会的积极鼓励、喝彩、鼓掌、助威。教师消极的态度和价值观无疑在无形中影响了学生的斗志，危害无穷。因此，高校教师的职业高原的危害比一般员工要大。

四、如何避免高校教师的职业高原现象

高校教师能够通过自己的创意、分析、判断、综合，给高等学校带来附加值。他们在组织中具有较强学习知识和创新知识的能力，具有较高专业技术和技能，或者具有本行业丰富的从业经验和杰出科研教学才能，能充分利用现代科学技术知识提高工作效率，能够为高校做出巨大的贡献。与普通劳动者相比，他们对有挑战性的工作有较高的内在兴趣，具有较强的成就动机，往往承担着较重的工作负担与较大的工作责任。同时，高校教师是教学工作的主导，是高校竞争优势的源泉，他们的素质与工作质量直接关系到高校的生存与发展，高校的质量归根结底取决于教师队伍的质量。因此，高校教师如何避免职业高原显得尤为重要。下面分别从高校教师个人和高校两方面提出一些具有针对性的策略。

（一）个人的自我职业管理

1. 进行自我调整认知

当高校教师意识到自己的绩效、能力得不到高校的承认或者满腔努力得不到回报，比如职称评审中遇到不公正的待遇、申请课题没有如愿、遭到学生的抱怨等，都会出现负面情绪，甚至导致职业高原。这个时候，高校教师应该以积极的情绪来面对问题，接受职业生涯中会有挫折的这一现实，努力克服自己的挫折感，在原有的工作领域进行"充电"，为以后的职业发展争取更多的主动性，以获得更多的发展机遇。

[①] 张晨. 加里宁的思想政治教育观 [J]. 宜春学院学报, 2016, 38(05): 24–28.

2. 学会自我减压，培养积极情绪

由于科学技术发展迅速，高校教师作为知识的传播者更应该跟上时代步伐，因此必须努力学习新知识和新技术。在这样的压力下，高校教师需要进行适当的自我减压，培养积极的情绪，用积极的心态去面对问题，冷静、客观地分析问题，进行自我调整，努力解决问题。

（二）学校对教师的职业生涯管理

1. 及时发现职业高原

高校教师一旦遭遇职业高原，他们的教学与科研等工作绩效就会受到不同程度的影响。他们工作的积极性会降低，团队意识会变得淡漠，工作效率会下降，工作的能力也很难得到发挥和提高。所以，学校的各级管理者应当随时关注高校教师的工作绩效，一旦发现他们的工作绩效较以往有很大的变化，就要找出其中的原因，然后对症下药，找寻解决问题的方法。

2. 根据个体特点采用不同策略

高校要从平时管理的细微处入手，采取一定的措施来缓解和解决教师的职业生涯挫败感，激发职业开发的积极性。首先，在教学中应多授权给教师，这在一定程度上能实现其对工作的控制程度，从而缓解教师因职称晋升困难产生的心理压力，减轻教师对工作的厌倦、懈怠情绪，增加工作的吸引力。另外，通过多样化的奖励方式使更多的教师获得成就感、自我认同感以及自尊感，从而淡化对职称晋升的关注程度。例如，高校可以对工作特别突出的、在某方面有特别贡献的教师颁发特别贡献奖或进行物质奖励；在合适的场合对教师进行口头表扬或书面表扬，通过满足其自我实现的需要、转移其注意力来淡化他们职称晋升的压力。同时，高校应当尽可能地营造一个比较轻松的环境，培养教师的积极情绪。让他们在面对职业挫败感时，会冷静地进行思考，分析造成自己处境的原因，并用积极的心态去面对问题，努力进行自身的调整，积极掌握新的工作技能，获取新的视角，为今后承担更多的责任做准备。

3. 实行宽带薪酬制度

薪酬制度传统的做法是：层级越高，工资的提升幅度越大。这就意味着较低层级的组织成员工资的提升幅度较小，容易产生不公平感。个人的工作

得不到组织的认可，个人发展受阻，容易形成职业发展中的挫败感和不公平感，影响他们的工作满意度。而宽带薪酬制度会弱化职称与薪酬的联系，使薪酬的提高除了与职称相关外，还与教师的能力挂钩，从而引导他们重视个人技能的增长和能力的提高，发挥特长追求卓越，淡化职称晋升的压力。同时更加体现教师的价值，更能调动他们的积极性和工作满意度。

4. 重塑学校文化，提倡成功标准多元化

组织文化是组织成员在长期的共同生活和工作中形成和拥有的价值观。它规范着组织成员的价值和行为。在传统的层级组织结构中，学校的主流文化认为职称晋升是最重要的甚至是唯一的成功标志。因此，一方面使高校教师积极进取，提高工作绩效，获得职称晋升，但另一方面，也造成了工作目的好像就是为了职称晋升，职称不晋升则工作没有成效。然而高校中能够得到职称晋升机会的教师毕竟数量有限，很多教师将遭遇职业高原进而感受到极大的压力。因此，学校文化应该重新塑造、提倡成功标准多样化，让教师认识到职业成功的标准不仅仅是职称晋升，还有工作本身带来的乐趣、工作经历的多样性、学生的成就以及不断的自我完善等。

5. 采取有效的职业管理手段

高校与教师共同建立职业生涯管理档案，记录教师的个性、技能、能力和潜能。给予教师一个自我职业认识的机会。并提供多种方式的职位培训和开发，学校和教师能够双向选择自我职业发展的方向，积极创造出国进修等技能提升、开拓国际视野的机会。同时，营建学习型的学校氛围，提高学校内部劳动市场的竞争力。同时，增强高校教师的自我实现和职业认同。

6. 实施员工帮助计划

高校往往比较重视对大学生的心理健康教育。其实，针对高校教师，也应该有这方面的内容。员工援助计划20世纪20年代起源于美国，60—70年代得到社会的广泛认可和应用，80年代随着经济全球化的发展被引入欧洲及世界其他地区，并且被发达国家的多年实践证明了是解决企业员工心理健康的最好方法。近年来，员工援助计划逐渐引入我国，成为人力资源管理的新理念。员工帮助计划的最初应用在于解决员工酗酒、吸毒和不良药物影响带来的心理障碍。员工援助计划的内容丰富多彩，涉及工作压力、心理健康、危机事件、职业生涯发展、健康生活方式、法律纠纷、理财问题、减肥和饮食紊乱等多个方面，但是，它的核心内容还是解决员工及其家人的心理和行为问题。由于职业高原期的高校教师必然面临较大的压力，这种帮助高校教师缓解压力的做法，可以减轻他们因职业高原带来的一些负面情绪，从而可以减少职业高原的负面影响。员工援助计划要在高校中发挥作用，必须有一套清晰的、书面的政策和程序，用以规定援助计划在企业中如何运行和执行。要明确员工援助计划在企业中应发挥的作用和目的；构建员工援助计划的运行流程，规定它的责任、义务和权利，以及它在组织中运行的机构保障；制定员工援助计划的评估指标及方法，评估的指标应该体现系统性和长期性，不能仅以短期内的经济效益作为唯一的评价标准；建立良好的监督和反馈机制。

总之，教师一方面通过各自行为的约束，即教师要为学校做出贡献，另一方面，学校要对教师的贡献给予回报，使教师的个人目标与学校目标达到和谐统一。高校应建立和健全一整套系统完善的教师职业生涯管理体制，使教师产生良好的安全感、工作满意度和对学校的认同感，以确保高校事业稳定、健康与可持续发展。

第八章 高校教师职业规划

第一节 职业规划的内涵

职业规划指个人根据对自身主观因素和客观环境的分析，确立自己的职业发展目标，选择实现这一目标的职业，以及制订相应的工作、教育和培训计划，并按照一定的时间安排，采取必要的行动完成职业生涯目标的过程。在这一过程中，接受相应的教育与培训是必不可少的环节。

从人力资本理论而言，人力资本具有下列特征：

第一，人力资本投资首先需要确定投资者，即投资主体。投资者可以是国家（中央、地方政府）、事业单位、企业、社会团体，也可以是家庭、个人等。

第二，人力资本投资直接改善、提高或增加人的劳动生产能力，即人进行劳动时所必需的智力、知识、技能和体能。

第三，人力资本投资旨在通过对人的资本投入，投资者未来获取价值增值的劳动产出及由此带来的收入的增加，或者其他收益。

从上述含义来看，人力资本投资具有投资的一般性质。它同物质资本投资一样，是能够带来新的价值增值的一种真正的投资行为或活动，是一种生产性的投资，且其投入产出收益大于物质资本投资，是一切投资中收益最高、获利最大的投资。

第二节　职业规划的背景

一、社会期望值较高

1. 在科教兴国、知识就是力量的时代背景下，社会对高校教师提出了更高的要求。青年教师是高校的新生力量，也是今后高校发展的中坚力量，所以社会对他们的工作和成长给予了更多的期望和关注。这就要求青年教师实时更新教学内容，不断改革教学形式和方法。这些要求增加了青年教师心理和身体上的压力。

2. 中国正处于社会转型期，社会上充斥着功利思想，高校被有些人称为最后一块净土，家长、学生及社会各界自然而然地增加了对教师的期望值。但过高的期望会使青年教师通过隐藏自己内心的真实感受来维持社会所期待的形象。长期的自我压抑，必定会出现心理疲劳与衰竭。

二、学校对教师职业发展的忽视

1. 青年教师工作量偏大，负荷较重。在很多高校，教授或资深教师主要致力于科研工作，教学任务主要由青年教师承担，一周十几二十节课的教学量是很平常的事情。另外，由于网络等新技术的出现，学生获取信息的渠道多元化，为了超前于学生，青年教师不得不占用大量休息时间去充电。不是所有的高校都能够对青年教师进行关心和引导，为青年教师的职业发展做出实质性的帮助。

2. 资历浅，科研难。许多青年教师还处于科研的探索期，由于其年龄、知识、阅历、经验的限制，大多只能靠自己摸索，很难取得较好的成绩。而科研又直接与职称的晋升和工资挂钩，这样的压力会让他们产生心理疲劳和畏难情绪，从而厌倦工作。不是所有的高校都能为这些青年教师做出职业规划，帮助其提升科研能力。

三、教师个人方面原因

（一）性格方面的原因

人们的处世态度和行为方式很大程度上由性格决定。一些青年教师有着过于强烈的自我实现与自尊需要，但却缺乏相应的自我认知能力，认识不到自己的不足；也有些青年教师比较内向孤僻，沉郁压抑，自卑感强，不善于与人交往，存在社交障碍。

（二）专业技能的缺乏

现在的大学青年教师，多是刚毕业的研究生，学历层次高、思维活跃、想象丰富、成就动机强、专业基础厚实、善于接受新知识。但最近几年很多高校的发展目标有所调整，国际化趋势增强，对教师的要求提高，加之高等院校对研究生的培养，侧重科研能力的提升，很少有高校会对研究生提供严格系统的教育教学方面的知识和技能的培训。

综上所述，各种原因使得刚刚进入高校的青年教师对教师职业了解不多，存在着角色适应困难、自我职业发展意识薄弱等现象。有研究表明，在个人教学效能感因子上，41岁以上的高职教师的教学效能感显著高于40岁及以下的高职教师。这是年轻教师缺乏教学信心的实证数据，说明年轻教师在教学方面确实存在一定的困惑。而高校教师，尤其是青年教师职业发展中遇到的问题，需要通过职业发展规划来解决。从人力资源开发与管理理论来看，进行职业生涯规划与管理是解决职业倦怠的主要方法。对于青年教师而言，职业已经基本确定，但他们仍处于职业的不稳定期，具有很大的可塑性，通过职业生涯规划认识自身的性格、价值观、优势和劣势，获取外部环境中有关工作机会的信息，从而确定职业目标，制订实施计划，实现职业理想，有利于青年教师快速健康地成长，也有利于高校的稳定和发展。

所谓职业发展规划，是职业生涯规划的简称，就是对职业生涯乃至人生进行持续的系统的计划、设计和安排，它包括职业定位、目标设定、通道设计三部分内容。职业规划通常需要将个人发展与组织发展相结合，在对个人和内外环境因素进行分析的基础上，确定个体的事业发展目标，并选择实现这一事业目标的职业或岗位，编制相应的工作、教育和培训行动的计划，对每一步骤的时间、项目和措施做出合理的安排。高校教师的职业规划因此就包含了职业定位、目标设定和通道设计三部分。在这一过程中，高校教师应该将自己的职业目标与所在学校的发展目标相结合，按照学校的发展导向制订自己的职业生涯规划。

实施职业发展规划，从教师和学校两方面来看，都具有积极意义。

第三节　高校教师职业规划的必要性

一、职业生涯规划有助于教师明确方向，完善自我

刚参加工作的很多教师对自己并不了解，尤其是不了解自身的优势和劣势。通过有效的职业生涯规划，可以使新教师熟悉自身的个性特质、现有和潜在的资源优势，帮助熟悉自身的价值并使其持续增值；可以对自己的优势和劣势进行对比分析，着力培养某项职业特质；树立自己的职业发展目标和职业理想，从而规划自己的学习和实践，并为获得自己认为理想的职业而去做各种准备。

二、通过职业生涯规划提高教师个人的创新思维

创新思维是指以现有的思维模式提出有别于常规或常人思路的见解为导向，利用现有的知识和物质，在特定的环境中，本着理想化需要或为满足社会需求，改进或创造新的事物、方法、元素、路径、环境，并能获得一定有益效果的行为。当今时代，创新思维的重要性被提高到了一个前所未有的水平。创新思维对教师个人的职业生涯发展具有十分重要的意义，只有具有较高的创新思维水平，思路灵活，提出新的设想、新的观念，才能不受传统思维和习惯的束缚。而职业规划本身就强调变革、创新、变通。因此，职业规划可以提高教师个人的创新思维。

三、职业生涯规划可以提高个人的科学文化和专业技术知识水平

现代职业的从业者，尤其是高校教师这一职业，只有把握丰富的现代科学文化知识和必要的专业技术知识才能适应社会和职业发展的需要。随着知识经济的来临，知识更新的步伐越来越快，不断学习和把握新的科学文化知识和专业知识变得更为重要和必要。

四、职业生涯规划有助于自我实现

面对人生的大舞台，每个人都渴望实现自我价值。美国心理学家马斯洛提出了著名的"需求理论"，指出人的需求由低级向高级层次推进：生理需求—平安需求—友爱和归属的需求—受尊敬的需求—自我实现的需求。所有这些需求又必须通过职业生涯活动来实现。我们可以通过从事一份职业来获得生理、平安、友爱和归属、尊敬的需求，我们更是通过从事一份职业来发挥自己的潜能，体现自我价值。因此，正确的职业生涯规划，能为实现自我价值创造机会，并能够扬长避短，帮助你最终迈向成功。

第四节 高校教师职业规划的特征

对于教师来说，制定与实施职业发展规划可促进教师的反思与行动，动态的职业发展规划能满足教师不断发展的需求。对于学校来说，职业发展规划可以增加教师对学校的向心力与忠诚度，学校可以有效地进行人力资源规划，学校可充分利用内部人力资源，降低师资流动率，减少对外界师资的依赖性，有助于改进教师的教育教学绩效，使各类资源的提供更具方向感与使命感，有效地发掘、培养、提升可用之才。

教师职业发展规划不仅是教育改革和教师队伍建设的客观要求，也是教师发展的内在需求，更是教师体现自己生命意义、实现生命价值和主动持续发展的现实选择。但在现实中，不少大学青年教师在思想上缺乏职业发展规

划的意识，在实际行动上缺乏自觉的发展设计，在方法和策略上缺乏有效选择和建构的能力，甚至有些青年教师存在着认识上的误区和行动上的偏差。

第五节 高校教师职业规划的步骤

一、定位和自我评估

职业生涯规划首先自己要给自己一个定位，一个人生定位。但这个定位却并不是一次性，它是个动态性的定位。职业生涯规划的功能就是帮你找到最优路径，帮你确定坚定的目标。当你在前面某处转弯了，它会告诉你这是什么路，该怎么继续前进。因此，个人职业生涯规划在实质上是一种定位。定位分为两类，一类是外部给的定位，另一类是自己给自己的主动定位。

在定位时要考虑和分析哪些因素呢？

第一，我到底想要什么？我的目标是什么？这一点是前提和基本，就像GPS导航系统，假如没有目标，则必然会出乱子。第二，我的优势是什么？我的专长是什么？我的能力范围能涵盖些什么？就是自己对自己一个真实真切的认识。第三，上面两点弄清楚之后，我应该做什么？这里说的应该做什么，其实是一种针对长期目标的一系列选择。应该考虑在什么阶段、什么时期应该做什么。应该做什么其实是一个选择问题。它很复杂，因为我们不是一次性的选择，而是长期的、不间断的选择，而且，它是在多重目标下的选择，也是在外界因素允许下的选择。

客观准确的自我评价是成功制订个人职业生涯规划的前提。自我评价就是高校青年教师对自己做出全面的分析，包括对个人的能力、兴趣、性格、气质、价值观等各方面。评估过程中可以辅助标准化测评软件、霍兰德兴趣量表、360度自我评估、分类卡、卡特尔16种人格因素测验等测评工具。通过客观、全面、公正的自我评估，青年教师能够清楚地知道自己目前所处的状态，坦然接受理想与现实的反差，减轻心理压力。同时，青年教师还能够辩证地看待自己的优势和劣势，制定适合自己的发展方向，在工作中扬长避短，努力克服缺点，使工作达到事半功倍的效果。

职业规划中的自我评估，很重要的一个环节是了解自己的职业锚。锚，是使船只停泊定位用的铁制器具。所谓职业锚实际就是人们选择和发展自己的职业时所围绕的中心，是指当一个人不得不做出选择的时候，他无论如何都不会放弃的职业中的至关重要的东西或价值观。职业锚，也是自我意向的一个习得部分。个人进入早期工作情境后，由习得的实际工作经验所决定，与在经验中自省的动机、价值观、才干相符合，达到自我满足和补偿的一种稳定的职业定位。职业锚强调个人能力、动机和价值观三方面的相互作用与整合。职业锚是个人同工作环境互动作用的产物，在实际工作中是要不断调整的。

职业锚以个体习得的工作经验为基础。职业锚发生于早期职业阶段，刚参加工作的个体已经工作若干年，习得工作经验后，方能够选定自己稳定的长期贡献区。职业初期个体在面临各种各样的实际工作生活情境之前，不可能真切地了解自己的能力、动机和价值观以及在多大程度上适应可行的职业选择。因此，职业初期的个体的工作经验产生、演变、发展了职业锚。换句话说，职业锚在某种程度上由个体实际工作所决定，而不只是取决于潜在的才干和动机。职业锚不是个体测试出来的能力、才干或者作业动机、价值观，而是在工作实践中，依据自省和已被证明的才干、动机、需要和价值观，现实地选择和准确地进行职业定位。职业锚是个体自我发展过程中的动机、需要、价值观、能力相互作用和逐步整合的结果。个人及其职业不是固定不变的。职业锚，是个人稳定的职业贡献区和成长区。但是，这并不是意味着个人将停止变化和发展。员工以职业锚为其稳定源，可以获得该职业工作的进一步发展，以及个人生物社会生命周期和家庭生命周期的成长、变化。此外，职业锚本身也可能变化，员工个体在职业生涯的中、后期可能会根据变化了的情况，重新选定自己的职业锚。

职业锚有下列八种类型：

1. 技术／职能型的人，追求在技术／职能领域的成长和技能的不断提高，以及应用这种技术／职能的机会。他们对自己的认可来自他们的专业水平，他们喜欢面对来自专业领域的挑战。他们一般不喜欢从事一般的管理工作；因为这将意味着他们放弃在技术／职能领域的成就。

2. 管理型。他们追求并致力于工作晋升，倾心于全面管理，独自负责一部分，可以跨部门整合其他人的努力成果，他们想去承担整个部分的责任，并将公司的成功与否看成自己的工作。具体的技术/功能工作仅仅被看作是通向更高、更全面管理层的必经之路。

3. 自主/独立型。自主/独立型的人希望随心所欲安排自己的工作方式、工作习惯和生活方式。追求能施展个人能力的工作环境，最大限度地摆脱组织的限制和制约。他们宁愿放弃提升或工作扩展机会，也不愿意放弃自由与独立。

4. 安全/稳定型。安全/稳定型的人追求工作中的稳定与安全感。他们可以预测将来的成功从而感到放松。他们关心财务安全，如退休金和退休计划。稳定感包括诚信、忠诚，以及完成老板交代的工作。尽管有时他们可以达到一个高的职位，但他们并不关心具体的职位和具体的工作内容。

5. 创业型。创业型的人希望用自己的能力去创建属于自己的公司或创建完全属于自己的产品（或服务），而且愿意去冒风险，并克服面临的障碍。他们想向世界证明公司是他们靠自己的努力创建的。他们可能正在别人的公司工作，但同时他们在学习并评估将来的机会。一旦他们感觉时机到了，他们便会自己走出去创建自己的事业。

6. 服务型。服务型的人指那些一直追求他们认可的核心价值，例如，帮助他人，改善人们的安全，通过新的产品消除疾病。他们一直追寻这种机会。

7. 挑战型。挑战型的人喜欢解决看上去无法解决的问题，战胜强硬的对手，克服无法克服的困难障碍等。对他们而言，参加工作或职业的原因是工作允许他们去战胜各种不可能。新奇、变化和困难是他们的终极目标。如果事情非常容易，它马上变得非常令人厌烦。

8. 生活型。生活型的人是喜欢允许他们平衡并结合个人的需要、家庭的需要和职业的需要的工作环境。他们希望将生活的各个主要方面整合为一个整体。正因为如此，他们需要一个能够提供足够的弹性让他们实现这一目标的职业环境。甚至可以牺牲他们职业的一些方面，如提升带来的职业转换，他们将成功定义得比职业成功更广泛。他们认为自己在如何去生活、在哪里居住、如何处理家庭事务，以及在组织中的发展道路是与众不同的。

职业锚问卷是国外职业测评运用最广泛、最有效的工具之一。职业锚问卷是一种职业生涯规划咨询、自我了解的工具，能够协助组织或个人进行更理想的职业生涯发展规划。

二、职业选择和认知

卡耐基曾说过:"每个人生命中有两个最重要的决定,它们可能造就你,也可能毁灭你,将深深地改变你的一生。这两个重大决定是什么?第一,你将如何谋生?第二,你将选择谁做你孩子的父亲或母亲?"[①]可见,选择职业是多么重要。选择什么职业,选择还是不选择教师职业,是我们每个人必须考虑清楚的。因此,青年教师要依据客观现实,不要盲从他人,要比较职业的条件、要求、性质与自身条件的匹配情况,选择条件更合适、更符合自己的特长、更感兴趣、经过努力能很快胜任、有发展前途的职业。扬长避短,看主要方面,结合自己的优势选择正确的职业,不要追求十全十美的职业。要考虑性格与职业的匹配、兴趣与职业的匹配、特长与职业的匹配、专业与职业的匹配等。总之,要"从事适合的职业"就是"做回我自己",从事适合我自己的职业,代表了五层意思:

1. 从事"做回我自己"的职业就是从事"最有工作满足感、最喜欢"的职业,就是每天享受工作,而不是每天厌烦上班、对从事的工作感到厌倦甚至痛苦。有个故事很好地说明了这一点:一天,泰莱神父去医院主持一位病人的临终忏悔,他到医院后听到了这样的一段话:"仁慈的上帝!我喜欢唱歌,音乐是我的生命,我的愿望是唱遍美国。作为一名黑人,我实现了这个愿望,我没有什么要忏悔的。我还用歌声养活了我的6个孩子,现在我的生命就要结束了,我死而无憾。"歌手的话让神父想起5年前他曾主持过的一次临终忏悔。那次是位富商,而他的忏悔竟然和黑人歌手差不多。他对神父说:"我喜欢赛车,从小研究它们,改进它们,经营它们,一辈子没离开过它们。这种工作与兴趣相结合的生活方式让我非常满意,而且我还从中赚了大笔的钱,现在我没有什么要忏悔的。"泰莱神父给报社去了一封信,他写道:"人应该怎样活才不会后悔呢?"也许做到这两点就够了:第一,做自己喜欢做的事;第二,想办法从中赚钱谋生。后来,这两条原则流传开来,成了美国人公认的"最不后悔的活法"。可见,选择自己最喜欢的职业是多么重要。

2. 从事"做回我自己"的职业就是从事"进步和发展最快"的职业,最

[①] 戴雨晴. 有关戴尔·卡耐基主要成功学观念的分析[J]. 中国航班,2020(18):156.

能发挥自己的性格和天赋优势，是职业发展的最佳路径。

3. 从事"做回我自己"的职业就是从事"一生长期发展"的职业，能取得一生职业生涯长期的成功，而不是依赖某个偶然机会的短时间内的成功。对有些人来说，适合的职业意味着对他是最好的职业，不是唯一可以做得来的职业；对另一部分人来说，适合的职业可能意味着是唯一能够持续发展的职业，不适合的职业很难持续发展下去。

4. 从事"做回我自己"的职业就是从事"最能发挥潜能"的职业，能最大限度地发挥自己的潜力，在这个职业上能发展到很高的层次，能取得自己可以获得的最大成功。

5. 从事"做回我自己"的职业就是从事"最有竞争优势"的职业，与其他人竞争时有最重要的优势性格和天赋优势。因为即使一个人有专业的优势或经验的优势，大家都从事同样的工作一段时间后，有性格和天赋优势的人进步更快，在知识和技能上会逐步赶上并超过仅仅有专业优势或经验优势的人，这样这个人的后天优势也会逐渐丧失。

一旦选择了高校教师作为自己的职业。青年教师就要加强对自身职业的认识，树立良好的职业信念，形成职业荣誉感，加强师德师风建设。对教师职业的充分认识，一方面使青年教师能够从容面对社会的高期望和社会转变带来的高要求，更好地服务于社会，另一方面育人意识的提升会让更多的学生认同、接受、喜欢，使青年教师的自我价值得以实现，从内心深处认同自己的教师身份，更积极地投身于工作。

认清教师职业的优势，树立职业理想、增强奋斗动力。没有愿望，人生就没有动力；没有方向和目标，动力就无法释放；没有目标的实现，就永远体会不到成功的喜悦。但同时，也应该看到任何职业都有利弊。教师也不是十全十美的职业。很明显，高校教师收入是不高的。高校所要求的人力资本是最优质的、最高级的，但它的定价机制却是非常扭曲的。过去知识分子很廉价。可是现在是市场经济了，将有很多选择。和很多行业比起来，教师可以说是"垄断低价"。因此，高校教师的弊端之一就是工资显得很低。在我们国家，高校教师的补助是按照公务员的标准发放的。虽说公务员工资低，但是诸多干部职位为什么这么吸引人呢？因为更多是在于其权力。就像在好莱坞竞争奥斯卡"小金人"，其实这个"小金人"并不值多少钱，但是意义是在颁奖的后面。而有的青年教师，却是连一些简单的道理都搞不明白。举个例子，某博士后，辗转找了很多工作，嫌这个不好那个不好，就想有一份很满意又无可挑剔的工作。其实，这样的职业是没有的。

所以，我们强调要保持一份好的心态。学会第一要知足，所谓知足常乐；第二要知乐，生活如果不欢快，就会失去很多动力；第三要知难，所谓人贵有自知之明。对待教师职业也是如此，要看到快乐的地方也要看到其困难的地方。保持一颗平常心。更应该注重好的一面，而忽略其不好的一面，这样才能对教师职业有一个更加全面的、更加令人愉快的认知。

三、环境分析

外部环境是影响职业生涯规划的重要因素。青年教师的职业发展与学校环境息息相关，因此，在进行职业生涯规划时必须对学校环境进行分析。对学校的环境分析主要包括学校的发展状况、学校的特点、学校能为自己提供哪些发展机会、学校的哪些因素对自身的发展有所帮助、学校的哪些因素可能会影响到自身的发展等。通过环境分析，提高青年教师对学校的认同感和归属感，增强青年教师对整体环境的把握和对困境的应对能力。在对学校环境分析的基础上，青年教师可以结合自身特点，利用有利条件，避开不利因素，在机会来临之前做好充分的准备，抓住每一个机会更好促进自身发展。

四、目标设定

青年教师要度过成功快乐的一生，在奋斗的过程中，就必须有清晰的方向，定出明确的目标，然后做出有效的行为。职业发展的终极目的不是功成名就，加官晋爵，一切以金钱为中心，而是人生持久幸福。如果我们能听到自己内心的声音，择其所爱，尽其所能，事业成功往往是水到渠成的事情。再退一步说，即使最后物质上的结果不尽如人意，至少可以享受过程的快乐。

在制定职业发展规划时，要找到对自己影响重大的人，认真听取他们的建议，特别是大学里同行教授的意见。因为教师面临的客观机遇是复杂多变的，有的青年教师对自己的职业发展认识不足。学校也有责任帮助青年教师准确地定位职业发展的方向和目标。职业发展目标的设定是职业生涯规划的核心。按照时间的长短可以把目标分为短期目标、中期目标和长期目标。短期目标一般为1~2年，中期目标一般为3~5年，长期目标一般为5~10年。高校教师的职业生涯通道类型有教学管理型、教学科研型、科研教学型、管理型。究竟选择哪条道路，制订什么样的目标，高校青年教师不仅要根据自己的性格、能力、兴趣等特点，还要结合学校的实际情况，选择适合自己的发展路线，制定出切实可行、明确具体的职业生涯规划。清晰的目标定位指引了明确的方向，青年教师才会在前进的路途中充满动力和热情。具体实施目标计划的制订可以运用SMART原则，即目标要具体，要可衡量，要有挑战性，要与职业的远景规划有关联性，要有时间限定性。通过一步步的行动，一个个具体计划的完成，青年教师不断提升自己的竞争力，提高自己的工作和生活质量，最终实现职业生涯目标。

五、目标实施

说得好不如做得好。要使职业生涯目标变为现实，就必须制订切实可行的计划，并按照计划去执行。高校青年教师可以针对职业生涯的阶段性目标制订实施计划，比如怎样适应工作环境，如何提高教学水平、科研能力，何时参加培训以及采取什么措施进一步开发自己的潜能等。在制订职业规划的具体方案时，要不断地了解自身的条件，找到优势，充分发掘自己的优势，分析自身的问题，找到适合自己发展的路径，制订出切实可行的方案。

青年教师对科研的定位要趁早。如若什么课题都接，什么文字都写，什么内容都研究，最后成果最多，打的分数最高，但是精力却不集中，没有深度。所以作为一名高校教师，研究兴趣经常变是不好的，要突破一点再前进一点。

做好教师需要积累很多资本：知识资本、能力资本、物质资本和社会资本，即人脉。但是往往很多人把它庸俗化，以为"关系"就是社会资本。社会资本的核心概念是什么？是信任。故而，作为新教师，你首次上台，能不能建立起学生对你的信任？你在一个团队里，能不能建立起大家对你的信任？这其实就是在积累资本。你做一个研究评估，是优、良，还是及格？第一个项目的好坏对今后的影响非常大。如果你前面拿了优，下次就会优先考虑你，反之，你可能就失去机会。这个就是你的学术声誉。在一个组织里、一个团队里、一个学校里，建立起来的信任就是财富。因为以后会有很多机会，到底给谁啊？肯定是给自己信任的人。所以，大家在起步的时候，每一步都要走得扎实；在积累自身能力资本的时候，就要建立起社会上的信任感和良好的声誉。这些与年轻教师今后的发展，是息息相关的。

确定目标，坚持不懈走下去很重要。世上没有不劳而获的事情，任何人的成功都不是偶然的，一定是有了很长时间的积累，一定具备了一定的实力才能成功。任何成功人士都经历过落魄、艰辛、挫败、多年付出、执着、努力。所以，认准了自己的目标，一定要坚持不懈地走下去，不管遇到什么挫折，都不要放弃，同时一定要认真学习，只有这样，才能获得成功。甚至有人这样说："职业生涯规划就是选择一条路一直走下去。"可见，坚持不懈多么重要。下面的这个故事更是说明了坚持才是职业成功的硬道理。1965年，一位韩国学生到剑桥大学主修心理学。在喝下午茶的时候，他常到学校的咖啡厅或茶座听一些成功人士聊天。这些成功人士包括诺贝尔奖获得者、某些领域的学术权威和一些创造了经济神话的人，这些人幽默风趣、举重若轻，把自己的成功都看得非常自然和顺理成章。时间长了，他发现，在国内时，他被一些成功人士欺骗了。那些人为了让正在创业的人知难而退，普遍把自己的创业艰辛夸大了，也就是说，他们在用自己的成功经历吓唬那些还没有取得成功的人。作为心理系的学生，他认为很有必要对韩国成功人士的心态加以研究。1970年，他把《成功并不像你想象的那么难》作为毕业论文，提交给现代经济心理学的创始人威尔·布雷登教授。布雷登教授读后，大为惊喜，他认为这是个新发现，这种现象虽然在东方甚至在世界各地普遍存在，但此前还没有一个人大胆地提出来并加以研究。惊喜之余，他写信给他的剑桥校友——当时正坐在韩国政坛第一把交椅上的人朴正熙。他在信中说："我不敢说这部著作对你有多大的帮助，但我敢肯定它比你的任何一个政令都能产生震动。"后来这本书果然伴随着韩国的经济起飞了。这本书鼓舞了许多人，因为他们从一个新的角度告诉人们，成功与"劳其筋骨，饿其体肤""三更灯火五更鸡""头悬梁，锥刺股"没有必然的联系。只要你对某一事业感兴趣，长久地坚持下去就会成功，甚至不需要很复杂的职业生涯规划，只要找到自己的兴趣所在。因为上帝赋予你的时间和智慧够你做完一件事情。后来，这位青年也获得了成功，他成了韩国泛业汽车公司的总裁。

六、评估与反馈

社会总是在不断地发展、变化、进步。高校青年教师必须用发展的眼光看待自己的职业生涯规划。在职业发展的过程中必然会出现一些不可预料的因素,青年教师要根据出现的新情况不断调整发展目标,调整心态,对自己的职业永远充满新鲜感与使命感,依靠激情与理性应对不良情绪的产生和蔓延,有效抑制职业倦怠感。

七、各种奖励、荣誉称号

奖励和荣誉在某种程度上对人才的成长起着非常重要的引导和推动功能。高校教师在职业发展过程中,要积极申请和参与国家、部委等重大项目,争取出大成果。在此基础上,教师个人有计划地申报"杰出百年基金""有突出贡献中青年专家""新世纪优秀人才"等一系列国家及部委的奖励计划,以促进个人的不断成长。

第六节 高校教师职业规划的注意事项

在职业规划过程中,要注意以下两点:

一、重点突破"职业高原期"

大学青年教师职业发展规划有多种形式。从时间上区分,有长期规划(10年左右),中期规划(3~5年),短期规划(年度计划、月计划和日计划),短期规划比较容易制订,中长期规划则较难做。青年教师入职初期的发展规划,主要是确立职业发展方向。可以通过如下措施来帮助自己确立职业方向:

一是接受入职培训。青年教师在上岗前必须接受岗前培训,这是教师资格认定和专业技术职务聘任的依据之一。二是选择富有经验的教师做指导。青年教师要尽快适应新的角色,需要指导教师在平等民主的关系中实现职业经验传承。学校最好给每位新进教师配备一位职业导师,在教学方法、教学策略、学校各种明规则和潜规则等方面给予指导。新进年轻教师应该尊重职业导师，多向他学习、讨教，以帮助自己快速提升和成长。如果学校没有配备这样的职业导师，新进教师自己应该寻找一位合适的老教师，当作自己的职业导师，平时多向他讨教。遇到工作中的困惑，以及职业发展中应该解决的问题，都可以及时得到良好的答案和指导。

做好中期的发展规划，主要是走过"职业高原期"。青年教师工作一段时间后，就要积极突破现状，尽快走出职业发展的高原状态，逐渐向专家型教师转变。这个时候需要面对现实，积极调整心态。采取内部调和的方法解决"职业高原"问题是最有成效的，即从内部通过改变所处的环境来解决"职业高原"问题，寻求职业生涯的更好发展。这个时期还应接受提升培训。教师可以根据自身的情况和需求，结合学校的发展需要选择合适的培训方式。融入教师文化也很重要，听取专家教授的经验介绍，与不同年龄层次的教师在一起讨论交流、分享经验，有助于青年教师走出自身职业发展的"职业高原期"。学校完善教师职务聘任制，建立科学合理的报酬制度。给青年教师提供更重视公平的竞争环境，使他们能在向更高的职级晋升中获得平等的机会，同时建立有助于教师成长的激励机制，在满足一定的物质需求的基础上，要更关注教师从工作中获得的成就感。

二、个人与学校同步发展

瑞典教育学家托斯顿指出，大学教师发展是改进大学教师的教学或科研成效而设计的一些发展项目，包含教学发展、专业发展、组织发展和个人发展四个维度。① 而教学发展、专业发展可以包含在组织发展和个人发展之中。所以，教师职业发展规划是学校与教师双方的责任，学校与教师必须密切协作，教师的职业发展规划应与学校改革发展同步进行，教师与学校共同发展。

从学校方面看，学校根据自身现状与发展需求，以及教师的现有素质、发展潜力与发展期望等，制订教师的开发计划、教育培训计划，设计落实相关计划的活动，挖掘教师人力资源的潜力，帮助教师获得职业发展。

帮助青年教师做好职业发展规划，学校应做些什么？笔者认为学校可以在六方面有所作为：

1. 构建教师发展的平台。教师是大学学科组织的重要构成要素之一，学

---

① 张国强. 国外大学教师发展机构探析与启示 [J]. 德州学院学报, 2021,37(03): 91-94.

科带头人更是学科发展的核心。学校要遵循学科发展规律，注重学科带头人发展，夯实教师发展的学科平台，使教师与学科共同成长。另外，建立创新团队与跨学科协作机构，促进知识共享交叉。科研创新团队不仅能把握学术前沿，选准研究方向，而且能在集体协作中形成创造的"叠加效应"。同时，大学应搭建平台，促成各学科间的交流与合作，使不同学科背景的教师，利用学术的边缘效应探求新知、创新发展。

2.建立教师职业发展规划制度。大学要根据教师不同职业发展阶段的需求，做好教师职业发展早期、中期和晚期规划，建立完备的职业发展管理制度，把职业发展规划纳入教师激励机制。

3.营造科学民主的学术环境。大学教师自我意识较强，要给他们营造科学、民主、公平、竞争的学术环境，平衡学术与行政的关系，以柔性化管理最大限度地激发教师发展潜质。

4.建立以教师发展为导向的分类考核评价制度。学校要建立着眼于未来的发展性教师评价制度，以教师职业发展为目的，强调教师个人发展、职业发展和未来发展的融合。

5.制定系统的人力资源开发规划。大学制定系统的人力资源开发规划，引导教师树立终身学习的理念，寻求自我发展与学校引导的良性互动。

6.促进教师教学与科研协同发展。教学支撑着学术，学术引导着教学。实施大学教师发展规划，使教学与科研互利共生，协同发展。

从教师方面看，实施职业发展规划是教师根据自身的现实条件与发展潜力、外部机遇与制约因素，以及对机遇与制约因素发展变化的预测，确立自己职业发展方向和目标，选择职业发展路径和策略，制订发展计划，以及实现职业发展目标的具体行动方案等。具体来说，从影响青年教师职业发展规划的因素上看，主要包括社会因素、家庭因素和个人因素。实施职业发展规划，教师要科学认识、充分利用这三个因素。青年教师要科学认识自己所处的社会环境，准确把握自己职业发展的目标、任务、速度、感受。当职业发展与家庭生活出现矛盾、职业发展受到重大影响时，青年教师要处理好家庭生活与职业发展的关系，争取自己职业发展获得家庭的大力支持。在职业发展的过程中，青年教师要能围绕着个人因素诊断问题、诊断自己、选择应对措施，制订职业发展规划，有效地促进自己的职业发展。

第九章　高校教师专业化的实践探索模式

高校教师的专业化发展既可经过环境诱导而自主演化形成，也可以通过纯粹的人工理性的干预，采取优化设计从而生成，还可以通过这两种形成方式的相结合而实现。这里所指的采取两种形成方式结合不是简单的相加或者排列组合，而是一种耦合的设计，即高校教师专业化的耦合设计模式。

现如今，我国高校教师专业化的发展已经历经了种间差异和种内差异两次重大变轨，并进入精细化和微调阶段。那么对于高校教师专业化耦合设计模式来讲，它的宗旨就是明确当前教师专业化的重点，深刻挖掘自身教师专业化的优势，实现教师专业化的精细化与个性化，努力"提高教育质量，注重发展内涵"。

高校教师耦合式的专业化发展模式具体包括主题的遴选确定阶段、主题的组织实施阶段和绩效评价阶段。

第一节　高校教师专业化主题的遴选确定阶段

作为高校教师耦合式专业化发展模式的首要阶段——主题的遴选确定阶段，需要完成环境分析、组织分析和统筹领导三大任务，该阶段的目的是形成明确的教师专业化主题。

一、高校教师专业化的环境分析

高校教师专业化受自身因素和发展环境的共同影响,二者是相互制约、相互塑造和相互耦合的,因此进行环境分析是选择教师专业化主题的必要环节。环境分析是为了分析和了解教师专业化的外界条件和影响因素,从而寻求教师专业化发展的潜在方向或途径。高校教师专业化的环境是指存在于高校周围的、能够影响其教师专业化活动的各种客观因素和外部力量。高校教师专业化的环境包括多个方面,下面从微观和宏观两个视角比较细致地进行必要性的分析。

(一)微观环境分析

高校教师专业化发展的微观环境主要是指与高校密切联系的、能够直接影响其教师专业化活动的各种客观因素和外部力量。这里适宜采用英特尔前总裁安迪·格鲁夫的六力分析模型对此加以分析。安迪·格鲁夫的六力分析模型中的"六力"涉及六个要素,即现存竞争者的影响力、活力、能力;供货商的影响力、活力、能力;客户的影响力、活力、能力;潜在竞争者的影响力、活力、能力;产品或服务的替代方式;协力业者的力量。该理论中的六要素具体到高校教师专业化的微观环境,分别对应其他同类高校(现存竞争者)、中等院校和普通高级中学等(供货商)、学生和社会公众等(客户)、其他准备进入高等教育领域的院校(潜在竞争者)、普通高等院校或者社会培训机构等(产品或服务的替代者),以及各类社会中介组织(协力业者)。这六方面和高校教师专业化发展密切相关,对其有重要的影响力。根据安迪·格鲁夫的六力分析模型理论,仔细分析以上六种要素,有利于明晰高校教师专业化活动所面临的环境,从而找出其中的关键因素,进而设计最能凸显高校教师专业化的创新策略。

(二)宏观环境分析

宏观环境也称总体环境,在此是指能够间接决定或影响高校教师专业化活动的各种客观因素和外部力量,主要包括政治因素、经济因素、包括人口和文化等在内的社会因素、环境因素和法律因素,一般可以采用 PESTEL 分析模型（又称大环境分析模型）进行分析。应用这个分析模型可以调查并识别一切对高校教师专业化具有冲击作用的外部宏观因素，从而更好地认知高校教师专业化发展的环境。

二、高校教师专业化的组织分析

环境只是高校教师专业化的外在因素和条件，在更多情况下，高校教师专业化是由它的内部办学潜质及内在办学因素决定的。而内在因素和内部条件是起决定性作用的因素，是高校教师专业化内生性发展动力。因此，对高校进行组织的内部分析和对教师专业化道路进行初步定位非常重要，且非常有必要。

（一）组织内部分析

对高校的组织内部进行分析的目的是寻找并确定教师专业化的主题，其内容包括组织的结构分析、功能分析等，重点考察对象是"组织从事的活动、所具备的资源和能力以及组织文化"。

（二）高校教师专业化意图的初步定位

系统是不断变化和发展的，是有生命的，故而在高校发展的过程中，高校教师专业化的主题也会不断进行发展和变化。

对于高校教师专业化意图的初步定位，就是要基于环境分析和内部分析，确定教师专业化发展道路应以什么作为选定的历史依据，现在究竟需要将哪一个层次作为突破口，未来该是怎样的发展态势等。这是高校教师专业化道路的初选。

三、高校教师专业化的统筹领导

毫无疑问，领导层的统筹、决策及判断也是高校教师专业化所必需的。高校教师专业化的统筹领导有三个中心任务：

（一）分析高校领导层的领导能力，为建构适宜高校教师专业化发展的领导架构打基础和做准备

领导层领导能力分析的主要任务包括分析领导层的结构和领导层的领导

素质。

首先，对领导层结构的分析。按行政级别划分，一般可分为最高领导层、中间领导层和终端领导层三个层次；按行政职能的重要性划分，通常可分成核心领导层、中层领导层和边缘领导层三个层次。针对这两类不同的划分，可根据组织构架和实际需求选取其一作为领导层结构的分析基础。

其次，对各领导层的领导素质进行分析。领导素质主要包括创业精神、社会网络资源和知识结构。其中创业精神主要指领导层的创新精神、价值取向和魄力等方面；社会网络资源主要指社会关系网络以及社会资源；知识结构则指所受教育得来的间接经验、社会阅历等直接经验，也包括兴趣爱好和特长等。

进行领导层领导能力分析的主要目的是判断各领导层的领导素质之间的匹配关系，若是互补关系或是优化组合关系，则是比较理想的状态；否则，就需要在适当的时候进行领导结构的改组或进行必要的领导能力培养，从而为高校教师专业化的顺利实施建立完备的沟通和衔接机制。

（二）领导层归纳和合成环境分析和组织分析的数据，进而形成初步的高校教师专业化的意图

为了形成初步的高校教师专业化意图，领导层需对上述所涉及的关于环境和组织方面的分析结果进行统合，进而形成决策意见。根据上述微观环境分析和宏观环境分析两方面的情况来看，前者主要着眼于高校自身实力状况以及教师专业化同竞争对手的比较，而后者则聚焦于外部环境的变化和对高校教师专业化可能产生影响的方面；前者恰好是对于高校教师专业化自身优势和劣势的分析，而后者则恰好是对于高校教师专业化机会和威胁的研究与分析，恰好可以符合 SWOT(Strengths、Weaknesses、Opportunities、Threat) 型的分析范式。该分析模型把高校教师专业化的内部因素，即优势和劣势集中起来，而后通过分析外部的影响力，即 SWOT 模式中的竞争的机会和威胁，对内部因素进行必要的整合分析与评估。因此，领导层可以采用 SWOT 模式原理归纳和合成环境分析和组织分析，进而成为高校教师专业化意图初步形成的有效工具。

至此，高校教师专业化的外部环境因素和内部组织因素便被统一起来，

有助于形成高校教师专业化意图，也为进一步形成明确的高校教师专业化主题奠定了基础。

（三）对高校教师专业化意图进行价值判断，从而形成明确的高校教师专业化主题

价值判断既是对高校教师专业化需求的重要性的权衡，也是对其成本和预期收益进行的评估，更是对其可行性的科学判断。它是最终确定高校教师专业化主题的重要决策环节。因此，高校教师专业化意图形成以后，还需要借助八维价值过滤器模型对其进行深入的价值判断、论证以及修正。

现阶段，高校教师专业化必然需要大量人力、物力和财力的投入，因此，慎重地对高校教师专业化初选结果的价值进行深入论证是非常必要的。

一般情况下需要从数量、质量和时间三个维度进行发展观的价值判断。但是高校是一种文化生产系统，根据上述分析，其必然需要生存空间（环境分析所涉及的方面），肯定会耗费一定的资源和能源，也要付出一定的代价，存在一定的风险（价），其要有一定的起始条件和动因（因），从而产生一定的绩效（果），并且对于具体的高校教师专业化路径来说，必然和其他的发展主体存在一个顺序的问题，因此就需要从时、空、能、量、因、果、序和价八个维度进行价值判断和分析。只有进入高校现阶段的关注隧道的时候才能落入关注焦点，并成为焦点问题。关注隧道就是高校各级领导层对当前所关心的问题形成统一意见后，逐级传达而形成的交流通道。

在此，需要注意的是尽管八个维度中的某些维度在上述内容中已经有所涉及，例如空间，即环境分析。但是该阶段的价值判断并不是简单地重复上述工作，而是将其置于八个相互关联的维度中，进一步对这种特色化的办学意图进行理性的判断，权衡其利弊，并进行反思论证。

对于高校教师专业化统筹领导的价值判断的核心任务是完成对其进行两个一致性的判断，其中一个一致性是关于高校教师专业化意图与环境、组织和领导的，如果通过价值判断该一致性程度较高，则可认定所确定的高校教师专业化意图是正确的；另一个一致性是指高校教师专业化主题与其意图以及环境、组织和领导的一致性程度，若此一致性程度较高，则可说明该阶段高校教师专业化的工作重心是清晰和明确的。

第二节 高校教师专业化主题的组织实施阶段

对于高校教师专业化主题的组织实施阶段的主要任务是围绕教师专业化主题的实现，建立高校教师专业化的"和则体系"和"谐则体系"，并实现两者的有机耦合。该目的是形成能够实现预期高校教师专业化的运行及保障机制。

一、建立高校教师专业化的和则体系

建立高校教师专业化的和则体系，主要任务是在高校教师专业化的过程中，消减和利用与人相关的要素的不确定性，来处理和完成由于环境变化和人能力的局限性而产生的、不能事先规定的高校教师专业化道路中的管理任务。该和则体系的建立可以为高校教师专业化提供可自由选择的环境空间。

教师专业化的和则是实现环境诱导下高校自主发展和演化的基本原则，是"组织借以建构合作秩序的制度安排。其经验层面的主要来源是：社会道德、社会习俗、社会规范、法律规定，也可能是对上述来源的颠覆或部分颠覆（来自组织设计者既有的特殊经验），比如违背道德和法律，但却保有部分习俗"。[1] 在实现教师专业化的过程中，它是"用来调整人际间、人群间乃至组织间、组织与社会间"协调、共处和控制的管理机制。规则层所涵盖的意识形态、规律和规范这些方面就是该原则的现实对应物，具体来讲包括高校教师专业化所必需的思想观念、精神风貌、规章制度、文化氛围、公众舆论、责任意识、道德情操等。

对应上述理论，对于高校教师专业化的和则体系有三方面的作用：第一，在教师专业化过程中，帮助高校中的每个教师个体发现其基本意义和完成角色定位，主要表现在责任意识和道德情操方面。第二，在实现高校教师专业化过程中，帮助高校中的每个部门确定其基本意义和角色定位，主要体现在分工协作意识和团队精神等方面。第三，帮助明确高校自身在社会和自然环

---

[1] 李婉茹.职教教师专业化发展路径研究[J].机械职业教育,2023(01)：56-62.

境中的基本意义和角色定位，主要体现在社会和自然伦理等方面。

与谐则体系相比，和则体系属于软性的高校教师专业化条件。和则体系主要存在于办学传统和环境影响下的办学活动中，它从个体和组织两个层面影响高校教师专业化的实现。

二、建立高校教师专业化的谐则体系

建立教师专业化的谐则体系，主要是在高校教师专业化过程中，进行科学的设计和优化与物相关的要素，分析其相对确定性，也可以理解为用来处理在"成本—收益"意义下，能够事先充分或较为充分地把握，并且能够被科学地进行设计和控制的管理任务。高校教师专业化的谐则体系为高校的教师专业化提供了较为明确的实施方法。

教师专业化的谐则是用来指导在给定的资源约束条件和特定的教师专业化目标下去追求优化和理性设计的基本原则，其主要特征在于统计学意义上的确定性中的效率问题，通常称之为"优化性"。在实现高校教师专业化的过程中，谐则体系是用来协调和处理物理层和表现层之间的关系，以及规则层中管理制度方面的规划和计划等。

高校教师专业化的谐则体系涉及三主要的方面：第一，在高校教师专业化过程中，高校系统的内部要素在组合过程中的匹配性或一致性，比如结构和功能的协调和组合关系。第二，在高校教师专业化过程中，高校系统内部要素之间关联性的可变动性和调适性，比如负债率安全阈限、业务流程再造等。第三，高校在教师专业化过程中的投入与产出比，特定投入下追求最大产出，即可优化性，比如最大办学效益等。

与和则体系相比，谐则体系属于硬性的高校教师专业化条件，该体系的基本目标是通过科学的设计把高校系统内部要素尽可能地进行物化、量化和规范化，并且尽可能地实现其内部要素的精确控制，帮助并促使高校教师专业化主题沿着原定的计划方案逐步地实现并获得最好的效果。由于谐则体系倾向于追求实施过程的连续性和稳定性，同时会有比较程式化的特点，缺乏灵活与变通。这使得高校教师专业化的实施被锁定在既定路径上，会出现忽视环境变化和思维弱化的问题，反而会影响实施高校教师专业化的主观能动性、创新能力和应变能力。

三、建立高校教师专业化的和谐耦合机制

和谐耦合机制意在将和则体系与谐则体系两者联系起来，使之相互影响和紧密配合，从而将两个体系更加优化。高校教师专业化的和谐耦合机制要实现在高校教师专业化主题下，根据不同条件、不同层次间内外部因素的情况，既充分考虑到软件条件，也充分顾及硬件条件，并在高校教师专业化的实现道路上使二者相互作用、相互转化，进而使高校教师专业化的整个系统实现尽可能的优化。而为高校教师专业化建立起来的管理系统，也应是"诱导演化"和"理性设计"在一定条件下耦合的结果。总而言之，高校教师专业化的和谐耦合机制是优化设计干预下的演化机理的体现。

在建立高校教师专业化的和谐耦合机制实施过程中，需要特别注意三个（和则、谐则与教师专业化主题）一致性的判断。如果三者一致性较高，那么说明此阶段高校教师专业化的管理系统是比较完善并且管理到位的，与此同时也意味着有较好的高校教师专业化成果。

第三节 高校教师专业化的绩效评价阶段

一般来讲，在和则、谐则与高校教师专业化主题达到较高一致性的情况下，高校教师专业化就有可能获得较高的绩效。可以通过构建评价指标体系，并进行科学的绩效评估，来实现高校教师专业化的绩效评价。评价结果可以反映高校教师专业化道路的科学性和其发展的可持续性。

对于高校教师专业化的绩效评价的具体内容而言，总体可以概括为三个一致性标准：一是高校教师专业化意图与环境、组织和领导的一致性。二是高校教师专业化主题与教师专业化意图（及环境、组织和领导）的一致性。三是和则体系、谐则体系与教师专业化主题的一致性。通过对这三个一致性与高校教师专业化绩效之间的相关关系进行实证研究，可以对高校教师专业化过程中的组织和管理进行初步分析、诊断和评价，从而保证高校教师专业化的顺利实现。

参考文献

[1] 李荣，何婷婷.地方高校青年教师职业发展的困境与对策研究[J].高教学刊，2022，8(20)：4.

[2] 黄之玥."互联网+"时代高校青年外语教师职业道德修养的挑战及对策[J].黄冈职业技术学院学报，2022，24(6)：33-36.

[3] 张莉彬.新时代"立德树人"高校教师职业道德建设研究[J].广东教育：职教，2022(1)：54-56.

[4] 刘欢欢，王菲菲.非"双一流"高校青年教师职业发展困境与解决途径[J].就业与保障，2022(4)：3.

[5] 姚煜岚.高校教师在"互联网+"时代面临的职业道德修养问题及对策分析[J].中国科技经济新闻数据库教育，2022(5)：4.

[6] 王华强，何颖，祁芳梅."双一流"建设背景下高校教师职业生涯高原的现状、成因及对策研究[J].黑龙江高教研究，2022，40(11)：79-85.

[7] 张娜，李明南.浅析高校教师如何在教育教学实践中提升职业道德[J].教育科学发展，2022，4(4)：211-213.

[8] 田贤鹏，姜淑杰.为何而焦虑：高校青年教师职业焦虑调查研究——基于"非升即走"政策的背景[J].高教探索，2022(3)：39-44.

[9] 余荣荣.基于人力资源管理原理的高校教师教学能力评价指标研究[D].芜湖：安徽师范大学，2015.

[10] 朱迎春.高校发展性教师教学评估的理论研究[D].天津：天津大学，2005.DOI：10.7666/d.y1047226.

[11] 余婧.×大学新教师教学适应问题的案例研究[D].锦州：渤海大学，2023.

[12] 吕守华.高校教师职业角色的实证研究[D].武汉：华中农业大学，

2023.

[13] 徐继红.高校教师教学能力结构模型研究[D].沈阳：东北师范大学，2023.

[14] 张佳榕.21世纪以来我国高校教师教学研究的热点领域、前沿主题和科学合作分析[D].大连：辽宁师范大学，2023.

[15] 王清平.麦田里幸福的守望者——一位高校教师职业幸福感叙事研究[D].昆明：云南师范大学，2016.

[16] 黄薇薇.角色理论视角下高校教师的职业认知——基于安徽省高校的实证研究[D].合肥：安徽大学，2018.

[17] 陈喜玲.高校青年教师职业道德现状及对策研究[D].武汉：华中科技大学，2006.

[18] 苏平.高校教师职业生涯管理研究[D].武汉：华中师范大学，2023.

[19] 刘玲.高校教师职业认同与工作满意度、职业倦怠的关系研究——以安徽省新建应用型本科院校为例[D].合肥：安徽大学，2023.

[20] 周喜华.高校教师职业心理发展与辅导[M].北京：人民出版社，2016.

[21] 教师职业与健康指导小组.教师职业发展与健康指导：教师教学质量提升手册[M].沈阳：辽海出版社，2011.

[22] 刘献君.中国高校教师聘任制研究：基于学术职业管理的视角[M].北京：科学出版社，2009.

[23] 李从欣.基于统计分析的高校教师职业成长研究[M].北京：经济科学出版社，2015.

[24] 浙江工商大学教师教学发展中心.高校教师职业导航[M].杭州：浙江工商大学出版社，2015.

[25] 陆航，秦靖然.生态系统理论视角下高校心理健康教育教师职业发展路径研究[J].产业与科技论坛，2023，22（1）：104-106.

附录一　项目申报

一、纵向项目申报

1. 纵向项目的主要来源

纵向项目主要有国家自然科学基金项目、国家社会科学基金项目、科技部计划项目、教育部人文社科项目、浙江省科技计划项目、浙江省自然科学基金项目、浙江省社会科学基金项目、浙江省教育厅项目、浙江省社科联项目等。

2. 纵向项目申报时间

表 1　年度科研项目申报时段简表[①]

序号	项目类别	申报时段
	年度科研项目申报时段简表	
1	国家自然科学基金	1月—3月
2	国家社会科学基金	1月—3月
3	教育部高校博士点基金	3月—4月
4	浙江省社会科学基金（常规课题）	4月—5月
5	浙江省社会科学基金后期资助项目	4月—5月
6	浙江省社科联民生调研课题	5月—6月
7	浙江省社科联科普课题	5月—6月
8	浙江省社科联课题	5月—6月
9	浙江省社会科学学术著作出版资金	5月—6月
10	杭州市社会科学基金	5月—6月
11	浙江省教育厅项目	5月—6月
12	教育部哲学社会科学研究后期资助项目	7月—8月
13	浙江省自然科学基金	9月—11月

① 赵宗涛. 科研项目申报管理系统的分析与设计 [J]. 价值工程, 2018, 37(12): 167–169.

续表

年度科研项目申报时段简表		
序号	项目类别	申报时段
14	国家星火计划	10月—11月
15	浙江省高校正大科技攻关项目和人文社科重大研究项目	10月—11月
16	科技厅平台项目（包含分析测试和实验动物两类）	11月—12月
17	浙江省科技厅重大专项和优先主题项目	11月—12月
18	浙江省科技厅公益性技术应用研究、软科学项目	11月—12月
19	教育部人文社科一般项目	11月—12月
20	教育部科学技术研究重点项目	11月—2月
21	国家社科后期资助项目	常年
22	国家社科中华学术外译项目	常年
23	国家社科重大招标项目	常年
24	其他如"863"、"973"、国家支撑计划、国家软科学、国家自然科学基金、国家社科基金、教育部、司法部、国家体育总局、国家统计局、浙江省财政厅、浙江省省统计局等部门专项课题、委托课题、招投标课题、教育部人文社科重大研究项目每年需据其具体申报时间来操作	按通知时间

3. 项目经费开支说明

（1）科技类项目经费开支说明。

表2 科技类项目经费开支说明[①]

名称	说明
1. 设备费	指项目研究过程中购置或试制专用仪器设备，对现有仪器设备进行升级改造，以及租赁和使用外单位仪器设备而发生的费用
2. 材料费	指项目研究过程中消耗的各种原材料、辅助材料等低值易耗品的采购及运输、装卸、整理等费用
3. 测试化验加工费	指项目研究过程中支付给外单位（包括项目承担单位内部独立经济核算单位）的检验、测试、化验及加工等费用
4. 燃料动力费	指项目研究过程中相关大型仪器设备、专用科学装置等运行发生的可以单独计量的水、电、气、燃料消耗费用等
5. 差旅费	指项目研究过程中开展科学实验（试验）、科学考察、业务调研、学术交流等所发生的外埠差旅费、交通费用等。差旅费的开支标准应当按照有关规定执行
6. 会议费	指项目研究过程中为组织开展学术研讨、咨询等活动发生的会议费用。项目承担单位应当按照有关规定严格控制会议规模、会议数量、会期和会议开支标准

[①] 樊治平,陈媛.科技类评审中项目分组的建模与优化[J].科研管理,2008(06)：110-115.

续表

名称	说明
7.合作、协作研究与交流费	指项目研究过程中支付给国际、国内合作协作科研机构的费用。项目研究人员出国及外国专家来华工作的费用。国际合作与交流费由项目承担单位统一管理，应当严格执行国家和省外事经费管理的有关规定
8.出版、文献、信息传播、知识产权事务费	指项目研究过程中，需要支付的出版费、资料费、专用软件购买费、文献检索费、专业通信费、专利申请和购买（许可）及其他知识产权事务等费用
9.人员劳务费	指项目研究过程中支付给直接参加项目研究人员中没有工资性收入的相关人员和临时聘用人员等劳务性费用。项目承担单位聘用的参与项目研究任务的优秀高校毕业生在聘用期内所需的劳务性费用可以在劳务费中列支
10.专家咨询费	指项目研究过程中支付给临时聘请的咨询专家的费用。专家咨询费不得支付给参与项目管理的工作人员
11.管理费	主要包括承担单位为项目实施提供现有仪器设备和房屋，日常水电气暖消耗和其他有关管理费用的补助支出，参照国家有关科技项目经费管理办法，按分段超额累退比例法核定，按实列支
12.科研人员激励费	应当在对科研人员进行绩效考核的基础上，结合科研实绩，由所在单位根据国家和我省津贴补贴有关规定统筹安排

（2）人文社科类项目经费开支说明。

表5-3　人文社科类项目经费开支说明[①]

名称	说明
1.图书资料费	指购买图书、翻拍、翻译资料以及打印、复印、誊录、制图等费用
2.数据采集费	指围绕项目研究而开展数据跟踪采集、案例分析等所需的费用
3.调研差旅费	指为完成项目研究而进行的国内调研活动、参加相关学术会议的交通费、食宿费、通信费及其他费用。确需赴国外境外调研者，须经依托学校审核同意并报教育部备案
4.设备购置和使用费	指购买和使用收集资料、采集分析数据所需器材的费用。设备使用费包括资料录入费、资料查询费、上网费和软件费等
5.会议费	指围绕项目研究举行的项目开题、专题研讨、成果鉴定等小型会议费用
6.咨询费	指为开展项目研究而进行的问卷调查、统计分析、专家咨询等支出的费用
7.劳务费	指直接参与项目研究的研究生助研津贴，以及非课题组成员、科研辅助人员的劳务支出等
8.印刷费	指打印、誊写调查问卷材料、调研报告和研究成果的费用
9.管理费	指项目依托学校提取的用于管理项目的费用

① 徐睿.高校人文社科类项目申报与管理对策研究[J].文学教育（下）,2020(03)：154-155.

4.项目管理流程

（1）项目申报。申报项目时，必须按照有关项目申报通知及指南的要求，认真填写"项目申报书"等材料，网上申报的项目还须在网上提交；对于限项申报的科研项目，当申报项数超过限项指标时，学校请校内外专家评审推荐。

（2）项目立项。在立项批文下达后，项目负责人与项目主管单位签署项目合同书（如主管单位为科技部、科技厅）或计划书（如国家自然科学基金委、浙江省自然科学基金委）或经费预算书（全国哲学社会科学规划办公室）等。计划财务处根据科研处提供的项目经费预算开立项目账户，科研处制作项目经费卡。

（3）项目检查。科研项目立项后，项目负责人应按照项目合同书或计划书中的计划进度，组织力量开展实施工作，同时严格按项目经费预算执行开支。按要求及时向项目主管单位报送相关材料，配合主管部门做好中期检查。

（4）项目的结题和验收。科研项目完成后，项目负责人应按项目主管部门要求及时提交结题材料或验收申请，经所在学院初审，科研处审核同意后报项目主管部门，经主管部门批准通过后予以结题。

（5）项目材料归档。经项目主管部门准予结题的科研项目，项目负责人需将所有结题材料，包括项目申请书、项目批文或是合同书等报送科研处，由科研处统一移交档案馆归档保存。

5.主要项目申报指南要点

（1）国家自然科学基金项目。

①申请的项目类型。面上项目（含青年科学基金面上项目连续资助项目）、重点项目、重大项目、重大研究计划项目、国家基础科学人才培养基金项目、青年科学基金项目、优秀青年科学基金项目、国家杰出青年科学基金项目、地区科学基金项目、海外及港澳学者合作研究基金项目、联合基金项目、国家重大科研仪器设备研制专项（自由申请项目）、科学仪器基础研究专款项目、数学天元青年基金项目、重大国际（地区）合作研究项目、组织间国际（地区）合作研究项目和组织间国际（地区）合作交流项目等。

②填写申请书注意事项。

a.国家自然科学基金项目申请书须使用当年新版本（以前版本均不接收）。

b. 切记按当年度项目指南的限项申请规定，申请人及参加人在研及申请项目累计不得超过3项。

c. 中级职称（有博士学位除外）申请者需提供两名与其研究领域相同、具有高级专业技术职务（职称）的科技人员的推荐。

d. 申请人为在职研究生的，只能通过其在职的聘任单位申请，同时须单独提供导师同意其申请项目并由导师签字的函件，同意函应说明申请项目与其学位论文的关系，承担项目后的工作时间和条件保证等，但在职硕士研究生不得申请青年科学基金项目。正在博士后流动站内从事研究的科学技术人员申请科学基金项目，需要由依托单位提供书面承诺，保证在获得项目资助后延长其在博士后流动站的期限至项目资助期满；或者是出站后继续留在依托单位从事科学研究。每份申请的书面承诺由依托单位盖章附在纸质申请书后一并报送。否则，自然科学基金委不受理在站博士后人员的项目申请。

e. 申请人和主要参与者必须在纸质申请书上签字（主持人不要随意代签，以免超项）。主要参与者中有依托单位以外的人员参加，其所在单位即被视为合作单位，须在申请书信息简表中填写合作单位信息并在签字盖章页上加盖合作单位公章，填写的单位名称须与公章一致。已经在自然科学基金委注册的合作单位，须加盖单位注册公章，没有注册的合作单位，须加盖该法人单位公章。一般情况下申请项目的合作单位不得超过2个。

f. 申请书中的研究起始年限一律填写次年的1月1日。通常面上项目研究时间为4年，青年项目为3年，重点项目为5年。

g. 青年科学基金项目，申请人在申请当年1月1日未满35周岁；女性申请青年科学基金项目可放宽年龄到40周岁，参与者应以青年为主体。

h. 经费申请时，请申请者认真做好项目预算，了解各项目的内涵。能源、动力费通常指的是大型仪器设备所需且能单独计量的水、电、气、燃料消耗费用等；管理费用5%；国际合作与交流费、劳务费（用于研究生、博士后人员的劳务费）面上项目分别不超过15%；重点项目、重大项目及各类专项的劳务费不超过10%。

i. 在研的国家社科基金项目人员（包括作为项目负责人已经获得国家社会科学基金资助，但在当年国家自然科学基金项目申请截止日前，尚未获得全国哲学社会科学规划办公室颁发的结项证书者）不能申报国家自然科学基金项目，国家社科基金项目结题需要结题证书复印件，否则形式审核不合格。

j. 根据所申请的项目类型，准确选择"资助类别""亚类说明""附注说明"等内容。要求"选择"的内容，只能在下拉菜单中选定；要求"填写"的内容，可以键入相应文字；有些项目"附注说明"需要严格按本《指南》相关要求填写。

k. 课题主要成员要详细填写成员介绍。

l. 尽量要按学科代码填写到最后一级，有利于选择专家评审。

m. 对于在线方式申请，填写完申请书，先点"检查"按钮后，提交并下载打印有水印的最终 PDF 版本申请书。

n. 申请书提供的信息前后要一致（包括职称、学位、出生年月、合作者姓名等）。

o. 上年已获得科学基金资助的项目负责人当年不得申请同类型项目，自 2014 年开始，上两年连续申请面上项目未获得资助的申请人当年暂停面上项目申请 1 年。

（2）浙江省自然科学基金项目。

①申请的项目类型包括一般项目、青年科学基金项目、重点项目和省杰出青年科学基金项目。

②填写申请书注意事项。

a. 所有类型项目采取限项目重报。

b. 申请人应当是申请项目的实际负责人。项目组成员分为"主要成员"和"非主要成员"两类。"主要成员"指省自然科学基金依托单位正式在编或聘用且每年在浙江工作时间 6 个月以上并已成为省自然科学基金网站会员的人员。"非主要成员"指境外省外人员、省内非省自然科学基金依托单位人员、省自然科学基金依托单位不符合会员申请资格人员。各依托单位符合会员资格的人员不得以"非主要成员"参与申报。

在读研究生、博士后以及省外、境外科研人员不得申请省自然科学基金项目。

c. 申请人当年只能申请 1 项省自然科学基金项目；当年作为主持人或者主要成员的申请项目数，合计不得超过 2 项。

d. 项目组全体成员在提交申请前须知情同意。申报期间省自然科学基金网络信息系统将为每位会员提供"申请验证码"，用来验证是否同意参加相关申请。申请人填写"主要成员"信息时，须输入各主要成员的"申请验证码"、身份证号码。各会员的申请验证码当年只能使用两次，请各位会员注意保管好本人的"申请验证码"。

e. 如果申请人已主持省自然科学基金资助项目，必须在通过结题验收后，才可申请主持新项目。

f. 鉴于重点项目、省杰出青年科学基金项目资助名额有限，省自然科学基金办将根据专家评审结果，择优选取专家评价较好但因名额限制无法获得资助的重点项目、省杰出青年科学基金项目转为一般项目予以资助，总数不超过20项。

g. 申请省自然科学基金项目前，请谨慎考虑与其他类科技计划项目可能产生的冲突。根据省科技厅有关规定，项目申请人在同一年度只限申报一项省级科技计划项目（含自然科学基金），不得重复或分别申报同年度不同计划项目，一经发现，取消项目立项资格。

h. 各类项目申请人需具备的其他资格条件和申报要求参见相应的项目申请指南。

i. 自2015年度开始，已经连续两年申请（以依托单位统一上报到省自然科学基金办的年度申请项目清单为准）省自然科学基金项目（不含学术交流项目）未获资助的项目申请人，将被暂停一年项目（不含学术交流项目）申请资格。例如，2013年度、2014年度连续两年申请省自然科学基金项目（不含学术交流项目）未获资助的申请人，将被暂停2015年度项目（不含学术交流项目）申请资格。

j. 申请项目的有关研究内容已获得其他资助的，应当在申请材料中说明资助情况；申请人不得以与已获得资助的省部级以上科研项目相同或基本相同的研究内容，再次申请省自然科学基金项目。

（3）国家社会科学基金项目。

项目类型分为重大项目、年度项目、西部项目、后期资助项目、中华学术外译项目、学术期刊资助和成果文库等。

a. 重大项目。重大项目是现阶段国家社科基金中层次最高、资助力度最大、权威性最强的项目类别，包括应用对策研究、重大基础理论研究和跨学科研究三类，平均资助额度为60万~80万元。

应用对策类重大项目设立于2004年，主要资助研究我国政治、经济、文化和社会发展中具有全局性、战略性、前瞻性的重大理论和实际问题，为党和政府决策服务。

基础理论类重大项目设立于2010年，重点支持一批弘扬民族精神、传承民族文化、对学术发展和学科建设起关键作用的重大基础理论和文化研究课题，着力推出具有原创性或开拓性、具有重要文化传承价值的经典之作。

从2011年起设立跨学科研究重大项目，旨在鼓励通过不同学科的视角、知识、方法和人员的交叉融合，研究解决单一学科难以解决的复杂性、前沿性、综合性问题。

重大项目采用面向全国公开招标的立项方式，每年组织两次。全国社科规划办公室向有关实际决策部门和重点科研单位广泛征集选题，组织拟订国家社科基金重大项目招标课题研究方向，经全国社科规划领导小组批准后在媒体发布招标公告。投标者主要包括：中央和国家有关部委，教育部及其他部委直属高校，省级以上（含）党校、社科院、高校、研究基地等重点社会科学理论单位，军队系统重点院校和重点研究部门。重大项目实行首席专家负责制，首席专家必须具备享有中华人民共和国公民权；具有较高的政治素质和学术造诣，学风优良，责任心强；具有正高级专业技术职务或正局级（含）以上领导职务。

大项目评审工作按照资格审查、通信初评、复评答辩、立项审批、网上公示等规定程序进行，坚持公开透明、公平竞争、质量第一、宁缺毋滥的原则。严把政治方向关和学术质量关，重在服务决策，力求务实管用，体现理论创新。全国社科规划办公室、各省区市社科规划办、在京委托管理机构、相关责任单位对中标课题进行全过程跟踪管理，最终成果由全国社科规划办公室组织验收结项。

b. 年度项目。年度项目是国家社科基金项目的主体，主要资助对经济社会发展具有重要价值的专题性应用研究和对学科建设具有重要意义的一般性基础研究，旨在提高科研水平、培养优秀人才、多出优秀成果，包括重点项目、一般项目和青年项目三个类别。

年度项目在国家社科基金项目资助体系中设立时间最早、立项规模最大、覆盖面和惠及面最广。自1986年设立以来，已累计资助立项2万多项，资助范围涵盖马克思主义、科学社会主义、党史、党建、哲学、理论经济、应用经济、政治学、社会学、法学、国际问题研究、中国历史、世界历史、考古学、民族问题研究、宗教学、中国文学、外国文学、语言学、新闻学与传播学、图书馆、情报与文献学、人口学、统计学、体育学、管理学等 26 个一级学科。

年度项目面向全国、公开申报、公平竞争、择优立项。全国哲学社会科学规划办公室每年组织各学科规划评审组，制定国家社科基金年度项目课题指南，经全国哲学社会科学规划领导小组批准后在媒体发布申报公告。申请年度项目必须符合课题指南的指导思想和基本要求，应用对策研究要具有较强的现实性、针对性和时效性，基础理论研究要力求具有原创性或开拓性。各省区市哲学社会科学规划办公室和在京委托管理机构负责组织本地区本部门的项目申报工作。年度项目实行匿名通信初评与会议复评相结合的评审机制，全国哲学社会科学规划办公室在评审原则、评审标准、评审程序和评审纪律等方面做出明确规定。教育学、艺术学、军事学等三个单列学科课题申报和评审工作由全国教育科学规划办公室、全国艺术科学规划办公室、全军社科规划办公室另行组织。

年度项目每年基本在 12 月至次年 3 月进行申报。由于近年来申报量的不断上升，从 2011 年开始实行限项申报，由各个省社科规划办进行统一的评审筛选工作。

项目的完成时限，基础理论研究一般为 2~3 年，也可根据研究需要适当延长；应用对策研究以研究问题的时效性确定时限，最终成果形式为专著、专题性论文集、研究报告、工具书、软件和数据库等。年度项目结项实行严格的双向匿名通信鉴定制度，重点项目由全国哲学社会科学规划办公室组织鉴定，一般项目和青年项目由各省区市社科规划办和在京委托管理机构负责组织鉴定并报全国哲学社会科学规划办公室审批。

c. 西部项目。西部项目旨在资助西部地区社科研究工作者，重点围绕西部地区改革开放和现代化建设中的重大理论和现实问题，围绕加强民族团结、贯彻党的宗教政策、维护国家统一问题，围绕民族优秀文化遗产抢救和区域优势学科建设等问题开展相关研究，更好地服务西部地区经济社会发展。由于浙江省无申报资格，这里就不做详细介绍。

d. 后期资助项目。后期资助项目设立于 2004 年，主要资助人文社会科学基础研究领域中完成 80% 以上且尚未出版的优秀科研成果，旨在鼓励广大人文社会科学工作者潜心治学，扎实研究，多出优秀成果，进一步发挥国家社科基金在促进我国哲学社会科学繁荣发展中的示范作用。

后期资助项目以资助中文学术专著为主，也资助少量学术资料汇编和工具书；申报范围为国家社科基金23个学科（暂时不包括教育学、艺术学、军事学三个单列学科）。除由同行专家推荐申报外，也可由指定的出版学术著作为主的出版社推荐申报。常年随时受理申报，一般每年5月、11月各评审一次。全国社科规划办组织成果鉴定结项，并统一安排出版。

e. 中华学术外译项目。国家社科基金中华学术外译项目设立于2010年，主要立足于学术层面，资助我国哲学社会科学研究优秀成果以外文形式在国外权威出版机构出版，进入国外主流发行传播渠道，以增进国外对当代中国以及中国传统文化的了解，推动中外学术交流与对话，提高中国哲学社会科学的国际影响力。

目前，中华学术外译项目资助文版暂定为英文、法文、西班牙文、俄文、德文等5种。国内具备本学术领域较高专业水平和双语写作能力的科研人员、与国外科研机构开展密切学术交流的国内科研机构以及具有国际合作出版经验的国内出版机构均可申请。常年随时受理申报，一般每年5月、11月各评审一次。

f. 国家哲学社会科学成果文库。为集中推出反映现阶段我国哲学社会科学研究领先水平的优秀成果，充分发挥优秀成果和优秀人才的示范带动作用，鼓励广大哲学社会科学工作者以优良学风打造更多精品力作，于2005年设立了"国家社科基金成果文库"，每年从已结项的国家社科基金项目优秀成果中遴选10种左右，到2009年共出版了4批37种，受到学术界好评。2010年，将国家社科基金成果文库进一步拓展为国家哲学社会科学成果文库。

国家哲学社会科学成果文库申报范围包括国家社科基金所有26个学科（含教育学、艺术学、军事学三个单列学科）。申报成果可以是国家社科基金项目研究成果，也可以是国家社科基金资助范围以外的研究成果。申报成果为已经完成且尚未出版的中文学术专著、专题论文集或专题研究报告，字数一般在20万~50万字，最多不超过80万字。自2010年始，"成果文库"每年评审一次，统一组织出版，并向作者颁发荣誉证书。

由于国家社科基金项目的申报均分为三级管理，即全国社科规划办、省社科规划办、学校科研处，所以每年学校的申报截止时间均早于全国社科规划办网站的截止时间半个月甚至更早。

（4）浙江省哲学社会科学基金项目。

浙江省哲学社会科学基金项目分为重大招标课题、常规性课题、合作课题、委托课题、文化研究工程课题及基地课题。其中重大招标及文化研究工程课题为不定期地进行申报评审，其他课题每年均可申报一次。

浙江省哲学社会科学规划常规性课题为每年申报及立项量最多的一类课题，省社科规划办会根据每年我省以及我国政府的实际情况，调整课题类型。主要类型可分为基础研究型、应用对策型、后期资助、"学科共建"、自筹经费、欠发达地区扶持课题。另外，从2011年"之江青年"行动计划开始后，又新增加了之江青年课题。2013年根据当代实际政策情况，新增加了"马克思主义研究工程"4项课题。每年年初，在国家课题申报后一个月左右进行常规性课题的申报工作，全校近几年每年的申报量均超过200项，可见教师对此强烈关注及参与。

①基础理论研究。申报人可根据自己的学术积累，按"十二五"规划所设的17个学科组，分学科自主选题，自由申报，但成果形式之一必须为专著（工具书）或论文，结题时须公开出版或发表。课题立项向学术前沿问题研究倾斜，重点扶持对学科发展以及对弘扬浙江精神、传承浙江文化有重要作用的研究项目。

②应用对策研究。从2013年开始，应用对策类课题的申报调整为以最终成果方式申报，旨在引导和鼓励社科界深入调研，增强研究的针对性和时效性，提高研究成果质量和转化的实效，为党委和政府的科学决策服务。围绕中国特色社会主义和科学发展观在浙江的实践，围绕省委提出的干好"一三五"、实现"四翻番"，建设"两富"现代化浙江的重点问题，围绕改革、发展、稳定的现实问题，申报人深入开展调研，掌握第一手资料，进行科学分析，发现真问题，找出真答案。省社科规划办常年受理应用对策研究成果申报，并委托专家进行筛选鉴定。根据省社科联《社科成果要报》采纳摘编及领导批示或部门采纳情况，结合省社科规划学科组专家筛选鉴定意见，给予一般项目或重点项目等立项等级。省社科规划办对该类课题常年受理，分期（半年）立项，原则上每人每年限立一项。在研省部级（含）以上课题阶段性成果和最终成果不能重复申报省社科规划课题。

③后期资助研究。后期资助研究课题旨在鼓励和扶持在基础研究领域潜心治学、锐意创新的社科工作者，资助已完成且尚未出版的优秀学术专著中文初稿，要求达到本学科领域先进水平，无知识产权纠纷。学术译著、工具书、论文（论文集）、教材、软件等暂不列入资助范围。

④关于"学科共建"、自筹经费和欠发达地区扶持课题。"学科共建"参与单位,为未设有省社科重点研究基地的一般高等院校(含高等专科学校)、杭州市委党校、宁波市委党校,已经设有省社科重点研究基地的高等院校以及高等职业技术学院、其他市委党校等不参加"学科共建课题"的申报;2011年和2012年已提交过申请的单位,除特殊情况需要调整之外,不再提交新的申请;参加学科共建课题的单位对立项的学科共建课题研究经费实行1:1配套;该课题实行单独申报,立项指标单列。申报学科共建课题的不能同时申报其他类型的课题。

自筹经费课题的申报单位为高等职业技术学院、各市委党校、各市电大,其他单位原则上不再设立自筹经费课题。自筹经费课题只在基础研究中设立。申报自筹经费课题者必须落实经费来源,由各科研管理部门在申报表相应栏目中盖章证明。

欠发达地区课题仅面向丽水、衢州、舟山三市申报。

此类型课题我校均无申报资格。

⑤之江青年课题。凡入选"之江青年学者行动计划"的青年学者如往年课题已经结题,无在研国家社科基金项目、省社科规划课题,可参加今年的课题申报,此类课题单独评审,指标单列。

合作课题主要是与省台办联合开展"涉台研究"专项课题。

另外,每年会根据社会热点及现象开展的专项课题活动,如"社会重大舆情调研"专项、2013年"高校思想政治工作"专项研究——"浙江最美现象"专题、"长三角区域合作研究"专项课题等。

基地课题是全省各个重点研究基地组织申报的省社科规划课题。为进一步整合全省社科资源,打造科研高地和学术梯队,培育当代"浙学"特色和优势,浙江省哲学社会科学重点研究基地建设计划于2005年启动。经过省内外专家评审,2006年成立了浙商研究中心等11个首批重点研究基地(含"一地多点"基地)和2个扶持型研究基地。2010—2011年又陆续成立了温州人经济研究中心、非洲研究中心等5个研究基地。目前,全省共有20个省级重点研究基地。基地项目公开面向全省申报,包括本单位及外单位的教师及科研人员均可参加。基地课题申报一般在每年年末进行。

2010年12月浙江省社科联印发了《关于加大社科理论研究成果宣传力度的办法(试行)》,旨在鼓励和支持我省哲学社会科学工作者加强理论研究成果的宣传，更好地研究浙江、宣传浙江、服务全国，努力扩大我省社科理论界在全国范围内的学术影响。有成果发表在《求是》杂志、《光明日报》等中央级媒体，确认为省社科规划年度课题。

从2011年开始，凡是被列为省级社会科学学术著作出版资金全额重点资助项目及部分优秀的资助项目均可列为省社科规划一般课题。

（5）教育部人文社会科学研究项目。

①项目类别。教育部社科项目是教育部面向全国普通高等学校设立的各类人文社会科学研究项目的总称。主要包括：

a.重大课题攻关项目。指以课题组为依托，以解决国家经济建设与社会发展过程中具有前瞻性、战略性、全局性的重大理论和实际问题，以及人文社会科学基础学科领域重大问题为研究内容的项目。选题由教育部向全国高等学校、科研院所及实际应用部门征集，面向全国高等学校招标。

b.基地重大项目。指为普通高等学校人文社会科学重点研究基地设立的、围绕基地学术发展方向进行研究的重大项目。选题由重点研究基地根据基地中长期规划确定，并经基地学术委员会审议通过后，报教育部统一组织招投标。

c.一般项目。规划项目，含规划基金项目、博士点基金项目、青年基金项目，经费由教育部资助；专项任务项目，经费由申请者从校外有关部门和企事业单位自筹，选题由申请人根据教育部社科研究中长期规划和个人前期研究积累自行设计，鼓励申请人从实际应用部门征得选题并获得经费资助。

教育部社科项目申报工作由教育部统一布置。一般在每年第一季度征集并确定重大课题攻关项目、基地重大项目（合称重大项目）选题；第二季度发布各类项目的申报通知或招标公告，集中受理申报材料。

②填写申请书注意事项。

a.申请人必须是高等学校的在编在岗教师，具由良好的政治思想素质和独立开展及组织科研工作的能力，身体健康，能作为项目实际主持者并担负实质性研究工作。

b.申请人每次只能申报一个项目。重大项目、规划基金项目和博士点基金（博导类、发展类）项目申请者须具有正高级专业技术职称；青年基金项目申请者应具有博士学位或中级以上专业技术职称，年龄不超过35周岁；专项任务项目申请者须获得校外实际应用部门的经费资助，并提供相关证明材料。

c.原则上应组成课题组申报。应用对策性研究课题，提倡吸收实际工作部门人员参加课题组。鼓励根据实际需要吸纳境外专家学者加入课题组开展合作研究。对于跨学科、跨学校、跨地区、跨系统组织优势科研力量开展实质性合作研究的课题组予以优先资助。

d.申请人所在学校积极支持，承诺提供良好的研究条件。

e.已承担国家级或省部级重大重点项目尚未结项者，不得申报教育部各类项目；已承担国家级或教育部一般项目尚未结项者，不得申报教育部一般项目；已获得立项的课题或其中的子课题，不得重复申报。

（6）浙江省科技厅项目。

①浙江省科技厅项目主要分公益技术应用研究、软科学研究计划、重大科技专项和成果转化工程等。

②填写申请书注意事项。

a.项目一般采取限项目申报。

b.省科技计划项目的申报面向在我省注册登记、具有独立法人资格的事业单位。鼓励产业技术创新战略联盟、省级企业研究院结合我省产业发展科技需求主动设计申报项目。鼓励引进高层次人才，海外高层次专家领衔或作为课题组重要成员，申报省级科技项目。

c.项目负责人同时主持各类省级科技计划项目（不含自然科学基金项目）数一般不得超过1项，主要参加人员一般不得超过2项。承担在研项目已达上述限定数的，应当重点做好项目的实施工作，限制申报2013年度省级科技计划项目。已建创新团队应当抓紧做好团队项目的立项工作，团队成员限制申报公益性计划项目。列入我省工业行业龙头骨干企业名单的企业、国家和省创新型企业承担省科技计划项目数一般不超过2项，其他企业不超过1项。在研项目数已达到上述限定数的，限制申报2013年度省级科技计划项目。

d.项目申请人在同一年度只限申报一项省级科技计划项目（含自然科学基金），不得重复或分别申报同年度不同计划项目，一经发现，取消项目立项资格。

e.鼓励合作联合申报。鼓励产学研合作、企业与企业合作、企业与风险投资机构合作申报科技项目。

f.项目可行性报告、经费概算表等电子附件材料中应严格回避项目申请单位及项目组成人员的具体信息。

g. 一般在预算填写中管理费按资助经费的 5% 计算；人员劳务费不超过资助经费的 15%。

二、横向项目申报与管理

横向科研项目是指由学校承担的，通过对外开展科研活动取得的除纵向科研项目之外的其他所有科研项目，包括以合作研究、委托研究、技术开发、技术咨询、技术服务、技术转让等合同方式取得的科研项目以及通过承担各党派、社会团体、专业研究机构等非政府机构设立的科研项目。

科研处是科研项目的专职管理机构，组织各类科研项目的申报和科研项目合同的审核，负责全校跨学院科研项目的组织和协调，组织项目的实施、检查、验收、鉴定以及相关资料和文件的归档工作。

项目负责人是科研项目具体实施的责任人，应严格按照项目合同书或任务书要求认真组织项目的实施，自觉遵守项目主管部门和学校相关科研项目管理规定，接受项目主管部门和学校对项目执行情况的监督检查，及时向所在学院和科研处报告项目执行中出现的重大事项，按项目管理要求及时提交项目进展报告、验收结题材料等相关资料。全权负责科研项目合同的履行，并承担因合同纠纷而产生的经济责任。

学校鼓励教师和科研人员承担各类科技项目，非正式在编教职工（包括离退休人员）不能作为项目负责人申请和承担各类科研项目（项目主管部门另有规定的除外），但可作为项目组成员参加研究工作。

（一）科研项目的立项程序

以合同方式取得的横向科研项目，学校应当与项目委托方签订技术合同。

1. 技术合同分为技术开发合同、技术转让合同、技术咨询合同、技术服务合同。

2. 技术合同签订前，项目负责人应充分了解委托方的资信、责任主体、合作内容、技术指标、完成期限等，然后确定实施计划、双方责权利、制约规定以及报价款等条款。对有能力或预见有能力承担合同约定任务的，方可签订合同。正式合同签订好后交一份给科研处保存备案。

符合国家免税条件的技术合同，按国家相关规定办理免税审批手续。具体操作方法见技术开发合同认定。

（二）技术开发合同认定

1. 合同要求

（1）应具备双方签订的符合《中华人民共和国合同法》规定的，真实、有效的技术合同。建议技术开发采用浙江省科学技术厅监制的合同文本。更新后的技术开发合同模板，可在学校科研处网站"表格下载栏"内下载，或登录技术开发合同下载网址，名称："技术开发合同书（省厅）"。

（2）技术合同文本中，必须明确甲乙双方的主体资质、明确技术标的、明确技术交易价款，如实表述双方相互的权利和义务关系。对弄虚作假和通过欺骗行为骗取国家优惠政策者将进行依法查处。

（3）根据科技部规定，技术合同认定登记实行按地域一次登记制度，由合同卖方在合同成立后向所在地区的技术合同登记机构提出认定登记申请。

2. 报送合同文本

报送合同文本至我校科研处办理合同登记时，需提交以下资料：

（1）当面提交具有法律效力且在合同有效期内的合同文本一式五份（均为合同正本）。合同文本字迹清楚、签字盖章完整有效，法人或委托代理人必须亲笔签名或盖章。

（2）技术开发合同项目总金额超过60万元（包括60万元），合同卖方需附项目"开发价格清单"，并加盖单位公章。

（3）与境外签订的技术合同（包括港、澳、台及境外地区）需提交有效的中文文本或中英文对照文本，并需出示省商务厅（杭州市延安路470号）的核准批件，每一份合同后附复印件一份（如软件出口合同登记证书）。

3. 有以下情况的合同不予登记

（1）合同主体不明确的。

（2）合同标的不明确，不能使合同登记人员了解其技术内容的。

（3）合同价款、使用费等约定不明确的。

（4）报送合同登记的技术合同，经科技处统一进行网上登记备案。一般经10个工作日，完成合同登记审核与减免税批准。

（5）认定登记后可享受以下政策。

经认定登记的技术开发、技术转让合同享受减免营业税，技术转让合同还能享受减免所得税（一个纳税年度内居民企业技术转让所得不超过500万元的部分免征企业所得税，超过500万元的部分减半征收）。

所有新立项科研项目，均由学校科研处统一编号，建立项目信息库和档案，科研项目立项后，项目负责人应按照项目合同书或任务书的计划进度，组织力量开展实施工作。严格遵守上级主管部门和学校科研经费管理的各项规定，合理安排经费使用支出。

承担科研项目的项目组成员，在项目实施的全过程中应讲究诚信，遵守学术道德规范，抵制弄虚作假、抄袭和剽窃他人科研成果、捏造或篡改数据及其他学术不端行为。

科研项目完成后，凭项目委托方出具的结题证明办理结题手续。

（三）经费管理

横向科研项目经费是指我校通过对外开展科研活动取得的除纵向科研项目经费之外的并进入学校财务的其他所有科研项目经费，包括以合作研究、委托研究、技术开发、技术咨询、技术服务、技术转让等合同方式取得的经费以及承担各党派、社会团体、专业研究机构等非政府机构科研项目取得的经费。

学校法定代表人对科研项目经费管理负总责，分管科研和财务的校领导对科研项目经费管理负直接领导责任。

学校相关职能部门和项目负责人要根据各自的职责和权限，加强对科研项目经费的监督和检查。

科研处负责科研项目的合同审查、项目中期检查和结项管理，并配合财务部门做好科研项目经费使用的审核、监督工作，承担相应的科研管理责任。

计划财务处负责科研项目经费的财务管理、会计核算和结算报销等工作，指导、监督项目负责人规范、有效使用经费，承担相应的财务管理责任。

审计处负责科研项目经费的审计，按项目管理要求出具经费审计报告，承担相应的审计责任。

科研项目实行项目负责人责任制。项目负责人负责编制科研项目经费预算和决算，严格按照有关管理制度及项目任务书或合同书规定的开支范围和标准使用项目经费，自觉控制经费的各项支出，接受上级财政部门、行政主管部门、审计机关、资助单位和学校的检查和监督，对科研经费使用的真实性、有效性承担经济与法律责任。

科研经费到校后，由科研处按规定要求和程序立项并向计划财务处和项目负责人下达经费计划书，由计划财务处设立项目账户，按项编号，专款专用。

科研项目经费票据的管理原则上遵循先到款后开票的原则，经费到校后，由计划财务处出具票据。横向科研项目如在款项未到学校账户前开具票据，须缴纳开票额的5%的押金。

技术咨询、技术服务类横向项目，由计划财务处开具票据，并按规定代扣相关税费；技术开发、技术转让类横向项目，符合免税条件的项目须先进行合同登记，并缴纳印花税等费用后开具票据。

学校按科研项目管理办法或合同规定提取管理费，实行总额控制。横向科研项目按3%提取管理费，其中1%返还项目负责人所在学院。

科研项目经费需转拨给合作单位时，合作单位必须是项目合同中规定的参加单位。不得借协作之名将科研经费挪作他用或转入与项目无关联的单位。合作双方须签订合作合同（协议），并经双方科研管理部门签章。

横向科研项目经费需转拨给合作单位时，申请转拨经费的项目负责人应向学校科研处提供项目合同和其他必要的资料。项目转拨经费不得超过项目到款经费的50%，已入学校的横向科研经费不能转回原付款单位。

横向科研项目经费划拨时均须填写《科研经费划拨审批表》，经科研处审批后办理。科研项目经费划拨均通过单位账号办理。划出经费根据研究计划分年度拨付。转拨给合作单位的经费，学校按1%提取管理费，项目经费计入所在学院科研到款数。

科研项目经费的使用，应严格按上级主管部门相应的项目管理办法或合同书的预算执行。项目主管部门没有明确规定的，按下列规定开支：

1. 设备费

设备费是指在项目研究开发过程中购置或试制专用仪器设备，对现有仪器设备进行升级改造而发生的费用以及租赁外单位仪器设备而发生的费用；项目所购置的仪器设备，均应对照预算，按学校设备采购相关规定执行。

2. 材料费

材料费是指在项目研究开发过程中消耗的各种原材料、辅助材料等低值易耗品的采购及运输、装卸、整理等费用。

3. 测试化验加工费

测试化验加工费是指在项目研究开发过程中支付给外单位（包括项目承担单位内部独立经济核算单位）的检验、测试、化验及加工等费用；支付给外单位的测试化验加工费超过5000元的需要提供外协合同或相关凭证。

4. 燃料动力费

燃料动力费是指在项目研究开发过程中相关大型仪器设备、专用科学装置等运行发生的可以单独计量的水、电、气、燃料消耗费用等。

5. 差旅费

差旅费是指在项目研究开发过程中开展科学实验（试验）、科学考察、业务调研、学术交流等所发生的外埠差旅费、市内交通费用和使用设备车辆而发生的过桥过路费、停车费、燃油费等。差旅费的开支标准应当按照上级和学校相关规定执行。

6. 会议费

会议费是指在项目研究开发过程中为组织开展学术研讨、咨询、检查、项目验收或鉴定等活动而发生的会议费用；项目负责人应当按照主管部门有关规定列支会议费，纳入国库集中支付的项目原则上应办理政府采购手续。

7. 合作、协作研究与交流费

合作、协作研究与交流费是指在项目研究开发过程中与国际、国内科研机构合作、协作研究，支付给合作、协作单位的费用；项目研究人员出国及外国专家来校工作的费用；国际合作与交流费应当严格执行国家外事经费管理的有关规定。

8. 出版、文献、信息传播、知识产权事务费

出版、文献、信息传播、知识产权事务费是指在项目研究开发过程中，需要支付的出版费、资料费、专用软件购买费、文献检索费、专业通信网络费、专利申请及其他知识产权事务等费用。

9. 劳务费

劳务费是指在项目研究开发过程中支付给项目组成员中没有工资性收入的相关人员（如在校研究生）和项目组临时聘用人员等的劳务性费用；符合纳税条件的，由计划财务处按国家税法规定代扣代缴个人所得税。

横向科研项目劳务费在科研项目合同中没有明确规定的，横向科研项目人员劳务费不超过项目实际到款额的20%，其中研究生助研津贴直接转入研

究生个人银行账户。

10. 专家咨询费

专家咨询费是指项目进行调研、论证、鉴定（评审）、验收和开展学术讲座时所支付给专家的咨询费用，专家咨询费不超过项目实际到款额的5%。

11. 业务招待费

业务招待费是指在项目研究开发过程中发生的一定标准的业务招待费用。横向科研经费中可开支业务招待费，但不超过项目实际到款额的20%。除项目合同有专门规定外。

12. 其他费用

其他费用指与项目研究直接有关的其他支出。

凡使用科研项目经费购置货物、工程、服务的，原则上应依法履行政府采购程序。

凡使用科研项目经费购置仪器设备等固定资产，除合同另有规定外，均属学校固定资产，应按照学校相关规定进行审核和管理。报销所购置的外协设备时，须附相关合同或接收单位的签收证明。

严禁使用科研项目经费支付各种罚款、捐款、赞助、投资等，严禁以任何方式变相谋取私利；禁止使用科研项目经费设置小金库。

科研项目组办理经费报销，须由经办人签字、项目负责人审批报销。

项目负责人应按项目合同规定的时间及时结题，原则上应在科研项目结束或通过验收后6个月内办理结账手续。

科研项目结余经费，科研项目主管部门有明确财务规定的，按相关规定处理。没有明确规定的，结余经费全部作为科研发展基金，用于后续项目的预研，由原项目负责人掌握使用，开支范围按原规定执行。

附录二 奖项申报

一、科研成果评奖的范畴

科研成果通常指教师在从事科学研究的过程中以及过程后产生的学术性研究成果，成果形式包括学术性著作、学术论文、研究报告、技术报告、学术性研究类译著、学术资料整理、工具书、专利、软件等。科研成果奖强调成果的学术性、研究性，如小说、诗歌、散文等不属于科研成果，编著、教材在编写过程中涉及原创、知识创新的内容较少，因此大部分政府奖项也未将其列入科研成果评奖的范围。

二、申报组织流程

（一）通知发布

评奖组织部门发布申报通知后，科研处根据通知精神于科研处网站发布申报通知。教师定期浏览科研处网站，及时获取奖项申报信息，以免错过申报期限。

（二）申报材料的准备

教师根据申报通知的要求以及期限准备申报材料，通常包括申报表（或推荐表）、申报成果、佐证材料。佐证材料指申报人用来表现申报成果的学术影响、产生的经济社会效益、第三方评价等证明材料。人文社科类奖项佐证材料主要包括书评，被《中国社会科学文摘》、《新华文摘》、人大复印资料、CSSCI转载收录证明、引用证明，曾获奖项证书复印件，成果采纳证明等。科技类奖项佐证材料主要包括论文CSSCI收录证明、经济效益审计报告、社会效益证明、专利证书等。

（三）形式审查

教师在申报截止日前将申报材料报送校科研处，由科研处对申报材料进行形式审查。对于限额申报的奖项，科研处组织专家评审，根据限额数量遴选出推荐申报的成果。

（四）推荐成果公示

根据评奖组织部门的要求，对所有推荐的申报成果在科研处网站或校内网站进行公示，公示无异议后报送评奖组织部门。

（五）获奖

评奖组织部门将评审后拟推荐获奖的项目进行网上公示，公示结束后正式发布获奖文件，颁发获奖证书，发放奖金。

三、申报注意事项

（一）产权问题

科研成果必须是不存在知识产权争议的成果，作者或完成人署名应以事实为依据。已公开出版或发表的成果，以著作封面、期刊论文署名为准；未公开出版、发表的成果，根据实际贡献如实填报完成人排序。

（二）学术规范

学术规范是成果评价的一个重要指标，也是保证科研成果学术性的基本要求。国家自然科学基金委员会、国家社科规划办、教育部等上级部门已经采取撤题、通报批评、限制申报等措施处理存在学术不端行为的成果。

（三）佐证材料

成果报奖过程中，除了成果本身，其佐证材料也是专家衡量一个成果学术价值的重要因素。佐证材料的产生与获取需要一个较长的时间过程，通常也是个被动的过程。教师除了通过查新、检索等方式收集佐证材料外，也应主动承担一些成果的推广、介绍工作。

四、奖项介绍

根据教育部科研统计要求以及高校现行考核重点，这里主要介绍各类政府奖项。按学科来分,主要分为科学技术类和人文社会科学类;按级别划分,分为国家级、省部级、厅局级。科学技术类国家级奖仅指国家科学技术奖,人文社会科学类国家级奖指国家社会科学基金项目优秀成果奖(1999年评过首届,至今未再组织过评奖)。部级奖指国家各部委颁发的常设性科研成果奖,征文奖、优秀奖不计。省级奖指由省人民政府颁发的科学技术奖和哲学社会科学优秀成果奖。厅局级奖指省内各厅局级部门组织的常设性科研成果奖。

另外,经教育部认定,将霍英东基金奖,安子介国际贸易研究奖,浦山世界经济学优秀论文奖,思勉原创奖,张培刚发展经济学优秀成果奖,孙冶方研究基金会、吴玉章研究基金会、陶行知研究基金会颁发的社科优秀成果奖列为部级奖。